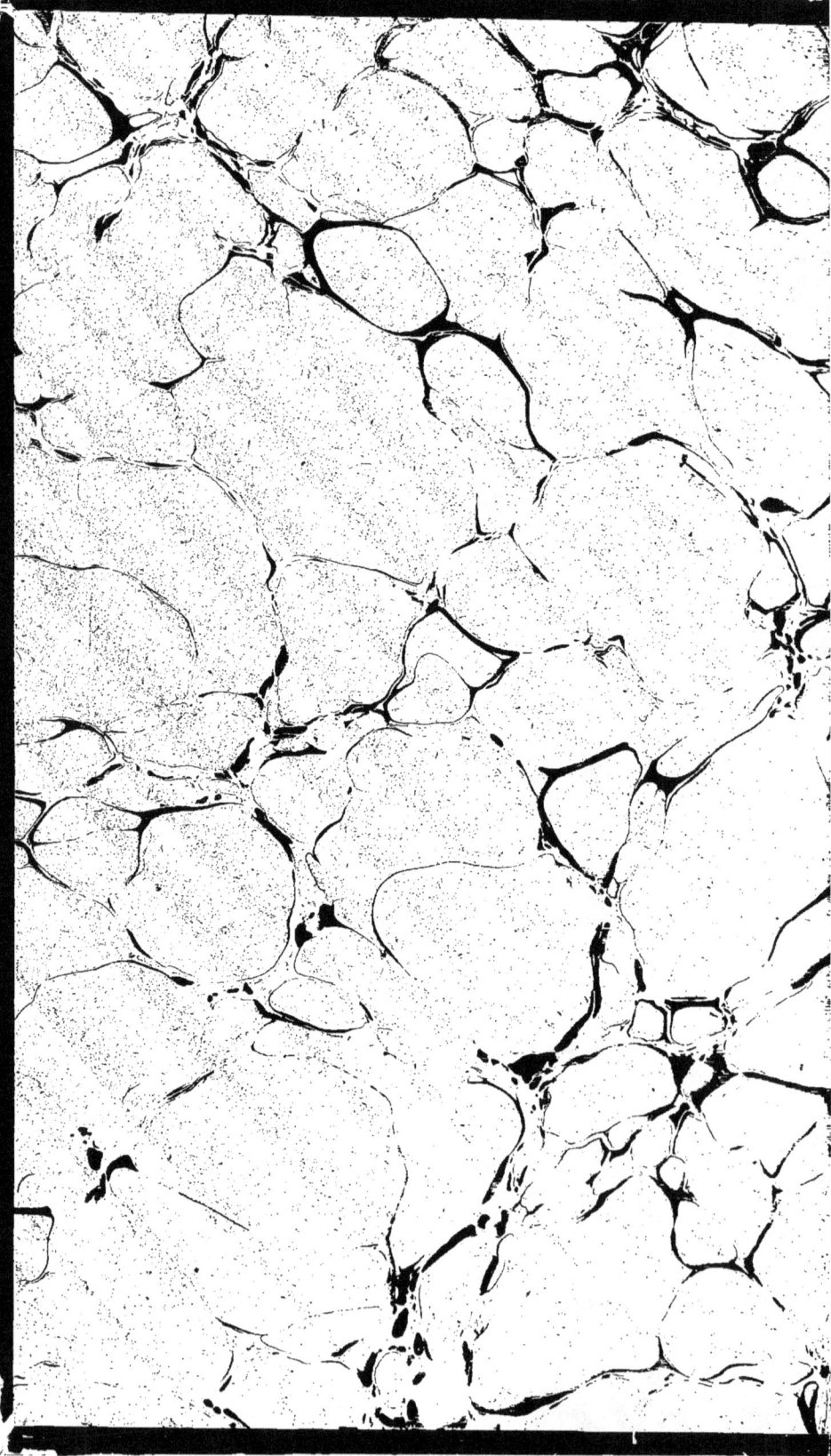

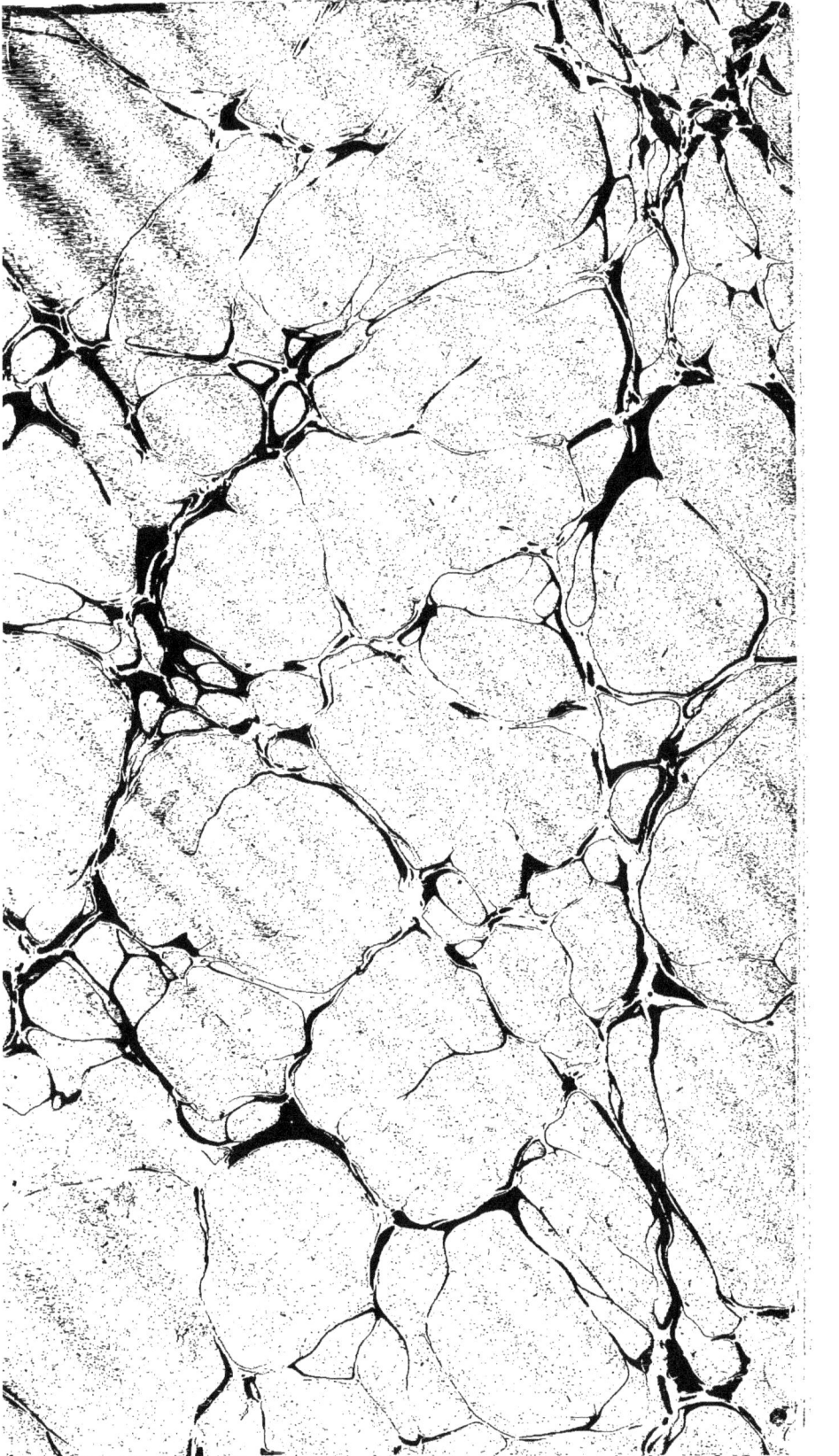

三國通覽圖說

# SAN KOKF TSOU RAN TO SETS,

ou

## APERÇU GÉNÉRAL

DES

# TROIS ROYAUMES.

TRADUIT DE L'ORIGINAL JAPONAIS-CHINOIS,

PAR

M. J. KLAPROTH.

OUVRAGE ACCOMPAGNÉ DE CINQ CARTES.

## PARIS:

PRINTED FOR THE ORIENTAL TRANSLATION FUND
OF GREAT BRITAIN AND IRELAND.

SOLD BY

JOHN MURRAY, Albermarle Street; and PARBURY, ALLEN, & Co.
Leadenhall Street.

M.DCCC.XXXII.

# PRÉFACE

## DU TRADUCTEUR.

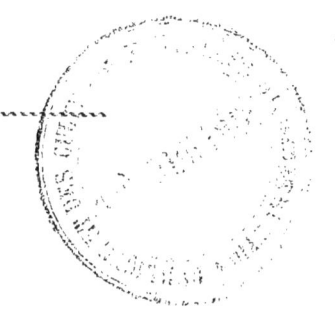

L'ouvrage intitulé *Aperçu général des trois Royaumes*, qui avoisinent le Japon, rédigé par *Rinsifée*, japonais de nation, fut publié à Yedo, en 1786. L'auteur l'écrivit dans la langue de son pays, mais en caractères chinois, entremêlés de lettres empruntées au syllabaire appelé *Fira kana*; on se sert de ces caractères pour rétablir la construction japonaise, que ne peuvent pas rendre les caractères idéographiques des Chinois. Cependant, cette manière d'écrire qui fait disparaître les difficultés pour les Japonais, en occasionne à un européen plus versé dans l'idiome chinois que dans le japonais. J'ose pourtant me flatter d'en avoir vaincu la plus grande partie, puisqu'ayant obtenu l'original de cet ouvrage, en 1805, pendant mon séjour à Irkoutsk, en Sibérie, j'eus occasion de consulter sur les passages qui me paraissaient obscurs, un japonais nommé *Sin sou*, natif de la province d'Ize, et qui avait pris le nom russe de *Nicolas Kolotyghin*. Quoique cet homme ne fût que médiocrement instruit, il m'a pourtant été assez utile dans tout ce qui concernait sa langue maternelle, mais il connaissait fort peu les caractères chinois, même les plus usités au Japon, et confondait ensemble souvent ceux qui se prononçaient de même.

*Rinsifée* commence son livre par une notice de la Corée, qui, on ne peut le nier, est extrêmement maigre. Comme ce pays est fort peu connu en Europe, j'ai pensé qu'il convenait d'ajouter à la description donnée par l'auteur japonais, celle qui se trouve dans la grande géographie de Chine, publiée sous les Mandchoux, et intitulée *Tai thsing ỹ thoung tchi*. Cette composition est principalement historique, comme la plupart des ouvrages géographiques des Chinois. Chez eux la civilisation n'a pas été interrompue depuis que leur empire existe, et par conséquent les traditions relatives à la géographie politique, ont pu se conserver beaucoup mieux qu'en Europe, où des siècles de barbarie avaient presqu'entièrement anéanti la littérature ancienne. L'habitude des Chinois de tenir registre de tout ce qui se passe dans leur patrie, a été extrêmement favorable à la conservation des notions historiques, de sorte qu'il est facile de déterminer la position exacte de tous les lieux mentionnés dans leurs annales; en un mot, la géographie comparée de la Chine est établie sur des bases plus solides que celles de l'empire romain et de l'Europe en général.

La méthode systématique des Chinois, rendra peut-être la lecture de ce morceau sur la Corée, peu attrayante pour un lecteur européen, mais les ouvrages géographiques et topographiques ne sont pas composés pour faire passer agréablement le temps, et occuper l'imagination.

J'aurais également pu joindre un supplément assez considérable à la description des îles de Riou kiou, ou Lieou khieou de Rinsifée, mais c'aurait été répéter ce que j'ai donné sur cet objet dans le second volume de mes *Mémoires relatifs à l'Asie*. La notice japonaise, quoique très succincte, ne laisse pas que de nous instruire sur plusieurs points qui étaient devenus douteux par la relation du capitaine *Basile Hall*, et dont quelques-uns n'ont pas même été éclaircis par l'expédition du *Blossom*. Elle nous apprend entre autres que la civilisation des Lieou khieou est plutôt japonaise que chinoise, et que les habitans emploient ordinairement pour écrire leur langue le syllabaire japonais, quoiqu'ils comprennent aussi le caractère idéographique des Chinois.

La partie la plus intéressante du livre de Rinsifée, me paraît être la description de la grande île de Yeso, située au nord du Japon, et habitée par les Aïnos ou Kouriles, qui occupent non-seulement l'archipel désigné par leur nom, mais aussi la grande île de *Taraikaï*, connue en Europe sous la dénomination impropre de Sakhalien, ainsi que la pointe méridionale du Kamtchatka.

Pendant mon séjour à Irkoutsk, j'ai eu occasion de consulter deux autres relations japonaises de Yeso, dont l'une portait la date de 1720, et l'autre avait été rédigée en 1752. J'en fis différens extraits que j'ai intercalés dans le texte de Rinsifée aux endroits convenables, usant pourtant de la précaution de renfermer ces morceaux entre deux crochets, pour les distinguer du texte de cet auteur. Rinsifée n'a donné dans son ouvrage que les noms de nombre de la langue des Aïnos de Yeso. Je les ai remplacés par un vocabulaire comparatif de l'idiome de ce peuple, tel qu'il est parlé dans le Yeso et dans l'île de Taraikaï, et celui des Kouriles de la pointe méridionale du Kamtchatka, appelée par les Russes *Kourilskaya lopatka*. Le manuscrit de ce dernier, de la main du célèbre *Steller*, m'a été communiqué à Irkoustk par le conseiller d'état *Kranz*, auquel je dois en général beaucoup de renseignemens importans sur les peuples de la Sibérie et de l'Asie orientale.

Quant à la description des îles *Mou nin sima* (*Bonin sima*) ou inhabitées, dont j'avais déjà donné un extrait dans le second volume de mes *Mémoires relatifs à l'Asie*, elle ne paraît pas s'accorder parfaitement avec les découvertes du capitaine *Beechy*. Il est donc à présumer que le groupe d'îles que ce navigateur a visité n'est pas le même que celui que notre auteur a décrit; toutefois il ne doit pas en être très éloigné. Il ne faut d'ailleurs pas juger la position de ces îles d'après la carte japonaise, et encore moins d'après celle de l'Asie d'Arrowsmith, sur lesquelles elles sont d'une grandeur démesurée. Selon la relation publiée par Rinsifée, la plus grande de ces îles n'a que 15 *ri* japonais de circuit, ce qui fait environ 47 milles et demi anglais, au lieu que sur la carte d'Arrowsmith, sa circonférence est au moins de 140 milles. Quant aux villages et aux temples que la carte japonaise y indique, ils n'existent peut-être plus, et les îles peuvent avoir été abandonnées. Il faut d'ailleurs savoir qu'un temple japonais de la croyance de Sinto, n'est ordinairement qu'une hutte légèrement construite en planches, comme on peut s'en convaincre par les figures de l'ouvrage de Kæmpfer.

Paris, 12 mai 1832.

KLAPROTH.

## ERRATA :

Page 4, note 1, ligne 2, *lisez :* 1786, *au lieu de* 1785.
      7, ligne 12, *lisez :* « rédigée par la famille des *Kane fori* (Thao kin) ou *laveurs d'or ;* »
     26, dernière ligne, *lisez :* « Vers la fin de la dynastie des Han occidentaux, »
     36, ligne 26, *lisez :* 1299, *au lieu de* 2299
   115, ligne 22, *lisez :* Phing jang
   154, note 1, ligne 2, *lisez :* « *Tjiong* est le chinois *Tching.* »
   215, ligne 8, *lisez :* « *Tofo yeso* ou *Yeso allies.* »
   222, lignes 11 et 12, *lisez :* « dans la partie orientale, Yosi tsoune pénétra plus en avant, etc.

說圖覽通國三

# SAN KOKF TSOU RAN TO SETS

ou

APERÇU GÉNÉRAL

# DES TROIS ROYAUMES.

## INTRODUCTION.

Les cartes et les descriptions géographiques sont de la plus grande utilité. L'auguste *Hi* (1) forma les *koua* (2) qui furent l'origine de la doctrine des changemens. Le *prince de Hia* (3)

---

(1) Il s'agit ici de 羲伏 *Foŭ hi*, le fondateur de la monarchie chinoise. KL.

(2) Les 卦 *koua* sont les trigrammes et hexagrammes de *Foŭ hi*, composés de lignes parallèles, entières et brisées ; les Chinois prétendent que c'est la première espèce d'écriture qui ait été inventée. Ces *koua* font le fondement de l'*Y̆ king*, ou livre des changemens, sorte d'énigme que les philosophes chinois commentent en vain depuis plus de trois mille ans. KL.

(3) 后夏 *Hia heou*, ou le *Prince de Hia*, c'est le grand 禹 *Yu*, fondateur de la dynastie de Hia. KL.

grava, sur des vases destinés aux sacrifices, la description des neuf provinces de l'empire, et manifesta ainsi sa puissance.

Ce que le gouvernement des *Thsin* (1) avait tenu caché, les ministres des *Han*, plus éclairés, le publièrent, en faisant rédiger des descriptions de la Chine, dans lesquelles furent indiqués les places fortes, les défilés, le nombre des familles et des individus, la qualité des divers terrains, les mœurs et les usages des habitans et la généalogie des différentes familles. On y ajouta la description des productions naturelles de chaque contrée, telles que les oiseaux, les animaux, les plantes et les arbres. On donnait des détails sur les habillemens, les meubles et les ustensiles dont le peuple se servait. Tout cela était décrit avec exactitude et d'une manière fort claire, et fournissait une idée juste du pays et des choses qu'on y trouvait. Ces ouvrages étaient accompagnés de cartes géographiques et de dessins qui les rendaient encore plus utiles.

Aujourd'hui nous voyons qu'un descendant de la famille de *Rin* vient de terminer une description et des cartes des trois royaumes situés

---

(1) La dynastie de 秦 *Thsin*, fondée par le célèbre empereur *Chi houang ti*, a commencé en 221 avant J.-C. et finit en 207, trois ans après sa mort. Elle fut suivie par celle des 漢 *Han*, qui régna jusqu'en 219 de J.-C. Kl.

INTRODUCTION. 3

au-delà des mers, à une distance considérable de notre patrie, et dont les vagues rendent l'accès difficile et périlleux pour les vaisseaux qui veulent y aborder. Cet auteur parle dans son ouvrage des particularités de ces pays, de leur situation, des mœurs et des usages de leurs habitans, de la manière dont ils sont gouvernés, et des tributs qu'ils apportent quand ils viennent visiter notre pays. Il donne aussi la route qu'il faut prendre pour y arriver par mer, ainsi qu'un aperçu général de ces contrées et de leurs productions.

Nous ne doutons pas qu'il ne se trouve dans chaque famille quelqu'un qui lira avec plaisir l'ouvrage que l'auteur vient de faire imprimer pour le répandre dans le monde. Si ce livre parvient au palais impérial, il sera peut-être la cause qu'à l'avenir les grands de l'empire chercheront à acquérir une connaissance plus exacte des peuples barbares qu'il décrit.

Rien n'est en effet plus beau que de voir que notre patrie possède des littérateurs qui marchent sur les traces des *Hia*, dont les vases étaient couverts de notices écrites sur les productions des neuf provinces; et des *Tcheou* (1), qui avaient des descriptions de chaque juridiction. Aussi, notre auteur s'est acquis une gloire

---

(1) La dynastie de 周 *Tcheou*, fut fondée en 1115 avant notre ère, par *Wou wang* et finit en 256 avant la même époque. Kl.

1.

4 APERÇU GÉNÉRAL DES TROIS ROYAUMES.

éternelle, et tout ce que je pourrais dire ici sur l'utilité de son ouvrage ne saurait ajouter à sa renommée plus grande.

Écrit dans l'été de l'année *Feï ou* (1) du *Nengo* (2) *Ten mio*, dans la capitale orientale (3) par

Fosiou-koksoui de Katsoura-gava,
médecin de l'empereur.

---

(1) 午丙 *Ping ou*, 43ᵉ année du (lxxivᵉ) cycle sexagénaire; elle correspond à 1785 de J.-C. Kl.

(2) Les *Nengo*, en chinois 號年 *Nian hao*, sont des titres honorifiques que les empereurs de la Chine et du Japon donnent aux années de leur règne. 明天 *Ten mio*, en chinois *Thian ming*, signifie *clarté céleste*. Ce Nengo a duré huit ans, de 1781 à 1788; l'année cyclique *Ping ou* en est donc la sixième. Kl.

(3) 都東 *Toung tou* c'est-à-dire la *Résidence orientale* (celle du *Seogoun* ou empereur militaire), est la ville de 戶江 *Yedo* (en chinois *Kiang hou*), la Porte du fleuve. Cette ville porte le nom de *Résidence orientale*, en opposition avec celle de *Miyako*, où réside les *Daïri*, qui sont les véritables empereurs du Japon. Yedo fut fondé en 1458, par *Oo da dô kwan* (Ta thian tao kouan), mais ses fortifications ne furent achevées que sous le Seogoun *Gonghen* (de 1604 à 1616), qui y établit sa résidence. Kl.

## PRÉFACE DE L'AUTEUR.

Les connaissances géographiques sont d'une haute importance. Si ceux qui habitent le palais et qui tiennent les rênes du gouvernement, manquent de ces connaissances, comment pourront-ils réussir à apaiser les troubles et à avoir soin du peuple? Ils ne feront que des fautes. Si le militaire, qui doit protéger la patrie et livrer des batailles, est ignorant en géographie, sera-t-il en état de choisir le terrain pour y établir un camp, sans commettre des erreurs? Le voyageur, qui n'a pas étudié la géographie, parviendra-t-il au bout de son voyage, sans se tromper souvent?

On doit sentir que cette science n'est pas facile à acquérir, car la géographie ne peut être enseignée en peu de mots. Aussi doit-on s'abstenir de vouloir connaître tous les pays du monde; mais il ne faut pas non plus se borner à la connaissance seule de notre patrie. M'étant convaincu que c'est ce qu'on peut faire de mieux, je publie à présent de nouvelles cartes des pays qui entourent le Japon, savoir: de la Corée (en

Japonais *Tsiŏ sen*), des îles Lieou khieou (*Rioukiou*), du pays de *Yeso* et des îles *Oo gasa wara sima*, appelées aussi *Mo nin sima*, ou les *Iles sans hommes* de la province d'*Idzou*.

J'ai tâché de rendre ces cartes aussi claires que cela m'a été possible. On n'y trouvera indiqué que les côtes et les parties limitrophes du Japon. Ni les riches, ni les pauvres, ni les lettrés, ni les militaires, parmi mes compatriotes, n'ont une notion bien exacte de ces trois royaumes, et mon but a été de les leur faire connaître.

Quoique notre pays soit entouré de quatre côtés par la mer, je n'ai pas jugé à propos de donner une carte qui offrit tous ses ports et toutes ses rades, puisqu'il en existe déjà beaucoup, et que *Sekseï* de *Mito* vient d'en publier une très détaillée, qui non-seulement surpasse toutes les précédentes en exactitude, mais qui ne laisse presque rien à desirer.

Je crois avoir réuni, pour la composition de mes différentes cartes, les meilleurs matériaux. Pour la Corée je me suis servi de celle de ce pays, dressée par *Narabaye Ziouby* de *Saki minami* (1); elle est excellente et conservée dans ma

---

(1) 陽崎 Saki minami, en chinois *Khi yang*, c'est-à-dire le versant méridional du promontoire, paraît être un des noms de la ville de *Nangasaki*, ou celui d'un de ses faubourgs. Kl..

famille. J'ai tiré celle des îles Lieou khieou, de l'ouvrage intitulé: *Tsiou san dyn sin rokf,* ou *Description fidèle de l'histoire de la montagne du Milieu* (1). Quant à la carte de Ieso, je l'ai dressée autrefois quand j'étais dans ce pays. C'est ainsi que je suis parvenu à composer ces trois cartes. J'en ai vu d'autres qui représentent ces contrées; elles s'accordent en général avec les miennes, à quelques légères différences près. J'ai complété celle du Ieso d'après la description du docteur de *Faksikf* (Pĕ chў), et d'après une autre rédigée par *Kanefori* (Khao kin); les travaux de ces deux auteurs m'ont servi à fixer quelques points baignés par la mer du Nord. J'ai aussi recueilli pour le même objet plusieurs notions des navigateurs qui ont visité ces parages. Quant aux îles Mo nin sima, j'en ai tiré la description du journal du voyage de *Simaya* de *Saki minami.*

Pour indiquer les distances tant par mer que par terre, je me suis servi de la mesure itinéraire du Japon, savoir du *ri* qui contient trente six *matsi* (2). Je n'ai pas voulu employer des

---

(1) En chinois 錄信傳山中 *Tchoung chan tchhouan sin lou.* Montagne du Milieu, est le nom de la province de la Grande Lieou khieou, dans laquelle est située la capitale de l'île. Kʟ.

(2) Le 里 *ri* (li), ou la lieue japonaise dont notre auteur se sert,

mesures étrangères; cependant pour les faire connaître à mes compatriotes, je dois dire que le *ri* de la Corée, qui est le même que celui des Mandchoux en Chine, ne contient que trois *matsi* et demi du Japon, de sorte que dix *ri* coréens font à peine un *ri* japonais. Aux îles Lieou khieou le *ri* est, comme le nôtre, de trente-six

---

est le *ri* de terre ordinaire contenant 36 町 *matsi* ou *tsiô* (ting) rues, dont chacune se compose de 60 toises japonaises appelées 間 *ken* (kian) ou *ma*, c'est-à-dire espaces, ou 步 *bo* (pou) ou *ayoumi*, pas; chaque toise ou pas contient 7 pieds 4 $\frac{1}{2}$ pouces mesure du roi ou rhénane. Une toise à 6 尺 *siak* (tchhў) ou pieds; enfin le pied se compose de 10 寸 *sun* (tsun) ou pouces.

Dix *siak* font un 丈 *dziô* (tchang). Le *ri* japonais ordinaire est donc 12,960 pieds japonais, ou 15,930 pieds de roi, et par conséquent le degré de l'équateur contient environ 21 $\frac{2}{3}$ *ri*.

Kaempfer nous apprend que les *ri* sont plus petits dans le voisinage de Nangasaki, où le *matsi* n'a que 56 *ken* au lieu de 60. Le même auteur dit dans un autre endroit que 36 *ri* japonais équivalent à 14 milles d'Allemagne, par conséquent 37 $\frac{1}{7}$ de ceux dont il parle, feraient un degré de l'équateur.

L'ancien *ri* japonais contenait 50 *matsi*. Le matsi se composait de 60 *ken* ou toises, de 6 pieds et 5 pouces japonais chacune. Depuis le moyen âge le *ri* n'est que de 36 *matsi*, et le *ken* n'a que 6 pieds. Dans les provinces de *Yamato*, *Kawatsi*, *Idzoumi* et *Izé*, ainsi que dans toute la contrée appelée *Nankaïdo*, ou des bords de la mer Méridionale, on se sert du *ri* ancien, qui a un peu plus de 36 *matsi*. Dans la grande île de *Kiousiou*, le *ri* est encore de 50 *matsi*, tandis que dans la province de *Mouts* ou

## PRÉFACE. 9

*matsi.* Dans ce royaume, le nombre des *ri* entre les relais de poste et entre les reposoirs (1), établis sur les grands chemins, était autrefois exactement indiqué; mais à présent on ne prend plus ce soin, de sorte que les habitans connaissent rarement les distances avec exactitude. Les navigateurs qui visitent des îles n'estiment de même les distances qu'il ont parcourues, que par approximation. Dans le Ieso le *ri* est de quarante-neuf *matsi* japonais.

On a jugé à propos de réunir sur une petite échelle et dans une carte générale, la Corée, le Lieou khieou, le Ieso, les îles Oo gasa wara sima, Karafto (2), Ratsouko sima (3), le Kamtchatka et autres pays limitrophes : elle montre tous ces pays d'un seul coup-d'œil. Cette carte, ajoutée aux quatre spéciales, est la cinquième qui accompagne cet ouvrage.

Écrit en automne dans la neuvième lune, de

---

*Oziou*, qui est la plus septentrionale du Japon, les *ri* au-delà des stations de postes établies n'ont que 6 *matsi*. Kl.

(1) 亭 *Aboraya* en japonais, et *ting* en chinois, sont des hangars ouverts, placés de distance en distance, sur les grandes routes, pour que les voyageurs puissent s'y reposer. Kl.

(2) *Karafto* ou *Tarakaï* est le nom de la grande île située devant la côte orientale du pays des Mandchoux, et que nos cartes appellent mal-à-propos *Saghalien*. Kl.

(3) C'est une des îles Kouriles. Kl.

APERÇU GÉNÉRAL DES TROIS ROYAUMES.

la cinquième des années du Nengo *Ten mioo*, qui est celle de *Y szu* (1) du cycle.

RINSIFÉE de SENDAÏ. (2)

---

(1) 巳乙 *Y̆ szu* est la 42ᵉ année du (LXXIVᵉ) cycle sexagénaire; elle correspond à 1785. KL.

(2) 臺仙 *Sendaï* (Sian thaï) est la capitale de la province de Mouts, gouvernée, ainsi que celles *Kaga* et de *Satsouma*, par un prince indépendant qui n'est que vassal tributaire de l'empereur. KL.

# DESCRIPTION
# DE LA CORÉE.

(Les huit provinces de la Corée sont représentées sur une des cartes particulières qui accompagnent ce volume.)

Ce pays est situé au nord (-ouest) de l'île de *Kiousiou*. Pour y aller on s'embarque au port de *Karatsou* (en chinois Thang tsin), dans la province de Fizen, et on parcourt par mer, d'abord 13 *ri* jusqu'à l'île d'*Iki*. De là on arrive, après une navigation de 40 *ri*, à l'île de *Tsou sima*. De la baie de *Wana-no oura*, située dans cette île, au port de *Fou san* (Fou chan), situé sur la côte orientale du 鮮朝 *Tsió sen* (Tchao sian) ou de la Corée; on compte ordinairement 48 *ri*, mais, il n'y en a pas même 40.

Ce pays est large dans la direction du sud au nord, et étroit de l'est à l'ouest. Sa plus grande dimension du sud au nord est de 300 *ri*, et de l'est à l'ouest de 80 à 90 *ri*.

Il est situé entre les 35° et les 43° de latitude. Le port de *Fou san* se trouve par 36° de latitude, et la capitale où réside le roi est par 38°.

Autrefois, il y avait dans la Corée les pays de *Sinra* ou *Siraki* (en chinois Sin lo), de *Kôraï* ou *Koma* (en chinois Kao li), et de *Fiaksaï* ou *Koutara* (en chinois Pĕ tsi). On donnait à ces trois pays le nom *Sankan* (San han) ou les *trois Kan* (Han). On appelait aussi la Corée *Kirin* (1). A présent elle porte le nom de *Tsiŏ sen* (Tchao sian). (2)

A l'ouest et au nord, deux grands fleuves (3) font la frontière du *Tsiŏ sen*. Entre ces deux rivières s'étendent plusieurs hautes montagnes, dont les plus considérables sont le *Fak to san* (Pĕ teng chan) et le *Tsiŏ fak san* (Tchang pĕ chan). Elles ferment totalement le pays, de

---

(1) Ou plutôt *Ghirin*; c'est un des noms que les Chinois donnent encore aujourd'hui aux Coréens; cette dénomination est identique avec celle du *Ghirin-oula*, qui est la partie supérieure du cours du *Souggari-oula*, le long duquel habitaient anciennement les *Kao-li* ou Coréens. KL.

(2) Un autre nom des Coréens est 皮鮮 *Sian pi*; c'est celui d'une ancienne nation originaire des hautes montagnes de la Mongolie orientale, et qui fut très puissante en Tartarie depuis le second jusqu'au septième siècle de notre ère. KL.

(3) Ces deux fleuves sont le *Yă loŭ kiang*, qui se jette dans la mer Jaune et le *Toumen oula*, qui a son embouchure dans la mer du Japon. Ce dernier porte dans les relations japonaises le nom de *Foro-gava*; il a, disent-elles, 15 *ri* de largeur. Chaque année, depuis la huitième jusqu'à la troisième lune, il est couvert de glaces épaisses de trois pieds; de sorte qu'on le peut passer avec des grandes voitures. Ce n'est qu'à la troisième lune que la glace se fond et que le fleuve devient navigable. KL.

sorte qu'il n'y a pas de ce côté un chemin pour aller dans le pays de *Kara* (Thang), c'est-à-dire en Chine. Pour y arriver on cottoie ordinairement le Liao toung en suivant les îles.

La Corée a deux capitales, ce sont : la résidence du roi *Oo sió* (Wang tchhing), dans la province de *Ken ki taï* (King ki tao), et *Sin siou* (Thsin tcheou), ville de la province de *Kek siag taï* (Khing chan tao). Ce royaume est divisé en huit provinces, qui sont :

1. Ken ki taï (King ki tao), subdivisée en vingt-huit administrations. On y compte :

Quatre *Fok* (Moŭ) ou grandes préfectures.

Neuf *Fou* ou villes départementales.

Huit principautés nommées *Koun* (Kiun).

Cinq juridictions nommées *Reï* (Ling).

Douze *Ken* (Kian) ou inspections des mines et des salines.

Six *Yek* (Ў) ou directions des postes.

Deux vice-amirautés.

Neuf grands vaisseaux de guerre.

Neuf vaisseaux de guerre, de moyenne grandeur.

Un grand amiral.

Un préfet de police générale.

Deux *Man ko* (Wan hou) ou chefs de 10,000 hommes.

2. La province de Ka yan taï (Kiang yuan tao), subdivisée en vingt-six administrations. On y compte :

Une grande préfecture, *Fok* (Moŭ).
Six *Fou* ou villes départementales.
Sept *Koun* (Kiun) ou principautés.
Trois juridictions appelées *Reï* (Ling).
Neuf *Ken* (Kian) ou inspections des mines et des salines.
Quatre *Yek* (Ÿ) ou directions des postes.
Cinq *Fo* (Phou) ou places fortes.
Un préfet de police.
Deux *Man ko* (Wan hou) ou chefs de 10,000 hommes.

3. La province de BA FAÏ TAÏ (Houang haï tao), subdivisée en vingt-quatre administrations. On y compte :

Deux *Fok* (Moŭ) ou grandes préfectures.
Quatre *Fou* ou villes départementales.
Sept *Koun* (Kiun) ou principautés.
Quatre juridictions appelées *Reï* (Ling).
Trois *Yek* (Ÿ) ou directions des postes.
Sept *Fo* (Phóu) ou places fortes.
Un général en chef des troupes.
Trois préfets de police.
Cinq *Man ko* (Wan hou) ou chefs de 10,000 hommes.

4. La province de TSIG SIAG TAÏ (Tchoung thsing tao), subdivisée en cinquante-quatre administrations. On y compte :

Quatre *Fok* (Moŭ) ou grandes préfectures.
Une *Fou* ou ville départementale.
Onze *Koun* (Kiun) ou principautés.

Une *Reï* (Ling) ou juridiction particulière.

Trente-sept *Ken* (Kian) ou inspections des mines et des salines.

Six *Yek* (Y̆) ou directions des postes.

Six *Fo* (Phou) ou places fortes.

Vingt grands vaisseaux de guerre.

Vingt vaisseaux de guerre, de moyenne grandeur.

Un général en chef de l'armée.

Deux *Kou kŏ* (Yu heou) ou ducs.

5. La province de TELOU LA TAÏ (Thsiuan lo tao), subdivisée en cinquante-sept administrations. On y compte :

Quatre *Fok* (Moü) ou grandes préfectures.

Quatre *Fou* ou villes départementales.

Douze *Koun* (Kiun) ou principautés.

Six *Reï* (Ling) ou juridictions particulières.

Trente-un *Ken* (Kian) ou inspections des mines et des salines.

Six *Yek* (Y̆) ou directions des postes.

Dix-huit *Fo* (Phou) ou places fortes.

Quarante deux grands vaisseaux de guerre.

Douze vaisseaux de guerre, de moyenne grandeur.

Deux généraux qui commandent les troupes.

Deux commandans de la marine.

Deux *ou Kkŏ* (Yu heou) ou ducs.

Quatre préfets de police.

Treize *Man ko* (Wan hou) ou chefs de 10,000 hommes.

Une direction générale des douanes.

6. La province de KEK SIAG TAÏ (Khing chang tao), subdivisée en soixante-neuf administrations. On y compte :

Quatre *Fok* (Moŭ) ou grandes préfectures.
Onze *Fou* ou villes départementales.
Quatorze *Koun* (Kiun) ou principautés.
Une *Reï* (Ling) ou juridiction particulière.
Tente-quatre *Ken* (Kian) ou inspections des mines et des salines.
Onze *Yek* (Y̆) ou directions des postes.
Vingt-quatre *Fo* (Phou) ou places fortes.
Cinquante grands bâtimens de guerre.
Cinquante et un vaisseaux de guerre de grandeur moyenne.
Deux généraux qui commandent les troupes.
Deux *Kou kó* (Yu heou) ou ducs.
Deux commandans de la marine.
Deux préfets de police générale.
Dix-neuf *Man ko* (Wan hou) ou chefs de 10,000 hommes.
Six directions de douanes.

7. La province de BE YAN TAÏ (Phing ngan tao), subdivisée en vingt-quatre administrations. On y compte :

Deux *Fok* (Moŭ) ou grandes préfectures.
Dix *Fou* ou villes départementales.
Dix-sept *Koun* (Kiun) ou principautés.
Huit *Reï* (Ling) ou juridictions particulières.

Cinq *Ken* (Kian) ou inspections des mines et des salines.

Deux *Yek* (Ÿ) ou directions des postes.

Dix-huit *Fo* (Phou) ou places fortes.

Un général des troupes.

Un *Kou kő* (Yu heou) ou duc.

Un *Fan si* (Pouan szu) ou grand juge.

Onze préfets de police.

Sept *Man ko* (Wan hou) ou chefs de 10,000 hommes.

Vingt-neuf inspections des douanes.

8. La province de FAMI KIAN TAÏ (Hian king tao), subdivisée en trente-deux administrations. Il y a:

Deux *Fok* (Moŭ) ou grandes préfectures.

Quinze *Fou* ou villes départementales.

Quatre *Kiun* ou principautés.

Deux *Ken* (Kian) ou inspections des mines et des salines.

Trois *Yek* (Ÿ) ou directions des postes.

Trois *Fő* (Phou) ou places fortes.

Un général commandant l'armée du Nord.

Un général commandant l'armée du Sud.

Deux *Kou kő* (Yu heou) ou ducs.

Douze préfets de police.

Dix-huit *Man ko* (Wan hou) ou chefs de 10,000 hommes.

Vingt-et-une directions des douanes.

Voilà ce qui concerne les capitales et les huit provinces de la Corée.

De *Ghi ziou* (Y tcheou), ville située à la frontière occidentale de ce royaume (1), jusqu'à la capitale du *Rió tó* (Liao toung), on compte 50 *ri* japonais, et en tout 250 *ri* jusqu'à *Fak kió* (Pĕ king).

Ce royaume a été subjugé sans peine par l'armée de *Taïko* (2), car ses habitans avaient des mœurs très douces et ne montraient que peu de courage. Aussi acheva-t-il la conquête des huit provinces de leur pays en moins de trois mois de temps. Cependant, cette occupation a éveillé l'esprit militaire chez les Coréens, de sorte qu'ils ont à présent une flotte formidable, stationnée dans quatorze ports fortifiés et commandés par des bons officiers et soldats de marine. Ce qui confirme le proverbe qui dit : « Après la pluie la terre devient dure. »

Le gouverneur militaire (japonais) de *Tsou sima* (Toui ma tao) tient toujours à Fou san (en Corée) quelques centaines de soldats, qu'il y envoie de son île; de sorte que cette place est soumise au Japon.

La monnaie ordinaire de la Corée est en cuivre et porte pour inscription 寳通平常

---

(1) On compte 122 *ri* de cette ville à la résidence du roi de Corée. Kl.

(2) *Taï ko* ou *Taï ko sama*, nommé aussi *Fide yosi*, fut un des plus célèbres *Seogoun* ou empereurs militaires du Japon. Il mourut en 1598. Kl.

*Zió fee tsou fou* (Tchan phing thoung pao), c'est-à-dire: Paix perpétuelle, valeur universelle. Ces pièces valent douze petites pièces japonaises.

La Corée, ayant au nord les Mandchoux pour voisins, se trouve naturellement sous leur dépendance; mais dans les lettres de créance que son roi envoie au Japon, il ne se sert pas des *Nengo* (Nian hao) ou titres honorifiques des années des Thsing ou Mandchoux, il n'emploie que les caractères cycliques pour indiquer l'année et le mois; montrant par là qu'il releve du Japon.

Le peuple coréen est de haute stature et plus nerveux que les Japonais, les Chinois et autres nations. On a remarqué qu'un Coréen mange ordinairement autant que deux Japonais. Les Coréens sont d'un caractère astucieux, paresseux, obstinés, et ennemis des efforts. Aussi l'armée de *Taï ko* fut-elle obligée de se tenir sur ses gardes dans ce pays.

On se sert en Corée, outre les caractères chinois, d'une écriture particulière appelée *Ghin boun* (Yen wen) ou vulgaire, et dont chaque lettre a une prononciation particulière, comme on peut le voir par le tableau ci-joint. (1)

---

(1) Ici l'original offre une série de groupes syllabiques coréens, disposés d'après l'ordre de l'*Irofa*, ou syllabaire japonais. Ce tableau ne donnant nullement une idée exacte des élémens et du

Les hommes et les productions de ce pays viennent depuis des siècles au Japon; aussi tout le monde les connaît, ainsi que ce qui les concerne : c'est pour cette raison que j'ai cru qu'il

---

système de l'écriture coréenne, je l'ai supprimé et remplacé par le véritable alphabet et le syllabaire de cette nation.

Les Coréens avaient d'abord adopté l'écriture idéographique des Chinois; mais comme leur langue était susceptible d'être écrite avec un alphabet, ils ne tardèrent pas d'en inventer un, l'an 374 de J.-C., dans le royaume de *Pĕ tsi*. Cet alphabet est encore aujourd'hui généralement usité en Corée, quoiqu'on s'y serve aussi de caractères chinois pour la rédaction de presque tous les ouvrages scientifiques.

L'écriture coréenne suit la direction de haut en bas et de droite à gauche. Elle est basée sur un alphabet qui se compose de treize consonnes :

*K. N. T. L. M. P. S. Dz. Ts. K aspiré. T aspiré. P aspiré* et *H.*

Il faut encore y ajouter un signe qui se joint aux voyelles quand elles forment une syllabe à part. Ce signe est placé dans la série des consonnes entre le *S* et le *Dz*, de sorte que cette série comprend effectivement quatorze signes.

L'alphabet coréen compte onze voyelles :

*A. Ia. È. Iè. O. Io. Ou. Iou. É. I* et *A.*

La combinaison des quatorze consonnes et des onze voyelles forme d'abord un syllabaire de cent soixante-quatre syllabes qui par les neuf finales :

*K. N. T. L. M. P. S. I* et *Ng.*

peuvent produire un autre syllabaire de quatorze cent soixante-seize groupes.

La consonne *B*, n'entre pas dans la série des quatorze consonnes, mais elle se combine de même que celles-ci avec les voyelles et les finales.

serait inutile de donner des planches qui représentent ces objets.

Les choses précieuses que le roi de Corée envoie à l'empereur du Japon, sont: de la racine de *Nin sü* (Jin seng), des peaux de tigre, des peaux de léopards, du maroquin vert, des peaux de poisson, des pièces de satin, des toiles de coton blanches et très fines, des faucons dressés pour la chasse, et des chevaux dressés. Le roi de Corée reçoit en échange de l'empereur du Japon : des paravents dorés, des selles peintes en or, des boîtes saupoudrées d'or pour y serrer du papier, des boîtes de la même façon pour les pierres qui servent à broyer l'encre, des éventails en plumes d'oiseaux de deux espèces, différentes sortes de thé, etc. Le premier, le second et le troisième ambassadeur, reçoivent chacun: cinq cents petits lingots d'argent et trois cents pièces de toile; les autres employés, officiers supérieurs, reçoivent en-

---

Outre les groupes simples, composés d'une voyelle, les consonnes peuvent aussi être combinées avec deux voyelles, et former des syllabes telles que *koa, kouè, soa, souè, oua, ouè,* etc.

Je donne sur la planche ci-jointe, l'alphabet et le syllabaire coréens, et j'y ai ajouté en bas quelques exemples qui montrent de quelle manière les consonnes se groupent avec les voyelles, dans les syllabaires plus compliqués. On s'apercevra facilement que, de cette manière, les dernières peuvent être multipliées à l'infini, et que le syllabaire coréen est par conséquent un des plus riches qui existent. K<small>L</small>.

semble deux cents lingots d'argent, et on partage entre les autres membres de l'ambassade d'un moindre rang mille lingots d'argent. Ces présens leur sont ordinairement offerts après le régal qu'on leur donne à la cour.

Dans le temps du chaos, ce royaume fut fondé par *Dan koun* (Than kiun, le Prince du santal) (1), dont les descendans y ont régné pendant plus de mille ans. Après eux le pays fut occupé par les Chinois, et *Ki si* (Khi tsu) y régna. Il donna à son royaume le titre honorifique de *Tsiô sen* (Tchao sian), c'est-à-dire Beauté du matin; sa famille y a gouverné paisiblement jusqu'à l'époque où un Chinois nommé *Yeï man* (Weï man) parvint à se faire roi. Les descendans de celui-ci étaient tantôt soumis aux Chinois, tantôt indépendans. Enfin, des troubles éclatèrent dans le pays, et il fut divisé en trois royaumes, qu'on appela les *San kan*

---

(1) Le *Toung kouë thoung kian*, histoire de la Corée, citée dans la grande encyclopédie japonaise, Wo han san thsaï thou hoeï, dit : « Primitivement ce pays n'avait ni prince ni chefs. Un
« homme surnaturel descendit sous un arbre de santal (*Than*
« *moŭ*); les gens du pays en firent leur prince; il reçut le nom
« de *Than hiun* (Prince du santal) et son royaume fut appelé
« *Tchao sian*. Ceci eut lieu du temps de *Thang Yao* (vingt-trois
« siècles avant J.-C.). Sa première résidence fut *Ping jang;* plus
« tard, il la transféra à *Pë jö*, où elle resta jusqu'à ce que dans la
« huitième année de l'empereur *Wou ting*, de la dynastie de *Chang*
« (1317 avant J.-C.), elle fut établie à la montagne *A szu ta*
« (*Asstak*). » Kl.

(San han) ou les trois *Kan* (Han). Les *Sin ra* (Sin lo), après avoir détruit les deux autres *Kan* (Han), réunirent toute la Corée sous leur domination. Les Sin ra furent renversés par les rois de *Kôraï* (Kao li), dont le nom de famille était *Oo* (Wang), et qui réduisirent tout le pays. Ensuite une autre dynastie de *Kôraï* (Kao li) de la famille de *Ri* (Li) régna sur les San kan; elle donna à son royaume l'ancien titre de *Tsiô sen* (Tchao sian). Les princes de cette dynastie ont régné jusqu'à présent dans l'ancienne capitale de *Dan koun* (Than kiun). La Corée fut anciennement conquise et rendue tributaire par *Sin kou kwo gou* (1), impératrice du Japon. *Taï ko* subjugua ce pays une seconde fois (2). L'histoire et les troubles de la Corée sont décrits dans le livre intitulé *Tó kokf tsou ken* (Toung kouĕ thoung kian) ou *Miroir véridique du royaume oriental.*

---

(1) Elle régna de 201 à 269 de J.-C. Ce fut en 205 que le royaume de *Sin lo* en Corée devint son tributaire, et en 247 celui de *Pĕ thsi*. KL.

(2) L'expédition de *Taï ko* en Corée eut lieu en 1592. KL.

# DESCRIPTION

# DE LA CORÉE.

(Traduite de la grande géographie chinoise, intitulée *Tai thsing ȷ́ thoung tchi*). (1)

La capitale du *Tchao sian* est à 1800 li de la ville de *Ching king* (Moukden). Ce pays a 2000 li de l'est à l'ouest, et 4000 du sud au nord. De la capitale il y a à l'est jusqu'à la mer 770 li, au sud jusqu'à la mer 1300 li, au sud-ouest jusqu'à la mer 800 li, au nord-est jusqu'au fleuve Yă loŭ kiang 750 li, enfin au nord jusqu'à *Kieou lian tchhing* 1115 li. Le chemin par lequel son tribut arrive à Peking, est de 3096 li, et passe par *Fung houang tchhing*.

*Situation astronomique.*

Ce pays se trouve sous la constellation *Khi sing* (premier $\gamma$, 4053, $\delta$ du sagittaire) et sous l'influence de l'astre *Tsin* ($\gamma$ du cygne).

---

(1) Section cccliii, de l'édition de 1744.

## Notice historique.

Anciennement (1) la Corée faisait partie des pays situés en dehors des limites de la province de *Young tcheou*. Les Tcheou y établirent *Khi tsu* (2). A l'époque des *Royaumes combattans* (3), cette contrée fut soumise aux *Yan* (4). Sous les Thsin elle était au-delà des frontières du Liao toung. Au commencement de la dynastie des Han elle dépendait encore des Yan; mais quand *Lou wan*, roi de Yan se sauva chez les Hioung nou, un homme de ce pays nommé Weï man vint en Corée, et après avoir prêté obéissance à *Ki tsun*, descendant de Khi tsu, il se fit roi du pays, et établit sa résidence à *Wang hian*.

Nota. « On lit dans le commentaire *So yn*

---

(1) C'est-à-dire dans les premiers temps de la monarchie chinoise, et après que Yu le Grand eut divisé la Chine en neuf provinces, dont *Young tcheou* était celle du nord-est. Kl.

(2) *Khi tsu* était un membre de la famille impériale des *Chang*, qui fut détrônée par *Wou wang* roi de Tcheou. Khi tsu ne voulut accepter aucun emploi sous ce dernier qui le fit alors roi de Corée. Kl.

(3) En chinois *Tchen kouë*, c'est la période comprise entre 403 et 222 avant notre ère, qui porte ce nom dans les annales de la Chine, alors divisée en un grand nombre de petits royaumes qui se faisaient la guerre entre eux. Kl.

(4) Petit royaume dans le nord de la province chinoise de *Tchy̆ li*. Il a duré depuis 1122 jusqu'en 222 avant J.-C. Kl.

« du *Suz ik*, qu'il y avait dans le Liao toung une
« ville appelée *Hian toŭ hian*, ancienne rési-
« dence des rois de Tchao sian. »

Du temps de l'empereur *Hoei ti* des Han
(de 194 à 188 avant J.-C.), une étendue de
1,000 *li* dans ce pays était occupée par les *Wei
mĕ*, mêlés avec les *Kao kiu li* et les *Ouŏ tsu*.
Le fils et *Yeou kiu* petit-fils de Wei man ré-
gnèrent sur eux. Dans la troisième des années
Yuan fung (108 avant J.-C.), l'empereur Wou ti
ordonna à l'amiral *Yang poŭ*, d'attaquer ce
dernier et de détruire sa puissance; son pays
fut ensuite partagé en quatre principautés nommées *Lŏ lang*, *Lin tun*, *Hiuan thou* et *Tchin
fan*. Du temps de l'empereur *Tchao ti* (de 86
à 74 avant J.-C.), on réunit les deux principautés de Lin tun et de Tchin fan à celle de
Hiuan thou, et on transporta la capitale dans le
nord-ouest des Kao kiu li. Les Ouŏ tsu et les
Wei mĕ furent placés sous la juridiction de sept
*hian* ou villes du troisième ordre, qui dépendaient du *Tou weï*, ou administration locale des
tribus orientales de Lŏ lang. Dans la sixième des
années Kian wou (30 de J.-C.) de l'empereur
Kouang wou ti, cette administration locale fut
supprimée, et l'on abandonna le territoire des
sept *hian*. A la première des années Yang kia
(134 de J.-C.) de l'empereur Chun ti, on établit
dans le Hiuan thou six tribus en colonies militaires. A la fin de la dynastie des Han, un homme

du pays de *Fou yu* (1), dont le nom de famille était *Kao*, s'empara de la Corée, et donna à son royaume le nom honorifique de *Kao li* ou *Kao kiu li*.

Nota. « *Thou chi* dit dans son *Thoung tian:*
« Les *Kao kiu li* sont originaires du *Fou yu*.
« Leur premier ancêtre fut *Tchu mung*. Sa mère
« était fille du *Ho pĕ* (Prince du fleuve) et
« épouse du roi de Fou yu. Elle devint enceinte
« par un rayon du soleil, et mit au monde un
« fils qui reçut le nom de *Tchu mung*, ce qui
« signifie (en langue du pays) un bon archer. Ses
« compatriotes ayant voulu le tuer, Tchu mung
« quitta le Fou yu, se dirigea vers le sud-est,
« passa la rivière *Pou choŭ*, arriva à la ville
« du royaume de *Khe ching*, où il s'établit; il
« donna à sa dynastie le nom de *Kao li*, et prit
« pour nom de famille celui de *Kao*. »

A l'époque des trois royaumes, dans la cinquième des années Tching chi (244 de J.-C.) des Weï, le commandant des troupes de la ville et du district de Yeou tcheou, nommé *Mou khieou kian*, voulant punir les Kao kiu li, les attaqua, les défit, et conquit de nouveau la plus grande partie de leur pays. Sous les Thsin, dans la huitième des années Hian khang (342 de J.-C.), *Kao tcho* (roi des Kao kui li) fut battu par

---

(1) Le pays de *Fou yu* était situé à la frontière nord-est de la Corée actuelle. Kl.

*Mou young houang*. Son arrière-petit-fils *Lian*, redevint puissant et réunit toutes les parties du Tchao sian sous sa domination. Il tenait sa cour dans la ville de *Phing jang*, qui est la même que *Wang hian*, ancienne capitale des rois du *Tchao sian*. Il divisa son royaume en huit *Tao* ou provinces. Celle du milieu s'appelait *King ki* (ou la royale); l'orientale *Kiang yuan* (Sources des fleuves), c'est la partie des *Wëi mĕ*; l'occidentale nommée *Houang haï* (la mer Jaune) est l'ancien pays des *Tchao sian* et des *Ma han*; la méridionale, *Thsiuan lo*, est la patrie des *Pian han*; celle du sud, nommée *Khing chang* (aidée par d'heureux pronostics), est le pays des *Chin han*; celle du sud-ouest, *Tchoung thsing* (la véritable pureté), était autrefois entièrement occupée par les *Ma han*; celle du nord-est, *Hiang king*, est le pays primitif des Kao kiu li; enfin, celle du nord-ouest, appelée *Phing ngan* (tranquillité paisible), fut l'ancienne patrie des *Tchao sian*.

Dans la neuvième des années I hi (413 de J.-C.), *Lian* envoya une ambassade à la cour de la Chine; elle apporta une lettre de soumission et des présens; l'empereur donna à Lian plusieurs titres, entre autres, celui de général en chef oriental de la province de Young tcheou, roi de Kao kiu li et comte de Lŏ lang. Au commencement de la dynastie des Soung (vers 420 de J.-C.), le même Lian reçut encore les plus hautes dignités militaires. Dans la douzième des années Yuan kia (424 de J.-C.), Lian dépêcha une ambassade à l'empereur (Taï wou ti) des Weï, qui lui accorda le diplôme de roi de Kao kui li. *Lian* mourut sous les Thsi, dans la neuvième des années Young ming (491 de J.-C.). Son fils *Yun* fit demander les ordres de l'empereur des Weï, qui l'année suivante le gratifia du diplôme par lequel il fut nommé inspecteur militaire de mer de Liao, comte du Liao toung et roi de Kao kiu li. Yun mourut sous les Liang, dans la dix-huitième des années Thian kian (519 de J.-C.). Son fils *Ngan* lui succéda, et envoya son tribut aux Liang, qui le créèrent général en chef de l'orient et roi de Kao kiu li. Plus tard il dépendit des Weï orientaux et des Thsi (septentrionaux) de la famille de *Kao*. Après la fin de la dynastie de Thsi, le Kao li fut compris dans le pays de Liao toung. Sous les Soui, dans les années Khaï houang (de 581 à 600), *Yuan* roi de Kao li s'étant réuni au Mŏ khö, fit une invasion dans le Liao si, ou pays situé à l'occident du fleuve Liao choui. Les Soui firent marcher le général *Hang wang liang* contre lui pour le punir. Celui-ci ayant passé le Liao choui, Yuan lui envoya une ambassade, par laquelle il reconnut sa faute et se soumit; par conséquent la guerre cessa. Dans les années Ta niĕ (de 605 à 616), le général *Liu tchhŭ szu* combattit contre les Kao li sans pouvoir les vaincre.

Sous la dynastie des Thang, la quatrième des années Wou tĕ (621 de J.-C.), *Kian wou*, roi de Kao kiu li, envoya une ambassade et le tribut à la cour de l'empereur. Kian wou était frère cadet de Yuan. Dans la septième de ces années (624), il reçut le diplôme de roi de Liao toung kiun (ou des principautés situées à l'est du fleuve Liao choui). La seizième des années Tching kouon (642), un chef de la tribu orientale de Kao li, nommé *Thsiuan kaï sou wen*, tua le roi Kian wou, et mit à sa place Thsang, fils du frère cadet de ce prince. En 644, les Chinois firent la guerre aux Kao li; l'année suivante elle devint plus sérieuse; tous les chefs de l'armée entrèrent par différens chemins dans ce pays : après voir pris un grand nombre de villes dans le Liao toung, ils revinrent. Plusieurs généraux avaient battu les Kao li. Sous le règne de l'empereur Kao tsoung, la sixième des années Young hoei (655), les Chinois détruisirent le royaume de *Pĕ thsi*, et le divisèrent en cinq départemens militaires (Tou toŭ fou) nommés *Hioung tsin* (la baie des Ours), *Ma han*, *Toung ming*, *Kin khian*, et *Tĕ ngan*. Dans la première des années Tsoung tchang (668), le général *Li tsy̆* combattit les Kao li et prit leur capitale *Phing jang*, où il établit le *Gouvernement militaire qui tranquillise l'Orient*. Ce fut la fin de la dynastie de la famille Kao.

Dans les premières des années I foung (après

676), les Sin lo s'emparèrent de ce pays, et dans les dernières des années Khaï yuan (vers 740), tous les habitans du Kao li se soumirent à la famille *Ta* des Phoŭ haï.

Nota. « L'histoire des cinq dynasties (Ou taï
« szu) dit : *Phoŭ haï* fut originairement le titre
« honorifique des Mŏ khŏ; les Kao li furent
« une tribu qui s'était séparée d'eux. L'empereur
« Kao tsoung des Thang, ayant détruit les Kao
« li, fit conduire en Chine les membres de la fa-
« mille royale, et établit dans leur pays le *Gou-*
« *vernement militaire qui tranquillise l'Orient,*
« dont le siège était dans la ville de Phing jang.
« Sous le règne de l'impératrice Wou heou
« (de 684 à 689), les Khitan s'emparèrent des
« limites septentrionales de ce pays. *Kў kў*
« *Tchoung siang*, chef d'une tribu des Kao li,
« s'étant réuni à *Kў szu Pi yu* prince des Mŏ
« khŏ, entra dans le Liao toung et domina dans
« l'ancien pays des Kao li. L'impératrice Wou
« heou envoya un général contre eux; il les atta-
« qua et tua Kў szu Pi yu; Kў kў Tchoung
« siang mourut de maladie. Le fils de ce dernier,
« nommé *Tsou young*, lui succéda; il devint
« aussi maître des sujets de *Pi yu*, et se trouva
« ainsi à la tête de 400,000 âmes. Il était l'allié des
« *Ў liu*. Sous l'empereur Tchoung tsoung (en
« 705 et 706), on établit dans ce pays la ville
« de *Hoŭ han tcheou*, dont *Tsou young* fut
« nommé gouverneur; il reçut alors aussi le

« titre de roi des districts de Phoŭ haï. Plus
« tard il donna à sa dynastie le titre honorifique
« de Phoŭ haï. »

« Le *Wen hian toung khao* dit: Au commen-
« cement les rois de Phoŭ haï envoyèrent un
« grand nombre de jeunes gens à la capitale de
« la Chine, pour y étudier dans le grand collège,
« et apprendre la législation ancienne et mo-
« derne. Cela dura jusqu'à ce que leur royaume
« devint le plus puissant de ceux de la mer
« orientale. Il y avait alors dans leur pays cinq
« capitales (*King*), quinze villes départemen-
« tales (*Fou*), soixante-deux *Tcheou* ou villes du
« second ordre. Leur *Chang king*, ou capitale
« supérieure, était dans l'ancien pays des *Soŭ*
« *chin*, elle s'appelait *Loung thsiuan fou*, ou
« la ville de la source du Dragon. Sous sa dépen-
« dance se trouvaient les trois villes de *Loung*
« *tcheou*, *Hou tcheou* et *Poŭ tcheou*. Au sud de
« cette capitale était le *Tchoung king*, ou celle
« du milieu, nommée *Hian tĕ fou*, ou la ville
« de la Vertu manifestée; les six villes qui en
« dépendaient étaient *Lou tcheou*, *Hian tcheou*,
« *Thiĕ tcheou*, *Thang tcheou*, *Young tcheou*
« et *Hing tcheou*.—Le *Toung tcheou*, ou la ca-
« pitale orientale, était dans l'ancien pays des
« Weï mĕ; elle s'appelait *Loung yan fou*, ou la
« ville du plateau du Dragon, et *Tsĕ tchhing*
« *fou*, ou la ville fortifiée par des palissades;
« elle gouvernait les quatre villes de *Khing*

« *tcheou*, *Yan tcheou*, *Mo tcheou* et *Kia tcheou*.
« Le *Nan king*, ou la capitale méridionale, était
« dans l'ancien pays de *Ouŏ tsu*, elle s'appe-
« lait *Nan haï fou*, ou la ville de la Mer méri-
« dionale; trois autres villes en dépendaient,
« savoir *Ouŏ tcheou*, *Tsing tcheou* et *Tsiao*
« *tcheou*.—Le *Si king*, ou la Capitale occiden-
« tale, était dans l'ancien pays de Kao li; elle
« se nommait *Yă loŭ fou* et commandait aux
« quatre villes de *Chin tcheou*, *Houon tcheou*,
« *Fung tcheou* et *Tching tcheou*. La ville dé-
« partementale de *Tchhang ling fou* avait sous
« elle deux autres *Hia tcheou* et *Ho tcheou*.
« — Dans l'ancien pays de Fou yu était la ville
« de *Fou yu fou*, dans laquelle on entretenait
« toujours une forte garnison pour défendre le
« pays contre les Khitan; les deux villes de
« *Fou tcheou* et de *Sian tcheou* en dépendaient:
« la ville départementale de *Mŏ hiĕ fou* avait
« celles de *Mŏ tcheou* et de *Kao tcheou* sous sa
« juridiction.— Dans l'ancien pays des *Y̆ liu*
« était la ville de *Ting chin fou*, de laquelle
« dépendaient *Ting tcheou* et *Chin tcheou*. —
« *Ngan pian fou* commandait aux deux villes
« de *Ngan tcheou* et de *Khioung tcheou*.—Dans
« l'ancien pays de *Sŭ pin* était *Sŭ pin fou*,
« ayant sous sa dépendance les trois villes de
« *Houa tcheou*, *Y̆ tcheou* et *Kian tcheou*.
« — Dans l'ancien pays de *Foĕ niĕ* était la ville
« départementale de *Toung phing fou*, de la-

« quelle dépendaient cinq autres villes *I tcheou,*
« *Moung tcheou, Tho tcheou, Hĕ tcheou* et
« *Pi tcheou*.—L'ancien pays des *Thië li* formait
« le département de *Thië li fou*, avec les six
« villes de *Kouang tcheou, Fen tcheou, Phou*
« *tcheou, Haï tcheou, I tcheou* et *Kouei tcheou.*
« —L'ancien pays de *Yuĕ hi* devint le dépar-
« tement de *Hoaï yuan fou*, duquel dépen-
« daient neuf villes, *Tă tcheou, Yuĕ tcheou,*
« *Hoaï tcheou, Ki tcheou, Fou tcheou, Meï*
« *tcheou, Foŭ tcheou, Sie tcheou* et *Tchi*
« *tcheou*.—La ville départementale de *Ngan*
« *yuan fou*, commandait aux quatre villes de
« *Ning tcheou, Meï tcheou, Mou tcheou* et
« *Tchhang tcheou*.—Il y avait de plus les trois
« villes de *Ing tcheou*, de *Thoung tcheou* et de
« *Soŭ tcheou;* et quoique seulement du second
« rang, elles eurent leur propre juridiction. *Soŭ*
« *tcheou* était située sur le *Soŭ mŏ kiang* ou *Soŭ*
« *mŏ choui*, dont le nom s'écrit en chinois de
« deux manières différentes. —Le département
« de *Loung yuan* était au sud-est et sur le bord
« de la mer, sur le chemin qui conduit au Japon;
« par celui de *Nan haï* on allait dans le Sin lo;
« par celui de *Yă loŭ* au Tchao sian, par celui
« de *Tchhang ling* à Young tcheou, et par celui
« de *Fou yu* chez les Khitan. »

Au commencement des années Thian yeou (de 904 à 906) la famille *Ta* fut détruite. Un prêtre de Bouddha nommé *Koung i* régna sur tous leurs sujets, s'empara de Khaï tcheou, prit le titre de roi et donna à son royaume le nom de *Ta fung kouĕ;* cet état comprenait l'ancien pays de Kao li. Sous les Liang, une des cinq petites dynasties postérieures, dans la deuxième des années Loung tĕ (922) un homme du Kao li, nommé *Wang kian* rassembla une armée et se fit grand-amiral du pays; il attaqua Koung i à l'improviste, le tua et se fit roi de Kao li. Sous le Thang, à la fin des années Thsing thaï (934), ce *Kian* marcha contre les *Sin lo* et les *Pĕ tsi*, les attaqua, les battit, et s'empara de toutes leurs possessions, de sorte qu'il réunit tous les pays des Barbares orientaux sous sa domination.

Nota. « Son royaume était au nord limi« trophe des Khitan, à l'occident il avait les « Ju tchў; au sud le Japon. Il établit sa rési« dence à *Soung yŏ*, appelé aussi *Khaï tcheou*. « C'était son *Toung king*, ou sa capitale orien« tale, tandis que *Phing jang* était le *Si king* « ou la capitale occidentale. Il y avait dans son « pays six *Fou*, ou villes départementales, neuf « *Tsiĕ tou* ou gouvernemens, et cent vingt *Kiun* « ou principautés. »

Sous les Thsin, dans la seconde des années Khaï yun (945) *Kian* mourut, et son fils *Wou* lui succéda. Les descendans de celui-ci envoyèrent toujours des ambassades et le tribut aux empereurs des Soung; cependant ils ont aussi

3.

entretenu de semblables relations avec les Liao et les Kin. Dans la douzième des années Kia ting (1219) de l'empereur Ning tsoung des Soung, *Tchhĕ* roi de Kao li se soumit aux Mongols; néanmoins il y eut une interruption dans son obéissance et dans la cinquième des années Tchao ting (1232), le prince des Mongols, Ogo taï, expédia une armée contre les Kao li. Alors le roi Tchhĕ demanda de nouveau à faire sa soumission. Les Mongols établirent dans la capitale, dans les villes départementales et dans celles du troisième ordre, soixante-et-douze *Daroukhatchi* ou inspecteurs; la tranquillité fut d'abord rétablie, mais plus tard ces officiers furent tous tués par les Kao li. Les Mongols firent alors marcher dix corps d'armée contre eux et s'emparèrent de quatorze de leurs villes; de sorte que la plupart des Kao li se rendirent ou furent battus.

Sous le Yuan, au milieu des années Tchi yuan (de 1264 à 1294, ainsi vers 1239), la Capitale occidentale de la Corée fut réunie à l'empire mongol. On y établit le gouvernement général de *Toung king lou*, et fit passer la frontière par la montagne *Thsu peï ling*. — Dans la troisième des années Ta tĕ (2299), on établit dans le même pays un gouverneur portant le titre de *Tching toung teng tchhu hing tchoung chou*; mais il fut bientôt supprimé. Dans la troisième des années Tchi tchi (1323), on le rétablit et on donna au roi de Kao li le titre de *Tso tching siang*, ou ministre de la gauche. A la fin de la même année, les Coréens commencèrent à quitter le parti des Mongols, et dans la seconde année de Houng wou (1369), leur roi *Tchouan* envoya au premier empereur des Ming sa soumission et un tribut consistant en productions de son pays. Il demanda à être confirmé dans sa dignité, et reçut en effet le diplôme de roi de Kao li. Tchouan fut tué par le rebelle *Li jin jin*. Ils ne laissait pas d'enfans mâles, mais il avait adopté *Yu*, fils de son favori *Sin tchun*. Ce Yu fut nommé roi par Li jin jin. Dans la vingt-deuxième année de Houng wou (1388), Yu céda le trône à son fils *Tchhang*. L'année suivante, *Li tchhing kouei* un de ses gardes, déposa Tchhang, et mit sur le trône un descendant de la famille *Wang*, nommé *Yao*. En 1392, Li tchhing kouei fit conduire Yao à Yuan tcheou, et prit les rênes du gouvernement sous le nom de *Tan*. Il envoya une ambassade à l'empereur de la Chine, et pria qu'on donnât un nom honorifique à son royaume. L'empereur rétablit alors l'ancien nom de Tchao sian, qu'il portait quand la famille Wang régnait dans ce pays.

Dans la vingtième des années Wan lỹ (1592) *Fide yosi* (1) ( Phing sieou kỹ ) Kouan pĕ

---

(1) *Fide yosi* est le même personnage mentionné à la page 18 sous le nom de *Taï ko*. Kl.

(Kouan bak) (1) du Japon, fit une invasion dans le pays. Le roi de Tchao sian *Li yan* s'enfuit à *Phing jang*, et de là à I tcheou. Les huit provinces de la Corée furent ravagées, le roi fit demander du secours en Chine, par un ambassadeur. *Soung ing tchhang* fut chargé de faire le plan de campagne, et *Li jou joung* fut nommé commandant-général des troupes. Il y eut différens combats, mais sans résultat, et finalement la victoire ne resta pas aux Chinois. Cet état de choses dura jusqu'à la vingt-unième année (de Wan lў) 1593, époque de la mort de Fide yosi; toute l'armée japonaise quitta le pays et s'en retourna. C'est alors seulement que les malheurs qui pesaient sur le Tchao sian commencèrent à disparaître.

Sous la dynastie mandchoue qui règne à présent, dans la première des années Thian tsoung (1627), l'empereur *Taï tsoung wen houang ti* (2)

---

(1) 白關 *Kouan pĕ*, ou d'après la prononciation japonaise *Kouan bak*, ou *Atsoukari mosou* (c'est-à-dire le garde des bonnets de cérémonie), est le nom d'une des plus hautes dignités au palais du Daïri ou empereur du Japon; elle date de 880 de notre ère. Le Kouan bak est le président du conseil des ministres. KL.

(2) C'est le second chef des Mandchoux qui porte le titre d'empereur, et le prédécesseur de celui qui en 1644 fut proclamé empereur de la Chine à Peking. KL.

ordonna au Grand-Beïle (1) *Amin* (2), au Beïle *Dzirgalang* (3) et autres de porter la guerre dans le Tchao sian. Ils livrèrent plusieurs combats dans lesquels ils furent toujours victorieux, et prirent la ville d'*I tchéou*. Ayant divisé leurs forces ils détruisirent celle de *Thiĕ chan;* puis, ils s'emparèrent de *Ngan tchéou* et arrivèrent devant la ville de *Phing jang tchhing*. *Li tsoung* roi de Tchao sian, épouvanté de ces succès, emmena avec lui son épouse et ses enfans et s'enfuit à l'île de *Kiang houa tao* (4). Il

---

(1) *Beïle* est l'ancien titre des princes mandchoux en général; à présent cette dénomination n'appartient qu'à une certaine classe de princes. Kl.

(2) *Amin* fils de *Chourgatsi* est un général célèbre par ses exploits dans le pays des Mandchoux, dans celui des Mongols des Khalkha (en 1626), et en Corée (1627). En 1630, étant avec des troupes mandchoues dans le Tchy̆ li, province de la Chine, il y fit faire main basse, sans en avoir reçu l'ordre, sur tous les officiers chinois qui venaient se soumettre aux Mandchoux. Pour le punir de cette action barbare, il fut mis en prison et ses biens furent confisqués. Kl.

(3) *Dzirgalang*, avec le surnom *Oudjen* (le persévérant), était un Mandchou, de la bannière bleue brodée, et le cinquième fils de *Chourgatsi*, frère cadet du premier empereur Taï tsou et de la même mère que celui-ci. Il porta d'abord le titre de *Beïle*, mais plus tard il fut créé *Wang*. Il est célèbre par ses guerres en Corée, dans le Liao toung et en Chine. Il mourut en 1655, âgé de cinquante-sept ans. Kl.

(4) Cette île est située entre le 37° et le 38° de latitude, sur la côte occidentale de la Corée, et devant l'embouchure du fleuve *Han kiang*. Kl.

envoya cependant son frère cadet *Li kiŏ* au-devant des vainqueurs, pour leur offrir du tribut et demander la paix et l'alliance avec les Mandchoux. On consentit à sa requête, et Li kiŏ s'en retourna. L'armée revint alors.

Dans la neuvième des mêmes années (1635), les Coréens rompirent de nouveau leurs sermens. *Ingnouldai* (1) à la tête d'une ambassade fut chargé de porter une lettre au roi, mais il fut obligé de revenir parce qu'on avait refusé de la recevoir. Dans la première des années Thsoung tĕ (1636) on renvoya dans ce pays les ambassadeurs coréens *Lo tĕ hian* et *Li khouŏ* avec une lettre pour leur roi, mais il n'y fit aucune réponse. Par conséquent la même année un ordre de l'empereur enjoignit au Khochoï li thsin wang *Daïchen* (2) et au Joui thsin wang *Dor-*

---

(1) *Ingouldaï* petit-fils de Daïmbou, mandchou de la bannière blanche. L'empereur Tai tsoung, n'avait d'abord pris le titre de *Houang ti* que pour intimider la cour de Peking, mais comme il fut vivement sollicité par les princes mandchoux et mongols, et par les Chinois mêmes qui avaient passé à son service, de se déclarer empereur de la Chine, *Ingouldaï* lui conseilla d'engager le roi de Corée à le reconnaître dans cette dignité. On expédia alors une ambassade en Corée sous la conduite d'Ingouldaï, qui était porteur de lettres adressées par les princes mandchoux et mongols au roi de ce pays. Ingouldaï y fut insulté et obligé de se sauver de la capitale de la Corée. KL.

(2) *Daïchen*, de la bannière rouge des Mandchoux, portait le surnom *Dorongo*, en chinois *Li*, c'est-à-dire le poli. Il était le second fils de l'empereur Tai tsou, et un des hommes le plus

gon (1) de porter la guerre en Corée. Ils passèrent la rivière *T'chin kiang*, poussèrent jusqu'aux villes de *Kou chan tchhing*, *Ting tcheou* et *Ngan tcheou*, et cernèrent la capitale du Tchao sian. *Li tsoung*, ayant envoyé sa femme et ses enfans dans une île, s'enfuit et s'enferma dans la forteresse du mont *Nan han*. Cette place fut aussitôt entourée par les Mandchoux, qui s'étant partagés en plusieurs corps conquirent les différentes provinces du pays. Li koung réduit à la misère se vit forcé de demander la paix. Il avait d'abord promis de sortir de la ville et de se rendre, mais il changea d'avis et n'osait plus la quitter. Enfin le Joui thsin wang *Dorgon*, s'empara de l'île *Kiang houa tao*, où il prit non-seulement la femme et les enfans de Li tsoung, mais aussi les femmes et les enfans de tous les grands du royaume. Tous ces prisonniers furent conduits au quartier général mandchou, où ils rédigèrent une supplique; alors Li tsoung envoya son fils aîné 淫 *Wang*, qui, accompagné de tous les grands en habits de cérémonie, sortit de la ville, se reconnu vassal des

---

spirituels et le plus brave de son temps. Il mourut en 1648 âgé de soixante-six ans. KL.

(1) *Dorgon* également fils de l'empereur Taï tsou, fut d'abord Beïle, mais son mérite lui procura bientôt la dignité de Wang. Il mourut en 1650, en Mongolie à Khara khotò, âgé de tente-neuf ans. KL.

Mandchoux et demanda pardon pour les crimes des siens. Il fut alors régalé d'un banquet impérial devant le trône, et on rendit à lui, ainsi qu'aux grands du royaume, leurs femmes et leurs enfans. Le roi de Corée reçut le titre de *Roi de Tchao sian*, et fut qualifié d'un sceau d'or avec un bouton en forme de tortue. Il obtint un brevet en forme; son épouse fut élevée au rang de 妃 *Feï* et ses enfans légitimes eurent le titre de *Chi tsu*. L'empereur lui donna un présent consistant en un bonnet en poil de martres zibelines et en chevaux harnachés. Les Mandchoux les reconduisirent à la capitale, et depuis ce temps la Corée leur est restée soumise; elle envoie tous les ans une ambassade pour féliciter l'empereur au jour de l'an, et pour lui apporter le tribut. C'est ainsi que l'empereur Taï tsoung wen houang ti fit la conquête de ce pays; il y fit élever une pierre avec une inscription, contenant le récit complet de cet évènement.

*Division administrative.*

(Les huit provinces de la Corée sont subdivisées en *quarante-et-une* principautés; on y compte *trente-trois* Fou ou villes du premier ordre, *trente-huit* Tcheou ou du second, et *soixante-dix* Hian ou villes du troisième ordre.)

I. La province de King ki (ou de la cour) contient la capitale du royaume, qui est la *Résidence du Tchao sian*. Elle est aussi appelée

*Han tchhing.* Dans les premiers temps du règne de la dynastie des Ming en Chine, le roi de Kao li *Li tan* quitta *Khaï tcheou* et établit ici son siège. Cette province est au milieu des sept autres, et c'est pourquoi on l'appelle *la défendue des quatre côtés.* On y compte trois *kiun* ou principautés, nommées *Yang ken, Fung tĕ* et *Choui tchhing;* trois Fou, savoir: *Han tchhing, Kaï tchhing* et *Tchhang thouan;* sept Tcheou: *Yang tcheou, Kouang tcheou, Jun tcheou, Li tcheou, Ko tcheou, Kŭ tcheou* et *Pho tcheou;* trois Hian: *Kiao ho, San teng* et *Thou chan.*

II. La province de Kiang yuan (des sources du fleuve) a pour capitale *Kiang ling fou.* Elle est située à l'est de la ville royale. C'est l'ancien pays des *Weï mĕ.* Sous les Han il y avait ici la frontière de la principauté de *Lin tun.* On compte dans cette province les sept principautés suivantes: *Ngou tchhing, Phing haï, Thoung tchhouan, Ning yuĕ, Soung yŏ, Tsing chen* et *Kao tchhing;* cinq Fou: *Kiang ling, Hoaï yang, Chan pou, Siang yang* et *Thiĕ yuan;* quatre Tcheou: *Yuan tcheou, Kiang tcheou, Hoaï tcheou* et *Min tcheou;* dix Hian: *Phing khang, Ngan tchhang, Liĕ chan, Khi lin, Thsieou yuan, Tan tchhing, Thi lin, Weï tchin, Soui ho* et *Hў kŏ.*

III. La province de Houang haï (ou de la mer Jaune), avec la capitale *Houang tcheou.* Elle est à l'ouest de la ville royale. C'est l'ancien pays des *Kao li* et des *Ma han*. On y compte trois principautés : *Soui ngan*, *Yan ngan* et *Phing no;* trois Fou : *Phing chan*, *Soui hing*, et *Tchhing thian;* cinq Tcheou : *Houang tcheou*, *Pĕ tcheou*, *Haï tcheou*, *Ngaï tcheou* et *Jin tcheou;* huit Hian : *Ngan yŏ*, *San ho*, *Loung kang*, *Hian thsoung*, *Kiang si*, *Nieou fung*, *Wen houa* et *Tchhang yuan*.

IV. La province de THSIUAN LO, a pour capitale *Thsiuan tcheou*. Elle est située au sud de la ville royale. C'était originairement l'ancien pays des *Pian han;* plus tard elle devint le royaume de *Pĕ tsi*. Sous les Thang, dans la cinquième des années Hian khing (660), *Sou ting fang* vainquit les Pĕ tsi, fit prisonnier leur roi et établit dans ce pays le gouvernement militaire de *Hioung tsin* et de cinq autres places; puis cette province fut réunie au royaume de *Sin lo*. A l'époque des cinq petites dynasties (postérieures) qui ont régné en Chine, elle fut incorporée à celui de Kao li.—D'après les cartes, les limites du royaume de Tchao sian étaient celles-ci; droit au nord elles suivaient la direction des monts Tchhang pĕ chan, au sud elles traversaient la frontière du Thsiuan lo, à l'occident ce royaume était borné par la Mer; l'île de *Toui ma tao* (Tsou sima) et les autres îles du Japon, situées au-delà de la mer de Tchao sian sont au sud-est, et vis-à-vis du port de *Fou chan* de la province de Khing chang. Les navires japonais viennent au port de Fou chan, mais il ne leur est pas permis de dépasser le Thsiuan lo pour arriver à la mer occidentale. Comme le Thsiuan lo est la province la plus méridionale de la Corée, et qui a le milieu de ce royaume droit au nord, on peut en se dirigeant de là dans un direction oblique vers l'ouest, arriver au promontoire du Liao toung. Il faut donc empêcher que les Japonais ne parviennent pas jusqu'au Liao toung et jusqu'au pays de *Ki* (c'est-à-dire le Tchy li septentrional); la Corée leur ferme le chemin par mer, et par conséquent elle protège nos limites en les empêchant de passer par les îles, et en les arrêtant au Thsiuan lo.—Cette province est borné au sud par l'Océan et s'appuie à l'est au Khing chang; c'est la porte de la Corée, et quand les Japonais ont attaqué ce pays, ils ont dû nécessairement venir par ce chemin. — On y compte les trois principautés de *Ling yan*, *Kou feou* et *Tchin tao;* deux Fou : *Thsiuan tcheou* et *Nan yuan;* quatre Tcheou: *Lo tcheou*, *Tsi tcheou*, *Kouang tcheou* et *Ngang tcheou;* vingt-trois Hian : *Wan khing*, *Meou tchhang*, *Tchin ngan*, *Fou ngan*, *Thsiuan khiŭ*, *Khang tsin*, *Hing tè*, *Houang tchhing*, *Lŏ ngan*, *Tchhang phing*, *Tsi nan*, *Hoei ning*, *Ta kiang*, *Lin pho*, *Kou kao*, *Nan yang*, *Fou chun*, *Fou ning*, *Ma jin*, *Siou tchhing*, *Haï nan*, *Chin ling* et *I ngan*.

V. La province de Khing chan a pour capitale *Khing tcheou*. Elle est située au sud-est de la ville royale. C'est l'ancien pays des *Chin han;* plus tard ce fut le royaume de *Sin lo*. Elle est située sur les bords de la mer et vis-à-vis du Japon et sert de boulevard au Tchao sian contre ce dernier pays. Il y a sept principautés : *Weï chan*, *Hian yang*, *Hioung tchhouan*, *Hia tchhouan*, *Young tchhouan*, *Liang chan* et *Thsing tao;* six Fou : *Kin haï*, *Chen chan*, *Ning haï*, *Mỹ yang*, *Ngan thoung* et *Tchhang yuan;* cinq Tcheou : *Khing tcheou*, *Szu tcheou*, *Chang tcheou*, *Tsin tcheou* et *Weï tcheou;* douze Hian : *Toung laï*, *Thsing ho*, *I hing*, *Wen khing*, *Kin tsi*, *Tchhang ning*, *San kia*, *Ngan in*, *I tchhing*, *Chan in*, *Kao ling* et *Cheou tchhing*.

VI. La province de TCHOUNG THSING a pour capitale *Tchoung tcheou*. Elle est située au sud-ouest de la ville royale. C'est l'ancien pays des *Ma han*. La résidence du roi étant au milieu des huit provinces, le défilé oriental qui y conduit, est dans la montagne *Ou ling* ( ou la noire) de Tchoung tcheou; l'occidental est celui de *Nan yuan* de Thsiuan tcheou. La description de la Corée dit : la ville royale est la capitale de tout le Tchao sian; Hian king et Tchoung thsing sont ses cornes de défense; elles sont appelées ensemble *Thian ling* ou les défilés célestes. On compte dans le Tchoung thsing les quatre principautés de *Thsing fung*,

*Wen yang*, *Thian ngan* et *Lin tchhouan;* neuf Tcheou: *Tchoung tcheou*, *Thsing tcheou*, *Koung tcheou*, *King tcheou*, *Tsing tcheou*, *Hing tcheou*, *Hing tcheou* (écrit avec un autre caractère), *Li tcheou* et *Houng tcheou;* sept Hian, savoir: *Young tchhun*, *Nan ngen*, *Lian͵ chan*, *Fou yu*, *Chy̆ tchhin*, *Yan khi* et *Pao ning*.

VII. La province de Hian king a pour capitale *Hian hing fou*. Elle est située au nord-est de la ville royale. C'est l'ancien pays des *Kao kiu li*. On y compte trois principautés *Touon tcheou*, *Chŭ mŏ* et *Ning yuan;* cinq Fou, savoir: *Hian hing*, *King tchhing*, *Hoei ning*, *Young hing* et *Ngan pian;* huit Tcheou: *Yan tcheou*, *Tĕ tcheou*, *Khaï tcheou*, *Hoei tcheou*, *Sou tcheou*, *Hŏ tcheou*, *Yan tcheou* et *Soui tcheou;* enfin un Hian appelé *Li tchhing*.

VIII. La province de Phing ngan avec la capitale *Phing jang*. Elle est située à la frontière occidentale de la Corée. On compte de la capitale jusqu'à la résidence du roi, plus de 500 li. Sous les Han ce pays portait le nom de la principauté de *Lŏ lang*, plus tard les rois de Kao kiu li y établirent leur résidence nommée *Tchhang ngan tchhing* ou *Wang hian tchhing*. Les Thang ayant soumis les Kao li, y établirent le siège du gouvernement appelé *Ngan toung tou hou fou*. Dans les temps postérieurs il tomba sous la domination des Phŏu haï. Du temps des cinq petites dynasties en Chine (dans la première moitié du x⁰ siècle), les Kao li y établirent derechef leur *Si king*, ou capitale occidentale. Sous les Yuan dans la sixième des années Tchi yuan (1269), leur vassal *Li yan ling* et autres se soumirent aux Yuan, avec la capitale occidentale, et de soixante villes des premier, second, troisième ordres. Alors le nom de Si king fut changé en *Toung ning fou*, et on le fit capitale de la province *Toung ning lou;* on supprima les juridictions de *Thseng tcheou*, *I tcheou, Lin tcheou* et *Weï yuan tchin*, et on mit ces villes sous la juridiction de *Pho so fou.* Le reste fut incorporé à la province de *Toung ning*. Les fortifications de toutes ces villes et les édifices de l'ancienne administration furent détruits et incendiés, de sorte qu'il n'en restait que le nom. — A la fin du règne de Yuan en Chine, ce pays retourna sous la domination du Tchao sian. — On compte dans cette province onze principautés nommées *Kia chan*, *Kiaï tchhouan, Kouŏ chan, Yun hing, Hi tchhouan, Siuan tchhouan, Kiang toung, Thsu chan, Loung tchhouan, Chun tchhouan* et *Pŏ tchhouan;* neuf Fou : *Phing jang, Tchhing tchhouan, Ting yuan, Tchhang tchhing, Hŏ lan, Kouang li, Kian jin, Ning pian* et *Kiang kiaï;* seize Tcheou : *Ngan tcheou, Ting tcheou, Phing tcheou, I tcheou, Kang tcheou, Thiĕ tcheou, Ling tcheou, Sŏ tcheou, Fou tcheou,*

*Soŭ tcheou*, *Houă tcheou*, *Maï tcheou*, *Thsing tcheou*, *Ching tcheou*, *Tchhang tcheou* et *In tcheou*; enfin six Hian, savoir: *Thou chan*, *Tĕ tchhouan*, *Yang tĕ*, *Kiang toung*, *Tchoung ho* et *Thaï tchhouan*.

## Villes de la Corée.

1. *Khaï tcheou tchhing* est à 200 li au sud-ouest (1) de la ville royale. C'était la capitale des rois Kao li. A gauche, elle a une petite rivière; à droite elle est adossée à la montagne appelée *Hian kou* ou *Soung yŏ*. Dans les premières des années Thian yeou (vers 904 de J.-C.), le bonze *Koung i* s'en empara. Sous la dynastie chinoise des Liang de la famille des Tchu, dans la cinquième des années Tching ming (919), il envoya le tribut à Yang loung yn, gouverneur de la province de Hoaï nan. Sous les Thang postérieurs, à la fin des années Tsing thaï (935), *Wang kian* tua Toung i et lui succéda; il résida dans la même ville, à laquelle il donna le nom de *Toung king* ou capitale Orientale. Elle portait aussi celui de *Khaï king*. Sous les Soung, dans la troisième des années Ta tchoung siang fou (1010), un des principaux vassaux des Kao li nommé *Khang tchao*, tua son roi *Soung*, plaça le

---

(1) C'est ainsi qu'on lit dans l'original pour *nord-ouest*. Kl.

frère de celui-ci, *Sian*, sur le trône, et gouverna sous lui comme premier ministre. Le prince des Liao *Loung siu*, voulant punir les Kao li, passa le fleuve *Yă loŭ kiang*; Khang tchao fut attaqué et vaincu, il se retira dans la ville de *Kang tcheou*. Les Liao y entrèrent et le firent prisonnier; ils dévastèrent le pays à une distance de dix li. Les villes de *Kang tcheou*, *Hŏ tcheou*, *Ning tcheou* et autres se soumirent à eux. Ils prirent d'assaut Khaï king. Le roi *Siun* quitta la ville et se retira à *Phing tcheou*, et les Liao mirent le feu à Khaï king. Les palais, tous les édifices du gouvernement, les magasins et les habitations du peuple furent détruits dans cette occasion. Leur armée revint après ces exploits. Siun rebâtit alors Khaï king et y résida comme auparavant. Toutes les villes conquises par les Liao rentrèrent sous l'obéissance des Kao li. — A présent cette ville porte le nom de *Khaï tchhing foŭ*.

2. *Houon tou tchhing* est au nord-est de la ville royale. Du temps de la dynastie des Tsin, les Kao kiu li construisirent dans cette position une ville forte, à laquelle ils donnèrent le nom de *Houon tou*. Elle était située à côté de hautes montagnes et de vallées profondes. *Thou yeou* dit dans son *Thoung tian* : « Les Han ayant bâti Ngan tchoung, *Ii mou*, roi de Kao kiu li, établit une nouvelle résidence au pied de la montagne *Houon tou chan*, et à l'est de la rivière *Foĕ lieou choui*. Sous les Weï, dans la

septième des années Tching chi (246 de J.-C.), le gouverneur de Yeou tcheou, nommé *Mou khieou kian*, fut attaqué par les Kao kiu li qui, étant les plus nombreux, le défirent. Le commandant militaire de *Hiuan thou* sortit alors de son district pour les punir. Le roi de Kao kiu li, *Weï koung*, fut battu et mis en fuite. Mou khieou kian le poursuivit jusqu'à *Tchhing yan*; il avança de là jusqu'à Houon tou et détruisit cette ville. Plus tard la résidence des rois y fut rétablie. Sous les Tsin, dans la huitième des années Hian khang (342), les Kao kiu li, firent une invasion sur les frontières des possessions de *Mou young houang*; celui-ci se servit d'un stratagème pour les vaincre. Pendant que les Kao kiu li marchaient avec une forte armée sur la route du nord, Mou young houang fit avancer secrètement, et à marches forcées, quarante mille hommes, sur la route du midi; tout-à-coup il se présenta à l'ennemi, battit *Tchao* roi de Kao kiu li et le mit en déroute. Il s'approcha alors de Houon tou, saccagea cette ville, et s'en retourna avec un butin immense.

La géographie de la dynastie des Thang dit : « On peut remonter le *Yă loŭ kiang* jusqu'à une distance de 100 li de son embouchure, dans de grands bateaux ; ensuite on se sert des plus petites embarcations, et, en se dirigeant au nord-est, on arrive à *Houon tou tchhing*, après avoir parcouru en tout 520 li. »

3. *Lin thun tchhing* est au sud-ouest de la ville royale. Sous les Han dans la seconde des années Yuan fung (109 avant J.-C.), on y établit la juridiction de la principauté *Lin thun kiun*, dont le chef-lieu était *Toung i hian*, éloigné de 6138 li de Tchhang ngan (capitale des Han). Quinze autres *hian*, ou villes du troisième rang, en dépendaient. Du temps de l'empereur *Tchao ti* (de 86 à 74 avant J.-C.), l'administration de cette principauté fut supprimée. La géographie des Han, dit : La ville de *Toung i hian* appartient à la principauté de Lŏ lang.—Sous les Han postérieurs, tous ces *hian* furent supprimés.

Une autre ville appelée *Tchin fan tchhing*, était au nord-ouest de la ville royale. En 109 avant J.-C., on y établit la principauté *Tchin fan kiun*, dont le chef-lieu était *Tchă*, à 6640 *li* de Tchhang ngan. Quinze *hian* en relevaient; mais cette administration fut également supprimée sous Tchao ti, et la principauté fut placée sous la juridiction de Lŏ lang. Il faut remarquer que la géographie des Han ne fait pas mention de *Tchă hian*, mais *Siu kouang* dit : « Dans la principauté de *Liao toung* est la ville de *Fan han hian*. » — C'est peut-être le même lieu que Tchin fan.

4. *Han tsu hian* est au sud de la ville royale. Sous les Han, c'était un *hian* appartenant à la principauté de Lŏ lang. Sous les Han postérieurs ce fut de même. Les Tsin le mirent sous celle

de *Taï fang kiun*. Le commentaire de la géographie des Han dit : Près de cette ville coule une rivière qui va à l'ouest et se jette dans la mer à Taï fang. Les Soui faisant la guerre aux Kao li, dans les années Ta niĕ (de 605 à 616 de J.-C.), divisèrent leur armée et débouchèrent avec une partie sur le chemin de Han tsu. On voit donc que le nom de ce *hian* des Han s'était encore conservé jusqu'à cette époque.

5. *Thun liĕ tchhing* est au sud-est de la ville royale. Du temps des Han, c'était un *hian* qui appartenait à la principauté de Lŏ lang; il fut supprimé sous les Han postérieurs. On lit dans la géographie des Han : « La rivière *Liĕ choui* prend son origine au mont *Li chan*, coule à l'ouest et se jette dans la mer *Nian chen*. Elle parcourt en tout 820 *li*. »—Il y avait aussi la ville de *Liĕ kheou tchhing* (ou de l'embouchure de la rivière Liĕ choui), située au sud-ouest de la ville royale. Sous les Han, c'était également un *hian* de la principauté de Lŏ lang; il fut supprimé par les Han postérieurs. Les Tsin le rétablirent et le placèrent dans le ressort de la principauté de Taï fang.—*Hou san cheng* dit : « La rivière *Liĕ choui* a ici son embouchure dans la mer ». Sous les Han, en 109 avant J.-C., *Yang poŭ* combattit les Tchao sian; il arriva d'abord à *Liĕ kheou* (ou à l'embouchure de la rivière Liĕ choui). Tchang yan dit : « Il y a en Corée les rivières *Tă choui*, *Liĕ choui* et *Chan choui*;

elles se réunissent toutes les trois et ont leur embouchure commune à Liĕ kheou. »

6. *Fung tĕ tchhing* est au sud de la ville royale. Les Tchao sian y avaient établi la principauté *Fung tĕ kiun*. Sous les Ming, dans la vingtième des années Wan lў (1592), les Japonais, venant de Fou chan, passèrent secrètement devant *Lin tsin*, et ayant partagé leurs forces, ils s'emparèrent de toute la principauté de Fung tĕ kiun. *Li soung*, le roi de Tchao sian, quitta alors sa cour à la hâte et se réfugia à *Phing jang*.

7. *Meng tcheou tchhing* est à l'ouest de la ville royale. Les Thang y avaient fondé la ville de Meng tcheou, qui eut sous sa juridiction celle de *San teng hian* et les trois *tchin* ou forts de *Tsiao tao*, *Kia tao* et *Ning tĕ*. Actuellement cette ville n'existe plus, mais San teng hian s'est maintenue.

8. *Haï tcheou tchhing* est située à plus de 200 *li* au sud-ouest de Houang tcheou, sur les bords de la mer, dont elle a reçu son nom.—Au nord-est est *Ngan yŏ hian*. La description géographique (de la Corée) dit : « En dedans de la frontière sont cinq villes du troisième ordre, *Ngan yŏ hian*, *San ho hian*, *Loung kang hian*, *Tchhing tsoung hian* et *Kiang si hian*, ainsi que le fort *Tchhang ming tchin*. » A présent toutes ces places dépendent de Houang tcheou. Elles datent du temps des Thang. Les Yuan ou Mongols les ont conservées.

9. *Phing chan tchhing* est à 100 *li* au nord-

est de Houang tcheou. On appelle cette ville ordinairement par son ancien nom *Tseng chan fou*. A l'occident, son territoire confine avec celui de Houang tcheou, et à l'orient avec celui de Phing jang. Près de cette ville est le mont *Khioung chan*; actuellement cette place est nommée *Phing chan fou*.

10. *Nan yuan tchhing* est au sud-est de Thsiuan tcheou. Elle forme avec cette dernière ville un angle et le boulevard de la résidence du roi. Sous les Ming, au milieu des années appelées Wan lỹ (de 1573 à 1619), les Japonais s'emparèrent de Nan yuan, d'où ils firent des incursions dans la province de Thsiuan lo, et s'emparèrent de la ville royale. Le général chinois, *Li jou soung*, disait de cette ville : « Le Thsiuan lo est un pays très fertile, et Nan yuan est la gorge par laquelle on y entre. » — Dans son voisinage est la ville de *Yun fung tchhing* dont la position est également très importante.

11. *Nan yang tchhing* est au nord-ouest de Nan yuan fou. Son nom était *Nan yang hian* sous les Tchao sian. Sous les Ming, en 1594, Li jou soung ordonna à un de ses généraux de garder Nan yuan, et y posa une partie de ses troupes en camp fortifié.

12. *Tsi tcheou tchhing* est au sud de Nan yuan fou, et sur l'île *Nan haï tao*, ou de la mer Méridionale, qu'on appelle aussi *Ile de Tsi tcheou*. Ce furent les rois de Tchao sian qui

établirent ici une ville du second ordre. Une description géographique dit: « *Tsi tcheou* dans le Tchao sian est comme *Khioung tcheou* en Chine » (1). C'est l'ancien *Tan lo* (2). Sous les Yuan, la cinquième des années Ta tĕ (1301), on établit à Tan lo un commandement militaire, ainsi qu'une station de la marine. De Tan lo

---

(1) Cette comparaison entre les villes de Tsi tcheou en Corée, et de Khioung tcheou en Chine, est relative à leur position sur des îles; car de même que Tsi tcheou est situé sur l'île *Nan haï tao*, Khioung tcheou l'est sur celle de *Haï nan*. Kl.

(2) 羅紞 *Tan lo*, qu'on peut à la rigueur aussi prononcer *Tchhin lo*, est nommé par les Japonais *Tsin ra* ou *Tsin moura*. Cette île est appelée sur nos cartes *Quelpaerts*, et par les habitans *Schesoure*. La grande encyclopédie japonaise cite à l'occasion de Tan lo, le passage suivant de l'Histoire de la Corée, intitulée *Toung kouĕ thoung kian*, qui dit : « Tan lo est une île située « dans la mer au sud de la Corée. Du temps de *Tcheou wen* « *wang*, roi de *Pĕ tsi*, ses habitans envoyèrent pour la première « fois le tribut aux Pĕ tsi. Il y a une montagne qui est sortie de « la mer, voici ce que les habitans de Tan lo racontent sur son « origine : — Des nuages et des brouillards couvrirent la mer, et la « terre trembla avec un bruit de tonnerre pendant sept jours et sept « nuits, enfin les ondes s'ouvrirent et il en sortit une montagne « haute de plus de 100 *tchang* ( à 10 pieds ), et ayant 40 *ri* de « circonférence. Il n'y avait ni plantes ni arbres, et une épaisse « fumée couvrait sa cime, qui de loin paraissait être composée de « soufre. *Thian koung tchi*, docteur de l'université de la Corée, y « alla pour examiner la montagne en détail et en fit le dessin qu'il « rapporta de son voyage. Cet évènement eut lieu sous la dynas- « tie chinoise de Soung, dans la quatrième des années King tĕ « ( 1007 de J.-C. ). » — Plus bas on trouvera une courte notice sur les relations que les Chinois ont eues avec le Tan lo.    Kl.

jusqu'au fleuve Yă loŭ kiang et de là jusqu'à *Meï kheou*, port près du village *Yang tsun*, il y a en tout trente lieues où l'on peut débarquer. A présent Tan lo s'appelle Tsi tcheou, comme nous l'avons déjà dit.

La ville de *Tchin tao tchhing* est située sur l'île *Tchin tao* (ou des Perles), dans la mer à l'ouest de Tsi tcheou. On appelle aussi cette île *Tchin tao kiun*, ou la principauté de Tchin tao. Sous les Soung, dans la sixième des années Hian chun (1270), des rebelles Coréens, sous la conduite de *Pheï tchoung sun*, proclamèrent roi de Kao li, *Tchhing*, fils d'une concubine du roi *Tchў*, lequel n'avait été que *heou* ou duc; mais il fut obligé de se cacher dans l'île Tchin tao. Les Mongols le punirent et rétablirent la tranquillité.

13. *Ta kiang tchhing*, ou la ville du grand fleuve, est au sud-est de Nan yuan fou. Les rois de Tchao sian l'établirent comme *hian*, ou ville du troisième ordre. A l'est, son territoire est limitrophe de celui de Tsin tcheou, dans la province de Khing chang. Vers le milieu des années Wan lў (de 1573 à 1619), les Japonais ayant mis une garnison dans le port de *Fou chan*, le général chinois, *Li jou soung*, envoya des divisions des troupes stationnées à Ta kiang et à Tchoung tcheou, pour l'attaquer; alors les Japonais quittèrent Fou chan et se retirèrent à la baie *Si seng phou*. Quand *Lieou yan lieou* occupa militairement la Corée, il distribua des garnisons dans

le Khing chang, et s'établit à Ta kiang comme dans une place très importante à garder.

14. *Tchhu jin tchhing* est à l'ouest de Thsiuan tcheou. Sous les Soung, dans la sixième des années Tchao ting (1233), l'empereur mongol Ogodaï envoya son général *Să li tha* pour conquérir la Corée. Celui-ci arriva en effet jusqu'au sud de la ville royale, et s'empara de Tchhu jin tchhing.

*Tang hiang tchhing* est située au nord-est de Thsiuan tcheou. Sous les Thang, dans la douzième des années Tching kouon (1113), les Pĕ tsi ayant fait alliance avec les Kao li, déclarèrent la guerre aux Sin lo et leur prirent plus de quarante villes; ils tâchèrent aussi de s'emparer de Tang hiang tchhing, parce que c'était par cette ville qu'arrivait le tribut.

15. *Kiu phă tchhing* est au sud de Thsiuan tcheou. Le livre *Pĕ szu*, ou l'histoire des dynasties qui, dans le vi$^e$ siècle, ont régné dans le nord de la Chine, dit que Kiu phă tchhing était la capitale des Pĕ tsi. Cette ville est aussi appelée *Kou ma tchhing;* en dehors il y avait cinq places carrées. Celle du milieu était nommée *Kou cha tchhing*, l'orientale *Tĕ ngan tchhing*, la méridionale *Kieou tchi hia tchhing*, l'occidentale *Tao kouang tchhing*, et la septentrionale *Hioung tsin tchhing.* » Sous les Tang, dans la cinquième des années Hian khing (660), *Sou ting fang* soumit les Pĕ tsi et laissa Lieou jin yuan comme gouverneur dans leur capi-

tale; c'est la même ville que Kiu phă tchhing.

16. *Jin thsun tchhing*, à l'ouest de Thsiuan tcheou, est une ville anciennement fondée par les Pĕ tsi. Sous les Thang, dans la première des années Loung sŏ (661), une révolte générale éclata dans le Pĕ tsi; alors *Lieou jin fan* battit les rebelles et les repoussa jusqu'au Kiang kheou (l'embouchure de la rivière) de Hioung tsin. Il fit lever entièrement le siège qu'ils avaient mis devant la capitale du Pĕ tsi, et retourna pour protéger Jin thsun tchhing, qui était la capitale occidentale du Pĕ tsi. Cette ville est appuyée sur le mont *Jin thsun chan*, qui lui a donné son nom. En 663, Lieou jin fan envoya un corps de troupes pour s'emparer de Jin thsun tchhing, et le prit.

La ville de *Tchin hian tchhing* est au nord de Thsiuan tcheou. Sous la dynastie de Thang, la deuxième des années Loung sŏ (662), Lieou jin fan ayant fait lever le siège de la capitale des Pĕ tsi, conduisit son armée à Hioung tsin tchhing, et y tint un conseil de guerre dans lequel il dit : « Dans ce moment la capitale se trouve entourée par l'ennemi ; mettons-nous en marche, attaquons-le subitement et détruisons-le, comme il convient à des braves troupes qui se sont si souvent signalées. » Cependant le général ne put parvenir à persuader les siens. Il entra pourtant en campagne, attaqua la ville de *Tchi lo tchhing* et la prit, ainsi que *Yun tchhing*, *Ta chan*, *Cha tsing* et autres lieux fortifiés dans le Pĕ tsi. Pendant ce temps, l'ennemi augmenta ses garnisons dans le défilé de Tchin hian. Lieou jin fan fit une seconde tentative, il conduisit son armée au secours de la ville, en suivant le chemin par lequel elle tirait ses vivres du Sin lo. — L'histoire des Thang, dit que Tchi lo, Tchin hian et toutes ces villes étaient à l'est de Hioung tsin.

17. *Tcheou lieou tchhing* est à l'ouest de Thsiuan tcheou; au nord-ouest, il y a la ville de *Kia lin tchhing*. Sous les Thang, en 663, *Foŭ sin* ancien général des Pĕ tsi, et d'autres, vinrent au secours de Tcheou lieou tchhing. Lieou jin fan s'étant emparé de Tchin hian, toutes ses troupes arrivèrent par eau à *Kia lin;* mais son intention était de soumettre premièrement Tcheou lieou tchhing. Il dit à cette occasion: «Kia lin est une place située dans une assiette très forte, et difficile à prendre; Tcheou lieou est le nid où se tiennent les voleurs, il faut s'en rendre maître d'abord.» Ayant ainsi fixé son plan, il se mit en marche de Hioung tsin, battit toute l'armée des Pĕ tsi et les poursuivit jusqu'à *Pĕ kiang kheou* (embouchure du fleuve Blanc); il se porta aussi rapidement sur Tcheou lieou tchhing et le prit d'assaut.

18. *Hioung tsin tchhing* est au nord-ouest de Thsiuan tcheou. On appelle aussi cette ville *Hioung tsin kiang kheou* ou embouchure du fleuve de Hioung tsin. C'était la clef du

pays de Pĕ tsi. Sous les Thang, dans la cinquième des années Hian khing (660), *Sou ting fan* punit les Pĕ tsi, qui de *Tchhing chan* et de *Tsi haï* envoyèrent des troupes au secours de Hioung tsin kiang kheou, mais Sou ting fan les battit, parut subitement devant la capitale, et la prit. Il établit alors à Hioung tsin, un *Tou toŭ fou* ou gouvernement militaire destiné à protéger le pays. L'année suivante, les Pĕ tsi se révoltèrent de nouveau, et mirent le siège devant la capitale. Alors, il ordonna à *Lieou jin fan* de voler au secours de cette place. Ce général attaqua l'ennemi et marcha en avant; partout où il se montra, le pays se soumit. Les Pĕ tsi ayant élevé deux redoutes à Hioung tsin kiang kheou, Lieou jin fan les attaqua et les enleva, de sorte qu'il parvint à faire lever le siège de la capitale. Il y resta campé pour la protéger, mais il fut encore une fois obligé de s'avancer contre les Pĕ tsi, qu'il battit totalement à l'est de Hioung tsin. De cette manière il rétablit une seconde fois la tranquillité dans cette contrée. On prétend que *Han kiang kheou* (ou embouchure du Han kiang) était autrefois près de l'emplacement de la ville actuelle.

19. *Weï chan tchhing* est au nord-ouest (1) de

---

(1) Il doit y avoir ici une faute d'impression dans l'original, car d'après toutes les cartes, *Weï chan* est au sud-est de Khing tcheou. KL.

Khing tcheou, dans la principauté appelée *Weï chan kiun*. Au sud-ouest est le mont *Tao chan* (ou de l'île); il n'est pas très haut. La ville est partout appuyée sur les précipices de cette montagne; au milieu desquels coule le fleuve. Pour aller de cette ville au bourg de Fou chan, il n'y a d'autre chemin que par *Yan yang kian*. Sous les Ming, dans la vingt-cinquième des années de Wan lў (1597), les Japonais avaient mis une garnison à Weï chan. Ma kouei, général en chef des Chinois, attaqua la ville, mais il ne put la prendre. Les Japonais augmentèrent alors ses fortifications et le nombre des forts palissadés, et y mirent des troupes pour les protéger. Ils appelaient la province commandée par cette ville, le *chemin Oriental*. Plus tard, Ma kouei y pénétra avec des troupes et réduisit l'ennemi à l'extrémité, en s'emparant des passages par lesquelles il recevait ses provisions. Les Japonais répandirent alors de faux bruits par lesquels ils réussirent à tromper Ma kouei, et qui en effet contribuèrent à sa perte.

20. *Chun thian tchhing* est au sud-ouest de Khing tcheou. En 1598, les Japonais occupaient cette ville, et appelaient la province qui en dépendait, le *chemin Occidental*. On lit dans le *Tchao sian ki szu*, ou les Mémoires historiques de la Corée, que le quartier général du général japonais était au pont *Sŭ lin yu khiao*. — Ce général y avait élevé plusieurs fortifications qui, d'un côté, s'appuyaient sur la ville de Chun thian

tchhing, et de l'autre, sur le port militaire de *Nan haï ing*. Tous ces ouvrages, étant adossés à la montagne et ayant la rivière par devant, étaient bien imaginés et très forts. Lieou yen, général en chef des Chinois, les attaqua sans pouvoir les prendre.

21. *Szu tcheou tchhing* est à l'ouest de Khing tcheou; on l'appelle aussi l'*Ancien Szu tchhing*. Sous les Thang, dans la première des années Loung sŏ (661), les Pĕ tsi s'étaient derechef révoltés et se soutenaient mutuellement contre le général chinois Lieou jin yuan, qui demanda du secours au Sin lo. *Kin khin*, général de ceux-ci, s'avança avec ses troupes vers l'*Ancien Szu tchhing*, mais il fut battu par les Pĕ tsi et obligé de se retirer sur le mont *Kŏ ling*. Actuellement encore le chemin menant au défilé de Kŏ ling passe près de Szu tcheou. Dans les années Wan lў (1573-1619), les Japonais s'étaient emparés de Szu tcheou, et appelaient sa province le *chemin du Milieu*. Son territoire s'étendait au nord jusqu'aux bords du fleuve *Tsin kiang*, et au sud jusqu'à la mer. *Toung ў yuan*, généralissime chinois, en fit la conquête, mais il fut forcé plus tard de l'abandonner.

22. *Tsin tcheou tchhing* est au sud-ouest de Khing tcheou. Sous les Ming, dans la vingt-sixième des années de Wan lў (1598), le généralissime *Toung ў yuan*, ayant attaqué les Japonais de Szu tcheou, s'empara de Tsin tcheou, s'a-

64  APERÇU GÉNÉRAL DES TROIS ROYAUMES.

vança vers le sud, passa le fleuve et brûla les deux forts de *Young tchhun* et de *Kuen yang;* les Japonais se retirèrent pour couvrir leur camp principal de Szu tcheou. Toung ў yuan prit cette ville d'assaut. Les Japonais s'étaient enfermés dans un nouveau retranchement, dont trois côtés étaient protégés par le fleuve; un seul était ouvert vers les terres, et le tout était entouré d'un fossé qui recevait ses eaux de la mer, de sorte que les navires pouvaient arriver jusqu'à un des forts. Les Japonais avaient aussi établi les deux forts de *Kin haï* et de *Kou tchhing*, dont le premier était sur leur flanc gauche, et l'autre sur le flanc droit. Au milieu était le magasin de leur marine. Toung ў yuan attaqua ces fortifications, mais il ne put les prendre; il fut repoussé et se replia sur Tsin tcheou.

Il y a encore la ville de *Hian yang tchhing*, au nord-ouest de Tsin tcheou. C'est *Hian yang hian* des Tchao sian. Dans les années Wan lў (1573-1619), les Japonais attaquèrent Hian yang et Tsin tcheou.

23. *Liang chan tchhing* est au sud-est de Weï chan tchhing, dans la principauté Liang chan kiun des Tchao sian. Sous les Ming, dans les années Wan lў (de 1573 à 1619), Ma kouei fit la conquête de Weï chan, et envoya dans ce lieu un autre général en garnison, avec ordre d'empêcher Yan yang de porter de Fou chan du secours à cette place. — La principauté Young

tchhouan kiun est située au sud-est de Liang chan; elle s'étend à l'orient jusqu'à la frontière de Khing tcheou.

24. *Tchhang ning tchhing* est à l'est de Tsin tcheou. Les Tchao sian l'ont créé Hian ou ville du troisième ordre. Au sud, cette ville atteint le bord du *Tsin kiang*, et au midi de ce fleuve sont l'ancienne ville et le Hian. Au sud du Hian est la baie *Thang phou*, où entrent les vaisseaux venant de la mer.

25. *Ngan toung tchhing* est à l'ouest de Khing tcheou, c'est le *Ngan toung fou* des Tchao sian. Les descriptions géographiques disent que cette ville du premier ordre était située au sud du passage du mont *Ma ling*, par lequel passe à l'est le chemin qui conduit à Khing tcheou.

La ville de 城義 *I tchhing* est à l'occident de Ngan toung fou, c'était *I tchhing hian* sous les Tchao sian. Le nom de cette ville s'écrit aussi 城宜 *I tchhing*. Dans la vingt-cinquième des années Wan lỷ (1597), le gouverneur militaire *Hing kiaï* et ses officiers, ayant résolu d'attaquer le chef japonais *Thsing tching* à Khing tcheou, envoyèrent une partie de leurs troupes à I tchhing. Le territoire de cette ville confine à l'est avec la province de Khing chang, et à l'ouest avec celle de Thsiuan lo.

26. *Chen tchhouan tchhing* est situé au nord-est de Khing tcheou. C'est la principauté *Chen tchhouan kiun* des Tchao sian. Sous les Ming, dans la vingt-deuxième des années Wan lў (1594), *Li ju soung*, retournant de nouveau à (Wang tchhing), résidence du roi, envoya ici un corps d'observation en garnison. — La partie sud-est du territoire de cette ville forme la principauté de *Hioung tchhouan kiun*, située sur le bord de la grande Mer.

27. *Thsў tchoung tchhing* est en dedans de la frontière septentrionale du territoire de Khing tcheou.

La ville de *Maï siao tchhing*. Sous les Thang, dans la deuxième des années Chang yuan (761), les Sin lo ayant désobéi aux ordres de l'empereur, il expédia *Lieou jin fan* pour les punir. Celui-ci les défit dans une grande bataille à Thsў tchoung tchhing. Il nomma alors *Li kin hing* commandant de la forteresse de *Ngan toung tchin*, lequel eut sa résidence à Maï siao tchhing dans le pays des Sin lo. Ces rebelles, ayant été défaits à plusieurs reprises, envoyèrent une ambassade avec le tribut, et demandèrent pardon de leurs méfaits.

28. *Koung tcheou tchhing* est situé à la frontière sud-ouest de Tchoung tcheou. Tout près de là, au sud-est, est Nan yuan fou dans la province de Thsiuan lo. Sous les Ming, dans la vingt-cinquième des années Wan lў (1597),

les Japonais ayant occupé Nan yuan, Ma kouei envoya un détachement à Koung tcheou pour les repousser; ce qui fut fait.

La ville de *Thsing tcheou tchhing* est à l'ouest de Tchoung tcheou. Son territoire confine à l'est avec la principauté de *Thian ngan kiun;* au sud-ouest il est limitrophe de celui de Koung tcheou.

29. *Khaï tcheou fou*, au nord-ouest de *Hian hing fou*. D'après la géographie des Liao, c'est l'ancienne patrie des *Weï mě*. Les Kao li y fondèrent la ville de Khing tcheou qui devint la capitale orientale des Phoŭ haï, ou *Loung yuan fou*, de laquelle dépendaient les quatre villes du second ordre, *Khing tcheou*, *Yan tcheou*, *Moŭ tcheou* et *Ho tcheou*. La muraille de la ville était construite en pierre de taille, et avait 20 *li* de circuit. A pao ki, prince des Liao, ayant soumis le Phoŭ haï, fit démolir ses fortifications, mais quand *Loung siu* revint de son expédition contre les Sin lo, il les fit réparer, et y établit le quartier militaire *Khaï yuan kiun* de *Khaï fung fou*, auquel on donna bientôt après le nom de *Khaï tcheou tchin kouĕ kiun*. A la fin de la dynastie des Liao, cette place rentra sous la domination des Kao li. On appelait aussi son territoire *Chŭ mou kiun*. On lit dans le *Thou king*, que cette principauté était à l'est de Khaï tcheou. Il y avait également une ville du troisième ordre, actuellement détruite, appelée

*Khaï yuan hian*, qui dépendait de Khaï tcheou. On lit dans la géographie des Liao, qu'elle était bâtie sur le terrein de l'ancienne forteresse. C'était du temps des Kao li, *Loung yuan hian*, sous la dépendance de Khing tcheou. Les Phoŭ haï le conservèrent; il ne fut supprimé qu'au commencement de la dynastie des Liao; plus tard il fut rétabli.

30. *Hioung chan tchhing*, ou ville de la montagne aux Ours, est à l'ouest de Khaï tcheou. La géographie des Liao dit : « Sous les Thang, *Siĕ jin kouei* faisant la guerre aux Kao li livra bataille à leur grand général *Wen cha men*, à Hioung chan, et fit leurs meilleurs archers prisonniers à *Chў tchhing*. Chў tchhing est la même ville que Khaï tcheou tchhing. Du temps des Phoŭ haï, *Loung yuan fou* commanda aux six villes du troisième ordre appelées, *Loung yuan*, *Young ngan*, *Ou chan*, *Pў kŭ*, *Hioung chan* et *Pĕ yang*. Les Liao supprimèrent toutes ces villes. »

31. *Yan tcheou tchhing*, ou la ville de Sel, est au nord-ouest de Khaï tcheou. Sous les Liao, c'était une ville du second ordre, éloignée de 140 *li* de Khaï tcheou. Yan tcheou fut originairement fondé par les Phoŭ haï. Son territoire s'appelait aussi *Loung ho kiun*. Les quatre Hian *Haï yang*, *Tsiĕ haï*, *Kĕ tchhouan* et *Lang ho* en dépendaient. Ils furent tous supprimés au commencement de la domination des

Liao, mais Yan tcheou resta sur l'ancien pied.

La ville de *Moŭ tcheou* était à 120 *li* au sud-ouest de Khaï tcheou; elle avait également été établie par les Phoŭ haï et portait aussi le nom de *Hoeï noung kiun*. Quatre villes du troisième ordre *Hoeï noung*, *Choui khi*, *Chun houa* et *Meï hian* en dépendaient. Sous les Liao, elle conserva le nom de Moŭ tcheou, mais elle ne commandait qu'au seul Hian de Hoeï noung.

La ville de *Ho tcheou tchhing* fut fondée par les Phoŭ haï, et portait aussi le nom de *Kў li kiun;* les quatre Hian *Houng ho*, *Soung tchhing*, *Kў li* et *Kў chan* en dépendaient. Tous furent supprimés par les Liao, qui laissèrent pourtant le nom de Ho tcheou au chef-lieu. Les deux villes de *Yan tcheou* et de *Choŭ tcheou* se trouvaient alors sous la juridiction de Khaï tcheou; plus tard elles revinrent aux Kao li.

32. *Tĕ tcheou tchhing*, au sud-ouest de *Hian hing fou*, fut établi par les Thang et conservé jusqu'au temps des Yuan, qui mirent sous la juridiction de cette ville les quatre Hian de *Kiang toung*, *Young thsing*, *Toung haï* et *Chun houa*, ainsi que les trois *tchin* ou bourgs fortifiés de *Ning yuan*, *Jeou yuan* et *Ngan joung*. Plus tard tout son territoire fut conquis par les Kao li qui conservèrent le nom de la ville Tĕ tcheou.

*Yen tcheou tchhing* est au nord-ouest de

Hian hing fou; cette ville existe depuis le temps des Thang.

33. *Ta hing tchhing* était situé à la frontière sud-ouest de Hian hing fou. Sous les Thang, dans la troisième des années Khian fung (668), *Li tsy̆* battit complètement les Kao li sur les rives du *Sĭc ho choui* et s'empara de Ta hing tchhing, où il réunit toutes ses forces avec lesquelles il pénétra jusqu'aux fortifications palissadées, appelées *Yă loŭ tsĕ*.

34. *Kao kiu li tchhing* est au nord-est de Hian hing fou. Du temps des Han c'était une ville du troisième ordre sous la juridiction de la principauté de *Yuan thou*. Les Han postérieurs conservèrent cet état de choses. Les descriptions géographiques disent, que c'était l'ancien royaume des Kao kiu li. Après que les Han eurent détruit le royaume des Tchao sian, Kao kiu li devint un Hian, dont le chef reçut d'eux le titre de *Heou* ou *duc de Kao kiu li*. Après l'année Yuan hing (105 de J.-C.) du règne de Ho ti, ce chef fit souvent des incursions sur les frontières du Liao toung et du Hiuan thou. Dans les années Yen kouang (122 à 125), on y plaça des garde-frontières et la tranquillité fut rétablie. Sous la dynastie des Weï de la famille *Thsao*, *Weï koung*, roi de Kao kiu li, devint très puissant, et porta la guerre à l'Occident jusqu'à Ngan phing; mais dans la septième des années *Tching chi* (246), il fut complètement battu par

*Mou khieou thsian*, commandant de Yeou tcheou. Plus tard, la guerre recommença. Au commencement de la dynastie de *Tsin* (vers 265), les Kao kiu li furent aussi nommés *Kiu li*. — *Tchhin tcheou* (1) dit : « La principauté de *Hiuan thou* était originairement occupée par les *Wŭ tsiu*, qui, par une invasion des *I mĕ*, furent obligés d'émigrer dans les cantons du nord-ouest du pays des Kao kiu li. La famille de *Koung sun*, ayant été fixée dans le Liao toung pour protéger cette province, on établit la juridiction de la principauté de *Hiuan thou* à 200 *li* au nord-est du Liao toung ; mais quoiqu'on en conservât l'ancien nom, on ne maintint pas l'ancienne manière de la gouverner. Sous les *Tsin*, les Kao kiu li fondèrent une ville du troisième ordre, dans cette principauté, et laissèrent subsister les statuts de Koung sun.

35. *Poŭ naï tchhing* est au nord de Hian hiang fou. Sous les Han c'était un hian appartenant à la principauté de *Lŏ lang*, et placé sous la direction du gouverneur des tribus orientales, (Toung pou tou weï). Sous les Han postérieurs ce Hian fut supprimé. Sous les *Weï*, dans les années Tching chi (de 240 à 248), *Mou khieou thsian* commandant de Yeou tcheou battit les

---

(1) *Tchhin cheou* est l'auteur de l'*Histoire des trois Royaumes*, *Chŭ*, *Ou* et *Weï*, entre lesquels fut partagée la Chine, après la chute de la dynastie des Han. KL.

Kao kiu li, occupa le mont *Houon touchan*, et y éleva un monument avec une inscription à Poŭ naï tchhing et s'en retourna. — Tchhin cheou dit: « L'empereur *Wou ti*, de la dynastie des Han, établit la principauté de Lŏ lang, qui s'étend à l'occident de la crête du mont *Tan ta ling*; à l'orient de cette crête il y a sept villes du troisième ordre, administrées par des *Tou weï* ou gouverneurs, qui sont tous de la famille de *Weï*. On les appelle aussi les *Weï* de *Poŭ naï*.

36. *Wang hian tchhing* est aussi nommé *Phing jang tchhing*. *Yng tchao* dit que c'est l'ancienne résidence de *Khi tsu* (1). On lit dans *Siĕ tsan*, que *Wang hian* était situé dans la

---

(1) Je crois devoir signaler ici une erreur relative à l'ancienne résidence de Khi tsu, commise par l'auteur de la géographie chinoise, intitulée *Kouang yu ki*, d'autant plus que cette erreur, reproduite dans l'ouvrage de P. Duhalde, ainsi que dans la compilation sur la Chine de feu l'abbé Grosier, a donné lieu à des conjectures les plus singulières; car voici ce qu'on lit dans P. Duhalde (édit. de Paris, in-folio, vol. IV, page 449):
« On trouve dans l'abrégé de Chorographie, intitulé *Quam yu*
« *ki*, que le lieu où la ville de *Tchao ssien*, que *Ki pé* choisit
« pour y établir sa cour, est dans le territoire de *Yong ping fou*,
« ville du premier ordre de la province de *Pé tche li*. Supposé
« la vérité de ce fait, il semble qu'on en doit conclure que ce
« lieu était alors des dépendances de la Corée, et que le golfe de
« *Leao tong*, qui sépare aujourd'hui la place de l'ancienne *Tchao*
« *ssien* du royaume de Corée, ne s'est formé que long-temps
« après; car il n'y a pas d'apparence qu'un souverain voulût
« placer sa cour hors de ses états, surtout si elle en était séparée

principauté de Lŏ lang et sur la rive orientale du *Phaï choui*. A l'époque de la fondation de la dynastie des Han, *Weï man*, natif du royaume des *Yan*, traversa le Phaï choui, oc-

---

« par un long trajet de mer. » Cette conjecture qui parait d'abord peu vraisemblable, ajoute le missionnaire, n'est pas tout-à-fait sans fondement; et il cherche alors à prouver que le golfe de Liao toung a pu se former depuis les temps de Khi tsu, par les eaux du Houang ho, dont le cours inférieur passait autrefois entre le Tchy li et le Chan toung.

Toutes ces suppositions deviennent inutiles quand on sait qu'il y a tout simplement méprise dans le *Kouang yu ki*. On lit en effet dans cet ouvrage (sect. 1$^{er}$, fol. 58, *verso*, de l'édit. de 1824), que la ville de *Tchao sian tchhing* a été située dans le territoire de Young phing fou même, et que Khi tsu y établit sa résidence; mais l'auteur a confondu cette ville de *Tchao sian tchhing*, ou des Coréens, avec la capitale de Khi tsu, qui, comme nous le voyons dans le texte ci-dessus, était effectivement le *Phing jang* de nos jours, situé sur les bords du Phaï choui en Corée, par 39° de latitude N. et 9° 35′ longitude E. de Pe king. — C'est la grande géographie de la Chine, rédigée sous la dynastie actuelle des Mandchoux, qui nous donne le moyen de corriger l'erreur du Kouang yu ki. On y lit (sect. ix, fol. 22, *verso*), dans la description du département de Young phing fou du Tchy̆ li, qu'une place appelée *Tchao sian tchhing*, avait été située à l'est de la ville actuelle de *Lou loung hian* de ce département; mais que, sous les Han, une ville nommée *Tchao sian hian*, faisait partie de la principauté de Lŏ lang, et se trouvait en dedans des frontières actuelles de la Corée, tandis que l'autre Tchao sian tchhing a reçu ce nom, parce que dans la première des années *Yan ho* (432 de J.-C.), les Weï postérieurs y avaient établi une colonie de *Tchao sian*, ou Coréens. Cette dernière place faisait alors partie de la principauté de *Pĕ phing*; elle fut supprimée par la dynastie des *Tsi* de la famille de *Kao*, qui succéda à celle des Weï. — On n'a donc pas besoin de supposer la forma-

cupa les deux bords de ce fleuve, et résida à Wang hian. Sous le règne de Wou ti, dans la deuxième des années Yuan fung (109 ans avant notre ère), *Yeou khiu*, petit-fils de Weï man, se montra désobéissant aux ordres de l'empereur. On envoya alors contre lui l'amiral *Yang poŭ*, qui, partant du pays de *Tsi* (1), passa la mer appelée *Phoŭ haï* (le golfe de Peking), tandis que *Siun tchi*, général de la gauche, franchit les frontières du Liao toung. Le rebelle fut puni et son pays conquis. On y établit la ville du troisième ordre *Tchao sian hian*, qui fut enclavée dans la principauté de Lŏ lang. Sous les Tsin, après le années Young kiu (307 à 312 de J.-C.), ce pays fut envahi par les Kao li. A la fin des années I hi (418), *Kao lian*, roi des Kao li, résida dans la ville de *Phing jang tchhing*, qui portait également le nom de *Tchhang ngan tchhing*.

---

tion d'un golfe aussi considérable que l'est celui de Pe king, pour expliquer comment il a pu avoir un *Tchao sian tchhing* dans la partie nord-est de la province chinoise du Tchỷ li. — Il existe même encore aujourd'hui dans la province de *Ching king* ou *Moukden*, plusieurs lieux ayant reçu leurs noms des Coréens qui s'y sont établis. Il y a dans le sud-est de cette province deux villes appelées *Toung Kao li tchhing* (en mandchou *Derghi Solkho khoton*), et *Si Kao li tchhing* (en mandchou *Warghi Solkho khoton*), c'est-à-dire villes orientale et occidentale des Coréens. Puis, au nord de Moukden, par 40° 30′ de latitude N. et 7° 25′ longitude E. de Peking est la station *Kao li phou*, ou le fort des Coréens. KL.

(1) Dans la province de Chan toung de nos jours. KL.

Sous les Soui, dans la huitième des années *Ta niĕ* (612), les Chinois firent la guerre aux Kao li; une division de leur armée sortit de la province de *Tchao sian tao*, c'est le pays dont il est question ici. Selon l'histoire des Soui (*Soui chou*), la ville de Phing jang tchhing avait 6 *li* de l'est à l'ouest, et était située dans les gorges d'une montagne. Au sud elle était bordée par la rivière Phaï choui.—Dans la dix-huitième année *Khaï houang* (598), on fit la guerre aux Kao li; l'amiral *Tcheou lo heou* reçut l'ordre de partir de *Toung laï* (1) et de traverser la mer pour marcher sur Phing jang; mais il ne réussit pas et fut forcé de revenir. Dans la huitième des années Ta niĕ (612), on dépêcha douze corps d'armée tant de la gauche que de la droite, qui s'y portèrent par différens chemins et combattirent les Kao li; puis ils se réunirent à Phing jang. L'année suivante on envoya de nouveau *Yu wen chŭ* contre cette place, mais son expédition n'eut pas le succès desiré. L'histoire des Thang dit: «Dans la dix-huitième des années *Tching kouon* (644), on fit la guerre aux Kao li; *Tchang liang*, capitaine de la marine, reçut l'ordre d'aller par mer à Phing jang. L'année suivante on détruisit toutes les villes du Liao toung, et on conquit le pays jusqu'au dessous

---

(1) Dans la partie orientale de Chan toung. Kl.

des murs de *Ngan chi;* mais tous les efforts pour prendre Phing jang furent infructueux. » Dans la première des années Loung sŏ (661), *Sou ting fang* fut chargé de punir les Kao li; il parvint en effet à assiéger Phing jang, mais il ne réussit pas à s'emparer de cette place. A la troisième des années Thsoung tchang (670), *Li tsў* fit la guerre aux Kao li, prit enfin cette ville et détruisit la dynastie de leurs rois. Thou yeou dit : « A l'époque des cinq petites dynasties postérieures qui ont régné en Chine, *Phing jang* ou *Wang hian tchhing* reçut le nom de *Si king* ou résidence occidentale, quand *Wang kian* régnait dans le Kao li. A l'occident de Phing jang était le fort *Thoung kouan phou*, qui fut une des principales places d'armes des Tchao sian.

37. *Pao tcheou tchhing* est à 100 li au nord-ouest de Phing jang. La géographie des Liao dit : « Dans la troisième des années Khaï thaï (1014), *Wang siun* gouvernait le Kao li d'une manière arbitraire; malgré les représentations que la cour des Liao lui adressa, il ne se corrigea pas. Les Liao lui prirent donc les deux villes de *Pao tcheou* et de *Ting tcheou*, et établirent un gouvernement à Pao tcheou, duquel dépendit aussi la ville de *Laï yuan hian*. Ce gouvernement militaire fut aussi appelé *I i kiun*. Au commencement de la dynastie de *Kin* (vers 1115), ce pays se trouva de nouveau soumis aux

Kao li, qui en avaient démembré Pao tcheou, appelé de nos jours *Ngan tcheou*. Près de cette ville était *Hoaï houa kiun*, siège d'un gouvernement militaire, établi en 1014 par les Liao et qui dépendait de Pao tcheou. Au commencement de la domination des Kin elle revint aux Kao li.

38. *Siuan tcheou tchhing* est à 200 *li* au nord-est de Phing jang. Cette ville, fondée sous les Thang, appartenait au gouvernement de *Ngan toung tou hou fou*. Les Liao la conservèrent; ils l'appelaient *I tcheou*, ou *Ting yuan kiun*. D'après l'histoire des Liao, le siège de l'administration militaire y fut établi, la troisième des années Khaï thaï (1014), elle dépendait de Pao tcheou. Les Phoŭ hai détruisirent la ville; elle fut rebâtie par les Liao. Sous les Yuan, elle porta le nom d'*I tcheou*. Elle appartenait à la province *Toung ling lou*, et avait alors sous sa dépendance les deux bourgs fortifiés de *Ning sŏ tchin* et *Kiun tao tchin*. Actuellement c'est la principauté *I tcheou kiun*.

39. *Ting tcheou tchhing*, situé à plus de 300 li au nord-ouest de Phing jang, et fondé par les Kao li, avait sous sa juridiction *Ting toung hian*. Les Liao s'emparèrent de cette ville, et l'appelèrent également *Ting tcheou;* on la nommait aussi la place d'armes de *Pao king kiun*. Plus tard elle retourna sous la domination des Kao li. A présent elle est encore nommée

*Ting tcheou*. Son territoire s'étend au nord-ouest (1) jusqu'à la frontière d'*I tcheou*.

40. *I tcheou tchhing* (2) est à 420 li au nord-ouest de Phing jang. Au sud-ouest de cette ville est la principauté *Loung tchouan kiun*, l'une et l'autre sont situées sur les bords du *Yă loŭ kiang*. Sous les Ming, dans la vingtième des années Wan lў (1592), *Li soung* roi de Tchao sian, fuyant devant le Kouan pĕ (Kouanbak) japonais, se retira dans cette ville, et demanda à être reçu sur le territoire chinois, ce qui lui fut accordé.

La forteresse *Yan kia kouan* est située au sud-ouest d'I tcheou, sur la rive orientale du fleuve *Yă loŭ*. Autrefois son nom était *Tsin yan*.

*Thiĕ tcheou tchhing*, ou la ville de Fer, est aussi au nord-ouest de Phing jang. Les Thang l'établirent comme ville de second ordre. Sous les Yuan elle s'appelait également *Thiĕ tcheou*, et avait sous sa dépendance le bourg fortifié *Joung ў tchin*. A présent elle se nomme encore *Thiĕ tcheou*.

Il y a aussi au nord-ouest la ville de *Ling tcheou* fondée par les Thang. Elle avait le même nom sous les Yuan, et l'a conservé jusqu'à présent.

---

(1) Dans le texte il y a par erreur sud-ouest. Kl.

(2) Ou *Ngaï tcheou*. Dans les cartes manchoues le nom de cette ville est écrit *Eï tcheou*. Kl.

*Hi tcheou tchhing*, au nord-est de Thiĕ tcheou, date du temps des Thang. Sous les Yuan cette ville portait le même nom, à présent c'est le chef-lieu de la principauté *Hi tchhouan kiun*.

A l'orient est *Fou tcheou*, également fondée sous les Thang. Cette place a gardé le même nom sous les Yuan et l'a encore aujourd'hui.

41. *Ting yuan tchhing* est au nord de Phing jang. Il date du temps des Thang et appartenait alors au gouvernement nommé *Ngan toung tou hou fou*. Plus tard cette ville ayant été détruite, ne fut pas rebâtie sur le même emplacement. Sous les Yuan, il y eut de nouveau une ville de *Ting yuan foŭ*, qui existe encore.

Au sud on touva *Thsu tcheou tchhing*, fondé également du temps des Thang. Sous les Yuan, cette ville portait le même nom; à présent c'est le chef-lieu de la principauté *Thsu chan kiun*.

42. *Kia tcheou tchhing* est à l'ouest de la ville actuelle de *Ngan tcheou*. La ville fut fondée par les Thang; elle s'appelait *Kia tcheou* sous les Yuan; actuellement c'est le chef-lieu de la principauté *Kia chan kiun*.

*Thaï tcheou tchhing*, à l'ouest de Ting yuan fou, fondé par les Thang, portait le même nom sous les Yuan, et s'appelle aujourd'hui *Thaï chan hian*.

43. *Kouŏ tcheou tchhing*, au nord-ouest de Phing jang, fut bâti sous les Thang; il porta le même nom sous les Phoŭ haï; puis cette

place fut possédée par les Liao. On lit dans le *Tsaï ki* : « Originairement les Khitan avaient cédé aux Kao li la rive septentrionale du Yă loŭ kiang. Les Kao li y fortifièrent les six villes du second ordre *Hing tcheou*, *Thiĕ tcheou*, *Thoung tcheou*, *Loung tcheou* et *Kouei tcheou*. Dans la cinquième des années *Ta tchoung siang fou* des Soung (1012), les Khitan irrités contre les Kao li, rompirent le traité conclu avec eux et les attaquèrent. Dans un conseil qu'ils tinrent sur le moyen qu'il fallait employer pour reprendre ces villes, on s'exprima ainsi : « A sept journées à cheval, à l'est de *Khaï king*, il y a une ville fortifiée, aussi grande que Khaï king, elle est entourée d'autres villes qui sont toutes riches et produisent des revenus considérables. Au sud de *Ching tcheou* et de *Lo tcheou* on trouve deux autres forteresses, également importantes. Il faudrait faire remonter des corps d'armée considérables le long du Yă loŭ kiang et des autres grandes rivières, et les réunir ensuite sur le grand chemin, c'est par ce moyen seul que nous pourrons réussir ». Dans la septième année (1014), les Khitan envoyèrent *Ye liu chi liang* et *Siao khin liĕ*, qui attaquèrent les Kao li à Kouŏ tcheou et les battirent. Sous les Yuan, cette ville s'appelait aussi Kouŏ tcheou, à présent elle est nommée *Kouŏ chan fou*.

44. *Kang tcheou tchhing* ou la ville d'Acier,

est au nord-ouest de Phing jang. Au milieu des années Siang fou des Soung (de 1008 à 1016), les Khitan attaquèrent les Kao li; le général de ces derniers *Khang tchao*, ayant détruit Pao tcheou et Kang tcheou, fut fait prisonnier par les Khitan, dans le voisinage de cette ville.

Il y avait aussi les deux villes de *Feï tcheou* et de *Koueï tcheou;* la première est à présent nommée *Maï tcheou*, par une fausse prononciation; c'est de la même manière que Koueï tcheou porte actuellement le nom de *Weï tcheou*.

*Kia tcheou tchhing* est aussi au nord-ouest de Phing jang. Cette ville, fondée sous les Thang, était appelée de même sous les Yuan; à présent c'est le chef-lieu de la principauté *Kia chan kiun*, qui à l'ouest est limitrophe avec le territoire d'I tcheou, et à l'est avec celui de Ngan tcheou.

45. *Sŏ tcheou tchhing* est situé à la frontière septentrionale de Phing jang. Cette ville, établie sous les Thang, a porté le même nom sous les Yuan, et le retient encore.

Encore au nord-est, est *Tchhang tcheou*, qui du temps de Thang portait cet ancien nom, ainsi que sous les Yuan; à présent elle s'appelle *Tchhang tchhing fou*.

46. *Yun tcheou*, au nord-est de Phing jang, fut fondée par les Thang et s'appelait de même sous les Yuan. A présent elle est nommée *Yun hing kiun*.

Au nord-est était aussi *Fou tchhouan tchhing*, ville bâtie par les Kao li. A présent c'est la capitale de la principauté *Fou tchhouan kiun*. Son territoire est contigu au sud-ouest avec celui de *Thsu chan kiun*; à l'est avec *Kiaï tchhouan kiun*. La description géographique de la Corée dit, que la rivière *Ta ting kiang*, coule à l'ouest du chef-lieu de la principauté. Cette rivière est aussi nommée *Ta ning kiang*; sur sa rive occidentale s'élève le mont *Leng han chan*.

47. *Tchhing tcheou tchhing* est à l'est de Phing jang. Cette ville fut fondée sous les Thang, les Yuan lui conservèrent son ancien nom, et mirent sous sa juridiction le seul bourg fortifié de *Chu tĕ tchin*. Actuellement elle s'appelle *Tchhing tchhouan fou*.

Il y a aussi au nord de Phing jang, la principauté *Chun tchhouan kiun*, à l'ouest de Chun tchhouan est *Kiaï tchhouan*, appelé actuellement la principauté *Kiaï tchhouan kiun*. Tous ces noms, qui dataient du temps des Thang, furent maintenus par les Yuan.

48. *Soŭ tcheou tchhing* est à plus de 100 *li* au nord-est de Phing jang; et également au nord-est, est *In tcheou tchhing*. Ces deux villes datent du temps des Thang, et les Yuan leur conservèrent leurs anciens noms.

49. *Kiang toung tchhing*, à l'est de Phing jang, fut fondé par les Kao li; à présent c'est

la principauté *Kiang toung kiun*. La description géographique de la Corée dit : « Cette principauté est près de la rive orientale du *Ta thoung kiang* (ou *Phaï choui*). Si l'on passe cette rivière, et qu'on se dirige vers le sud, on trouve la ville de *Tchoung ho hian*. Sous les Soung, dans la neuvième des années Kia ting (1216), le chef des Khitan *Loŭ ko* s'enfuit et se cacha dans le pays de s Kao li, où il s'empara de la ville de Kiang toung tchhing. *Agouda*, prince des Kin, envoya contre lui des troupes qui le battirent et le mirent à mort ». — L'ouvrage intitulé *Li tao ki* dit que si l'on va de *Houang tcheou* ou de *Fung tcheou*, dans la province de Houang haï, à *Tchoung ho*, par la capitale de la Corée, il n'y a pas plus de 360 *li*.

A l'est de *Tchoung ho hian*, se trouve *Thou chan hian*. Ces deux villes du troisième ordre datent du temps des Thang ; elles existaient également sous les Yuan, et appartenaient alors à la province *Toung ning lou*. A présent elles portent encore leurs anciens noms.

50. *Loŭ tcheou tchhing* est situé à la frontière occidentale du territoire de Phing jang. Suivant la géographie des Liao, c'était une ancienne province des Kao li. Les Phoŭ haï y établirent *Yă loŭ fou*, leur capitale occidentale, dont les murailles avaient trois toises chinoises de hauteur et 20 *li* de circonférence. Elle commandait aux quatre Tcheou : *Chin tcheou, Houon tcheou,*

*Fung tcheou* et *Tching tcheou;* et à trois Hian : *Chin loŭ*, *Chin houa* et *Kian wen*. Les Liao y fondèrent *Loŭ tcheou*, avec l'intendance militaire *Yă loŭ kiun*. La ville était sous sa juridiction et commandait deux Hian : *Houang wen* et *Chin hiang*. Plus tard ces places furent supprimées.

La ville de *Houon tcheou* est à 200 *li* sud-ouest de Loŭ tcheou. Sous les Kao li, elle portait le nom de *Tchoung tou tchhing* (ville de la résidence du Milieu). Les trois Hian : *Houon tou*, *Chin hiang* et *Phaï choui* en dépendaient. Les Liao supprimèrent ces Hian, mais ils conservèrent la ville du second ordre, et la mirent sous la dépendance de Loŭ tcheou. La Géographie des Liao dit : « Du temps des Tsin, *Tchhouang*, prince des Kao li, bâtit un superbe palais, que les gens du pays appelaient *Sin kouĕ* ou le *nouveau Royaume*. Son cinquième descendant, *Tchao*, fut vaincu sous les Tsin, au commencement des années Kian yuan (373 de J.-C.), par *Mou young houang*, qui fit mettre le feu à ce palais. A la fin de la dynastie des Liao, cette ville du second ordre fut supprimée. »

51. *Fung tcheou tchhing*. Les descriptions anciennes (de la Corée) placent cette ville à 210 *li* au nord-est de Loŭ tcheou. Elle date du temps des Phoŭ haï, et porta aussi le nom de la principauté *Phan ngan kiun*. Elle avait dans

son ressort les quatre Hian : *Ngan fung*, *Phoŭ khŏ*, *Chў jang* et *Hiă chў*. Les Liao supprimèrent ces Hian, mais ils maintinrent le Tcheou, qu'ils placèrent sous la dépendance de Loŭ tcheou. Plus tard il fut également effacé.

52. *Tching tcheou tchhing*. La description ancienne dit, que cette ville était à 380 *li* au nord-ouest de Loŭ tcheou, dans le territoire de l'ancien royaume *Foĕ lieou kouĕ* qui fut réduit par *Koung sun khang*. Les Phoŭ haï y établirent la ville de *Tching tcheou*, appelée aussi principauté *Foĕ lieou kiun*, d'après le nom de la rivière *Foĕ lieou choui*. Les Liao la maintinrent et la mirent sous Loŭ tcheou. Plus tard elle fut supprimée.

*Toung no tchhing* est à 17 *li* à l'ouest de Tching tcheou. Cette ville fut fondée par les Phoŭ haï; les Liao la conservèrent et la placèrent sous la direction de Tching tcheou. Plus tard elle fut supprimée.

53. *Moŭ tcheou tchhing* est à 200 *li* à l'ouest de Loŭ tcheou. C'était originairement le territoire *Ngan yuan fou* relevant de Phoŭ haï. Cette ville avait dans sa dépendance les deux Hian : *Mou houa* et *Thsoung phin*. Sous les Liao, elle s'appelait également *Mou tcheou*, et se trouva sous la juridiction de Loŭ tcheou. Plus tard elle fut supprimée.

54. *Nian chen tchhing*, au sud-ouest de

Phing jang, était sous les Han un Hian appartenant à la principauté de Lŏ lang. Les Han postérieurs l'appelaient *Tchen chen*. Les Tsin le supprimèrent. Quand les Soui firent, dans la huitième des années Ta niĕ (612), la guerre aux Kao li, ils envoyèrent un corps détaché par le chemin de Nian chen; cette ville portait donc alors le même nom que le Hian sous les Han.

*Soui tchhing hian*, ville actuellement détruite, était à la frontière méridionale du territoire de Phing jang. Elle avait été fondée sous les Han, et appartenait à la principauté de Lŏ lang. Elle a existé sous les Han postérieurs, sous les Wei et sous les Tsin. Quand, en 612, les Soui faisaient la guerre aux Kao li, ils envoyèrent un corps de troupes par le chemin de Soui tchhing, qui est cette même ville. — *Thou yeou* dit : « Le mont *Kiĕ chў chan* est près de Soui tchhing hian des Han. Quand les Tsin construisirent la *grande muraille* ils commencèrent au mont *Kiĕ chў*. A présent il reste encore les ruines de cette ville, à l'est desquelles coule le *Liao choui*, qui de là va dans les possessions des Kao li. C'était ici originairement le pays de Taï khang. » — Ces assertions paraissent peu exactes.

55. *Taï fang tchhing* est au sud de Phing jang. Sous les Han, c'était un Hian de la principauté de Lŏ lang. *Koung sun khang* établit ici

la principauté *Taï fang kiun*, qui fut maintenue par les Tsin. Enfin, elle fut occupée par les Kao li. — *Thou yeou* dit : « Sous les Han postérieurs, dans les années Kian ngan (de 196 à 219), *Koung sun khang* partagea ce territoire entre les deux Hian, *Lin thun* et *Tchao ming;* au sud-est s'étend un pays désert, qu'il érigea en principauté sous le nom de *Taï fang kiun* ». Le commentaire sur la Géographie des Han dit : « Les tribus méridionales de la principauté Lŏ lang kiun avaient Tchao ming pour chef-lieu »: Au milieu des années *Ta niĕ* (vers 612), les Soui, faisant la guerre aux Kao li, envoyèrent une partie de leurs troupes par Taï fang kiun; puis ils incorporèrent ce canton à l'empire et supprimèrent ce Hian.

*Thseng ti hian* était à la frontière méridionale du territoire de Phing jang. Sous les Han, ce Hian appartenait à la principauté de Lŏ lang. Il existait encore sous les Han postérieurs, et ne fut supprimé que sous les Tsin. Les Soui dans leur expédition contre le Kao li, expédièrent un corps de troupes par le chemin de Thseng ti.

56. *Tsy̆ li tchhing* est à la frontière occidentale de Phing jang. Sous les Thang, dans la vingt-unième des années Tching kuon (647), on envoya *Nieou tsin tă* par mer dans le Kao li; il y détruisit la forteresse *Chy̆ tchhing*, pénétra dans le pays jusque devant les murs de

Tsў li tchhing et battit l'ennemi dans le voisinage.

Une autre ville de ces cantons est *Pŏ tchŏ tchhing*. En 648, *Siĕ wan tchhĕ*, combattit les Kao li; il enveloppa Pŏ tchŏ tchhing et revint. La description des Kao li dit que, pour aller à cette ville, on navigue pendant 100 *li* sur le Yă loŭ kiang, en le remontant depuis son embouchure; puis, on parcourt encore 30 *li* au nord-est sur de petites barques, et on arrive à *Pŏ tchŏ kheou*, où est la ville de Pŏ tchŏ tchhing.

Pour ce qui concerne *Chў tchhing*, voyez à l'article de *Ting yuan wei*.

57. *Kia chi tchhing* est au sud-ouest de Phing jang. Cette ville fut fondée par les Kao li. Dans la dix-huitième des années Tching kouan (644), les Thang faisant la guerre contre les Kao li, *Kaï sou wen* envoya 700 hommes à Kia chi tchhing, et les y mit en garnison.

58. *Jŭ i tchhing* est au nord-ouest de Phing, jang. Sous les Thang, dans la première des années Thsoung tchang (668), *Li tsў* et d'autres généraux chinois battirent les Kao li près des fortifications palissadées du Yă loŭ kiang. Les Kao li se retirèrent à une distance de 200 *li* sur Jŭ i tchhing; les Chinois les poursuivirent et assiégèrent Phing jang.

*Phă nou tchhing* est également au nord-ouest de Phing jang. Sous les Thang, dans la deuxième des années Hian heng (671), *Li kin hing*, gouverneur militaire, ayant défait complètement les Kao li, à l'occident de la rivière *Hou lou ho*, son épouse *Lieou chi* occupa avec des troupes Fă nou tchhing. Les Kao li conduisirent alors des Mŏ khŏ contre elle, mais Lieou chi se défendit si bien qu'elle les obligea de se retirer. On dit que cette ville était en dedans des frontières du département *Young tcheou*. (1)

*Mœurs et usages des Coréens.*

Les Coréens connaissent généralement l'art d'écrire et aiment à lire des livres.

Ils mangent et boivent dans des vases de bambou et de bois. Les officiers et les magistrats sont polis, graves et justes. — On lit dans l'ouvrage intitulé *Thou king*, et écrit sous les Soung, par *Sin king* : « Ils se servent de vases en bois pour manger et pour boire ; en écrivant (en caractères chinois), ils mêlent ensemble les écritures appelées *Kiaï chu* et *Li chu*. Ils aiment à boire, à chanter et à danser. Ils portent des bonnets de fourrure et des habits brodés. Ils construisent des palais et des vastes édifices, sacrifient aux constellations. » — On lit dans la notice du Kao kiu li, insérée dans le Han chou, que les Coréens aiment en général à

---

(1) Dans le nord-est du *Tchÿ li*, province de la Chine. Kʟ.

manger et à boire, à élever des palais et des édifices spacieux. Il y est dit aussi qu'ils offrent souvent des sacrifices aux bons et aux mauvais génies, et qu'ils font des offrandes aux dieux locaux et aux constellations influentes. C'est à la dixième lune qu'ils offrent au ciel un sacrifice solennel, pour lequel ils se réunissent en grand nombre. Ce sacrifice est appelé *Toung ming*, ou le *Serment oriental;* car il y a, dans la partie orientale de leur royaume, une caverne nommée *Soui chin;* ils s'y rendent dans le dixième mois, pour y sacrifier. Le mot 盟東 *Toung ming*, est aussi écrit 明東 *Toung ming*, et alors il signifie *Clarté de l'orient*.

Les Coréens portent des chapeaux ronds à bords très larges; leurs habits sont courts et ont des manches très amples. La forme de leurs chapeaux a la figure d'un casque, les lettrés y ajoutent des ailes des deux côtés. Ceux des gens riches sont faits d'étoffe de soie rouge. Leurs pantalons sont larges; ils portent des ceintures de cuir et des souliers de cuir jaune. Les femmes ont des jupons à bordures ou galonnés.

Les Coréens sont d'un caractère doux et humain, ils n'aiment pas à tuer; ils vénèrent Bouddha et croient aux démons; ils repoussent la doctrine chinoise de l'*yn* et du *yang*. Quand ils sont malades, ils ne prennent pas de médecine, mais ils récitent des prières et font des conjurations, pour chasser les mauvaises influences.

On lit dans le *Wen hian thoung khao*, qu'autrefois les Coréens n'avaient aucune connaissance en médecine, et qu'ils ont appris cet art des Chinois. Leurs lettrés s'appliquent beaucoup à l'étude de la musique. Les employés du gouvernement reçoivent leur salaire en riz. On partage les champs également à tout le monde, et il n'y en a pas dans ce royaume qui soient la propriété des particuliers. Cette distribution se fait d'après le nombre des individus qui composent chaque famille. Les armes sont rares dans ce pays et grossièrement faites. Les punitions ne sont pas cruelles. On ne tranche la tête qu'à ceux qui ont injurié leur père ou leur mère; tous les autres délits sont punis par des coups de bambous. Ceux qui ont commis un crime capital sont exilés dans les îles.

La province de la Cour et celle de Kiang yuan, sont l'ancienne patrie des *Weï mě*. Leurs habitans sont assidus au travail; ils sont sobres pour la nourriture et pour la boisson, économes et pudibonds. Les personnes qui ont le même nom de famille ne se marient pas entre elles. Ces gens sont extrêmement timides. Les jeunes garçons portent des fleurs d'argent attachées à leurs habits, qui ont une bordure de quelques pouces de largeur. Ils cultivent le chanvre, élèvent des vers à soie et font des habits brodés. Ils savent par l'observation des astres prédire si l'année sera fertile ou mauvaise. Ils n'estiment ni les perles ni les pierres précieuses.

La province de Tchoung thsing et celle de Houang haï sont l'ancien pays des *Ma han*. Leurs habitans cultivent la terre, élèvent des vers à soie et font des habits brodés. Ils ont peu de lois, ne savent pas conduire les chars et n'estiment ni l'or ni les choses précieuses : en général ils portent les cheveux en désordre, simplement noués sur le sommet de la tête, et vont nu-tête. Leurs habits sont faits de toile et leurs souliers de paille. Ils croient aux bons et aux mauvais génies, et se réunissent pour danser et chanter. — Il y a dans leur pays des châtaignes de la grosseur d'une poire; on y trouve aussi des poules qui ont le plumage très fin et dont la queue est longue de cinq pieds. Le peuple vit dans des hameaux épars et de petits villages. Il n'y a pas d'habitations murées; les maisons sont faites de terre et ont la forme de sépultures. La porte est en haut et presque horizontalement placée. Ces gens ne savent pas fléchir le genou et faire des salutations. Les jeunes gens des deux sexes ne sont pas séparés. C'est une race d'hommes vigoureux, et même les petits garçons entreprennent des travaux propres à exercer leurs forces. Ils sont habiles à manier l'arc, la lance et d'autres armes, et très braves dans le combat.—Au cinquième mois quand ils ont fini de labourer et d'ensemencer les terres, ils offrent des sacrifices aux bons et aux mauvais génies; ils se réunissent alors le jour et la nuit pour boire, chanter et danser. Dix-huit hommes exécutent ordinairement des danses en se suivant, sautant et faisant des gambades. A la dixième lune, quand les travaux de l'agriculture sont terminés, les mêmes fêtes se renouvellent. Dans tous les villages du pays, le chef sacrifie au Ciel et à la Terre. Ce chef est appelé *Thian kiun* ou le Prince du Ciel. On élève alors aussi de petits tertres en argile, sur lesquels on plante un mât très haut, auquel on attache des grelots et des tambours en l'honneur des génies et des démons.

Le Thsiuan lo est l'ancien pays des *Pian han*, qui pour le langage, les mœurs et les habitudes, ressemblaient aux *Chin han*.

Le Khing chang est la patrie des *Chin han*. Tous les habitans ont la tête carrée, les hommes et les femmes ressemblent aux Japonais.

Les habitans du Phing ngan et les Hian king aiment assez généralement l'exercice de l'arc et à monter à cheval.—Le Hian king est l'ancienne patrie des Kao li, le Houang haï et le Phing ngan celle des Tchao sian.

Les provinces de Tchoung thsing, Phing chang et Thsiuan lo sont des pays de vastes plaines, très fertiles et riches. Leurs habitans estiment la poésie et la littérature, et sont plus habiles que ceux des autres provinces.

## Montagnes.

1. Le *Pĕ yŏ chan*, au nord de la ville royale. Au commencement de la dynastie des Ming, le roi de Tchao sian *Li tan* y établit sa cour. Dans les années Wan lў, quand les Japonais cernèrent la ville royale, leur camp était adossé au *Yŏ chan*, en face de la rivière *Han choui*. Suivant la Géographie des Ming, cette montagne est à la frontière du territoire de *Han tchhing* ou de la ville royale.

2. Le *Houon tou chan* est au nord-est de la ville royale. La Géographie des Ming dit que du temps des Han, *I i mou*, roi des Kao kiu li, y établit sa résidence. Sous les Tsin, cette ville fut prise par Mou young houang.

3. Le *Loung chan*, ou le mont du Dragon, est au sud-est de la ville royale et de la rivière *Han kiang*. Sous les Ming, au milieu des années Wan lў (1573 à 1619), les Japonais ayant été battus près de Phing jang, se sauvèrent par le mont *Hĕ loung chan*, ou du Dragon-Noir, qui est le même dont il est question ici.

4. Le *Thian pao chan*, ou le mont du Joyau céleste, est à la frontière occidentale du territoire de la ville royale. Sous les Ming, au mi-

lieu des années Wan lў (1573 à 1619), Li ju soung établit un camp sur le *Pao chan*, pour arrêter les progrès des Japonais. C'est ce même mont.

5. Le *Chin soung chan* est au nord de la ville de Khaï tchhing fou. Du temps des cinq petites dynasties (qui ont régné en Chine depuis 907 jusqu'en 960), *Wang kian* établit sa résidence sur cette montagne, et donna à cette ville le nom de *Soung yŏ*, qui signifie haute montagne des Pins. La Géographie de la Corée dit : « Les Tchao sian avaient trois capitales, Phing jang, Han tchhing et Soung yŏ. »

Le passage de la montagne *Phing chan ling* est à un *li* à l'ouest de Khaï tchhing fou. Le terrein y est partout de couleur rouge.

6. Le *Kin thang chan*, ou le mont de la Salle d'or, est au nord-ouest de San ho hian, du département de Houang tcheou. (Sous les Yuan), cette dernière ville faisait partie de la province de Toung ning lou, et avait sous sa juridiction les cinq Hian appelés : Ngan yŏ, San ho, Loung kang, Hian tsoung et Kiang si. La Géographie de la Corée dit : « San ho est à 100 *li* au sud-ouest de Houang tcheou ». A la frontière du territoire de la même ville s'élève le mont *Tching fang chan*.

7. Le *Pĕ chan*, ou Mont-Blanc, est au milieu de la mer, au sud de Thsiuan tcheou. On l'appelle aussi *Pĕ choui chan*, ou montagne des

eaux blanches. Sous les Thang, dans la troisième des années Hian heng (672), Kao khang détruisit le reste des Kao li auprès de ce Pĕ choui chan.

Il y a aussi le *Hĕ chan*, ou mont Noir; il est situé au sud-est du Pĕ chan. Il est très haut et escarpé; en bas il y a une petite baie dans laquelle les navires sont en sûreté.

8. Le *Tao chan* ou la montagne de l'Ile, est au sud de la principauté *Weï chan kiun*. Sous les Ming, dans la quinzième des années Wan lў (1587), Ma kueï ayant battu les Japonais qui étaient à Weï chan, ils se retirèrent tous sur le Tao chan, devant lequel ils avaient construit trois fortifications palissadées et bien garnies de troupes. Le Tao chan dominait sur la ville de Weï chan, et les Japonais avaient placé une autre fortification sur son sommet. Les Chinois les attaquèrent, mais sans succès, et furent obligés à la fin de lever le siège et de s'en retourner.

9. Le *Fou chan*, ou le mont du Chaudron, est à 21 *li* au sud de la ville de Fung laï hian des Tchao sian. De là il y a 1400 *li* au nord-ouest jusqu'à la ville royale. Ce mont est situé sur le bord de la mer, et vis-à-vis de l'île de *Touï ma tao* (Tsou sima) qui fait partie du Japon, et à laquelle on peut arriver avec un bon vent dans une demi-journée. A l'est, sont : *Toung laï, Ki tchang, Si seng, Lin lang* et

*Ou phou*, qui le flanquent du côté gauche; à l'ouest, il y a *Ngan kŭ, Ngan khŭ, Kia tĕ, Hioung tchhouan, Sen phou, Kiu tsi, Kian chan, Tĕ khiao, Kin haï, Tchu tao* et *Loung thang*, qui le flanquent à droite. Le Fou chan fait entre ces deux lignes de places une pointe saillante, propre à l'attaque et à la défense.

Sous les Ming, dans la vingtième des années Wan lў (1592), le chef du Japon, *Phing sieou kў* (Fide yosi) envoya (en Corée) son général *Ning tchhang*, qui avec une flotte aborda au bourg de Fou chan; il traversa la province de Khing chang, et arriva devant la capitale du roi de la Corée, de laquelle il s'empara bientôt. Après ces succès il retourna à Fou chan, y établit son quartier général, et fortifia Si seng, Ki tchang et autres points. Les Chinois l'attaquèrent à Fou chan, mais sans pouvoir le vaincre. Ils restèrent pendant long-temps devant cette place, jusqu'à ce qu'ils furent enfin obligés de la quitter.

Le *Soŭ wen hian thoung khao* dit : « Le territoire de Fou chan n'est éloigné que d'une journée de l'île de Toui ma tao qui fait partie du Japon. On dit qu'autrefois cette place appartenait aux Japonais. C'est le principal port sur la grande mer que les Tchao sian possèdent. Depuis long-temps les Japonais avaient imposé un tribut annuel à la

98  APERÇU GÉNÉRAL DES TROIS ROYAUMES.

Corée, consistant en dix mille *hŏ* (1) de grains. Les Coréens envoyèrent une députation au Japon pour en être exempts. Les Japonais de leur côté réclamaient la possession de Fou chan, et rejetèrent la demande de l'ambassadeur de Corée. Enfin, dans l'année cyclique 卯辛 Sin mao, de l'époque appelée Wan lў (1591), le Kouan pĕ *Phing sieou kў* (le Kouan bak *Fide yosi*), envoya ses généraux *Hing tchhang* et *Thsing tching* avec des troupes en Corée; cette armée parvint à prendre la capitale, et força le roi *Wang soung*, de se sauver par la fuite. Tout le royaume fut dévasté. Une ambassade vint demander du secours à l'empereur de la Chine, qui le promit. Le reste de l'année se passa en combats, sans que l'ennemi fût repoussé. *Chў sing*, président du ministère de la guerre, envoya confidentiellement *Tchhin weï kian*, auprès des chefs japonais, pour les engager à faire cesser les hostilités. Mais Tchhin weï king fit semblant de leur être secrètemnt attaché, et leur conseilla de conclure la paix, et d'offrir d'envoyer, comme autrefois, le tribut par le port de *Ning pho*. Mais ces négociations furent rompues, et il fut mis en prison.... (2). Dans l'année 戌戌 *Wou siŏ*

---

(1) Un *hŏ* pèse 120 livres chinoises. Kl.

(2) Ici l'impression a manqué et deux lignes de l'original sont illisibles. Kl.

(1598), à la septième lune, *Phing sieou kў* (ou Fide yosi) mourut de maladie, et alors les ennemis commencèrent à quitter le pays. — Suivant l'ouvrage intitulé Thou king, le mont Fou chan est à 700 *li* de Nan yuan fou.

10. Le *Tsў chan*, ou le mont du Blé d'été, est près de Tsў chan kiun, à l'ouest de Tchoung tcheou. Sous les Ming, dans la vingt-cinquième des années Wan lў (1597), les Japonais ayant fait une invasion dans le Thsiuan lo, arrivèrent jusqu'au nord de cette montagne. Ma kouei déploya alors son corps d'armée pour protéger le Tsў chan, et arrêta leur marche.

Le *Thsing chan*, ou mont Vert, appartient à la même chaîne que le Tsў chan. La Géographie de la Corée dit : « Au sud du Tsў chan est le chef-lieu de la principauté de *Thian ngan*, au sud de laquelle il faut nécessairement passer pour aller à Thsiuan tcheou.

11. Le *Houng tcheou chan* est à l'extrémité sud-ouest du département de Tchoung tcheou, au milieu de la mer. On lit dans le *Ming thoung tchi*, ou la Géographie de la dynastie des Ming, que la ville de Houng tcheou est bâtie au bas de cette montagne. Un peu à l'est est le *Toung yuan chan*, sur lequel on trouve de l'or.

12. Le *Fou young chan*, ou le mont Riche et Utile, est dans la mer de Houng tcheou. Sur son sommet est un magasin de grains, ce qui lui a fait donner le nom qu'il porte; ordi-

nairement on l'appelle *Fou young chan* (mot écrit avec d'autres caractères), c'est-à-dire mont du *Hibiscus mutabilis*.

13. Le *Kieou theou chan*, ou mont à neuf Têtes, est dans la mer de Kouang tcheou. Il a neuf cimes et est couvert d'une forêt épaisse.

14. Le *Lan sieou chan* est à l'ouest de Khaï tcheou. Sous les Ming, dans la cinquième des années Houng wou (1372), *Thsing*, roi de Kao li, combattit au Lan sieou chan, mit en fuite les brigands qui l'infestaient.

15. Le *Ma y̆ chan* est au sud-ouest de Phing jang. Sous les Thang, dans la cinquième des années Hian khing (660), Sou ting fang prit le camp que les Kao li avaient placé sur les bords du *Phaï kiang*, s'empara du Ma y̆ chan, et mit le siège devant Phing jang.

16. Le *Kaï ma ta chan*, ou la grande montagne de Kaï ma, est à l'ouest de la ville de Phing jang. Selon la Géographie des Han, la principauté de Hiuan thou a du côté de l'ouest la ville de *Kaï ma hian*: c'est d'elle que la montagne a reçu son nom.

17. Le *Lou yang chan* est au nord-est de la ville de Phing jang; la ville de *Lou tchhing* est bâtie sur cette montagne.

18. Le *Weï han*, ou le mont des Joncs, est à 20 *li* au sud-ouest de la ville de Phing jang; au sud il s'étend jusqu'aux bords du *Phaï choui*.

19. Le *Kuon men chan* est au nord de Thou chan hian, qui du temps des Yuan faisait partie de la province de Toung ning lou.

20. Le *Houa chan* ou mont aux Fleurs, est au sud-est de Thou chan hian. Le territoire de ce Hian est entouré de tous les côtés de hautes montagnes.

21. Le *Khiŭ yan chan*, ou mont des Précipices tortueux, est à l'est de la ville de Ting yuan tchhing. Il a reçu ce nom de ses flancs escarpés.

Le *Yun chan*, ou le mont aux Nuages, est au sud-ouest de la ville de Sŏ tcheou.

22. Le *Ma theou chan*, ou le mont à tête de Cheval, est à l'est de Ling tcheou.

Le *Tchhang houa chan*, ou la longue montagne Fleurie, est au sud-est de Thiĕ tcheou.

23. Le *Thian ching chan*, ou le mont du saint Céleste, est au nord-est d'Yn tcheou.

24. Le *Ling chan*, ou la montagne Spirituelle, est au sud-ouest de Siuan tcheou.

25. Le *Hioung houa chan*, ou la montagne fleurie aux Ours, est au nord-est de la principauté Kouŏ tcheou kiun.

Le *Yŭ ling chan* est au sud-est de la principauté Siuan tcheou kiun.

Le *Loung kŭ chan*, ou le mont aux os du Dragon, est à l'est du chef-lieu de la principauté Loung tcheou kiun.

Le *Siao thiĕ chan*, ou la petite montagne de

Fer, est sur le bord oriental du Yä loŭ kiang, à la frontière d'I tcheou. C'est là qu'on passe le fleuve. La frontière du Liao toung s'étend de là au sud-ouest, l'île *Seng foŭ tao*, ainsi que celle de *Phi tao*, y sont compris.

26. *Thsing khieou* est à la frontière du Kao li. Un *fou* ou poème descriptif de *Tsu hiu*, dit : on chasse en automne à Thsing khieou. — C'est de ce canton qu'il parle. *Foŭ khian* dit : « Le royaume de Thsing khieou est à 300 *li* à l'est de la mer». On lit dans l'Astronomie de la dynastie des Tsin : «Il y a les sept étoiles appelées *Thsing kieou*; elles sont au sud-est de la constellation *Tchin*; c'est aussi un royaume des *Man* et des *I* (ou barbares). Les Thang, ayant puni les Kao li, établirent un gouvernement militaire dans la province de Thsing khieou.

27. L'île *Kiang houa tao*, ou de la fleur du Fleuve, est dans la mer de Khaï tcheou. Du temps des Mongols qui ont régné en Chine, *Tchhing*, fils de *Tchy̆*, roi de Corée, et d'une concubine, ayant été fait duc, habita dans cette île. Le *Thou king* dit : « Le département actuel de *Kiang houa fou*, a reçu son nom de l'île qui le forme. »

28. L'île *Tsu yan tao*, ou des Hirondelles rouges, est dans la mer de Kouang tcheou; on voit sur sa cime une hôtellerie appelée *Khing yuan ting*. L'île est très peuplée; un grand nombre d'hirondelles font leurs nids sur les

rochers qui les entourent; ce qui lui a fait donner le nom qu'elle porte.

29. L'île *Ho chang tao*, ou des Bonzes de Foë ou Bouddha, est dans la mer de Kouang tcheou. Cette montagne qui se compose de rochers entassés est couverte d'une forêt sombre et épaisse. Sur sa cime est le temple *Ye lao szu*.

30. L'île *Ta thsing tao*, ou la grande Verte, est dans la mer de Kouang tcheou. On l'appelle aussi *Ta thsing siu*. L'empereur Wen tsoung des Yuan exila en Corée *Tokhouan Timour*, fils de son frère aîné, et lui ordonna d'habiter dans l'île Ta thsing tao; puis il le fit transporter à *Tsing kiang* dans le Kouang si. — Dans le voisinage de la Grande île Verte est la Petite ou *Siao thsing siu*.

31. L'île *Phaï tao* est dans la mer, au sud de Thsiuan tcheou. A une grande distance on aperçoit trois montagnes jointes ensemble par la base. Celle du milieu ressemble à un but contre lequel on tire; c'est pourquoi on l'appelle *Phaï tho chan*, ou le Mont du but bien posé.

32. L'île *Khiun chan tao*, ou du Groupe des montagnes, est dans la mer au sud de Thsiuan tcheou. De loin, elle présente douze cimes qui ressemblent à la muraille crénelée d'une forteresse. Au sud est l'île *Kouan siu* ou le rocher du Mandarin, qu'on appelle aussi *Ngan chen*.

33. L'île *Pĕ i tao,* ou à l'Habit blanc, est dans la mer au sud de Thsiuan tcheou. Devant elle est situé dans la mer un rocher couvert d'un joli bois d'arbres verts, sous l'ombre desquels le séjour est fort agréable.

34. L'île *Thian sian tao,* ou des Immortels du Ciel, est dans la mer au sud de Thsiuan tcheou. On l'appelle aussi *Lan chan tao.*

35. *Tchŭ tao,* ou l'île du Bambou, est au sud-ouest de la frontière de Khing tcheou, près de la côte. Sous les Ming, dans la vingt-cinquième des années Wan lỹ (1597), les Japonais, ayant établi leur station maritime à Fou chan, faisaient des descentes fréquentes sur cette île, d'où ils inquiétèrent Liang chan et Hioung tchhouan. Bientôt après ils s'emparèrent de Liang chan et entrèrent dans Khing tcheou (1).

---

(1) Cette île 島竹 *Tchŭ tao,* ou de *Bambou,* ne peut être la même qui est représentée sur la *Carte du Tchao sian,* accompagnant ce volume. Celle-ci n'est pas située au sud-ouest de la ville de Khing tcheou et près de la côte, mais au nord-est, et à une distance considérable de la côte de la Corée. Elle est appelée par les Japonais *Take sima* (ce qui signifie également *Ile de Bambou*), et porte aussi les noms de 國山千 *Thsian chan kouĕ* (ou d'après la prononciation japonaise Sen san kokf) *Royaume des mille Montagnes*, et 島陵欝 *Yŭ ling tao* (Wots riô too). Elle est habitée moitié par des Coréens, moitié par des Japonais. Il paraît que c'est l'*Ile de Dagelet* découverte par La Pérouse. Kl.

L'île *Kiu tsi tao* est à l'est de celle de Tchŭ tao, près de la côte. Les Tchao sian y ont établi la ville de *Kiu tsi hian*, ainsi qu'un port pour leur marine militaire. Elle est dans une assiette plus forte que celle de Fou chan.

36. L'île *Hian chan tao*, ou de la Montagne entourée d'une haie, est à la frontière sud-ouest de Khing tcheou, dans la mer. C'est le principal port de la mer occidentale dans le Tchao sian. A droite, est Nan yuan foŭ, appartenant au Thsiuan lo; cette île est le boulevard extérieur de cette province, lequel une fois perdu, laisserait toute la côte de la mer sans défense; car de là on peut facilement arriver par mer et avec un bon vent à *Thian tsin* (dans le Tchў li) et à *Teng tcheou* et *Laï tcheou* (dans le Chan toung).— Dans le voisinage de cette île est celle de *Thsў chan tao*. En 1597, les Japonais, étant entrés dans Khing tcheou et voulant s'emparer de *Hian chan*, attaquèrent dans la nuit *Thsў chan*. Les troupes chinoises, mises en déroute, furent obligées de quitter cette place, et c'est ainsi qu'on perdit Hian chan. Les Japonais y entrèrent et firent le siège de Nan yuan, qui tomba en leur pouvoir.

37. L'île *Phing hou tao* est au sud de Khing tcheou, dans la mer. Dans la dix-huitième des années Tchi yuan (1281), les Mongols envoyèrent une expédition contre le Japon, sous la conduite du général *Fan wen hou*, qui

fit voile vers le Kao li. Sa flotte était arrivée à l'île *Phing hou tao*, quand un ouragan furieux fit couler bas les navires, et l'obligea de s'en retourner.

38. L'île *Thang jin tao*, ou des Chinois, est dans la mer de Thsing tcheou, contiguë au mont Kieou theou chan (Voy. page 100). L'île *Ma tao*, ou des Chevaux, est dans cette même mer. C'est là que se trouvent les haras du roi de Corée. Anciennement il y avait une hôtellerie appelée *Ngan hing ting*.

39. *Nieou sin siu*, ou la petite île du Cœur de bœuf, est dans la mer de Thsing tcheou. Une cime isolée s'y élève; sa forme est celle d'une tasse avec son couvercle, dont le milieu est un peu pointu. Tout près de là est le rocher *Ki sin siu* ou du Cœur de la poule.

40. Le *Ta yuĕ siu*, ou le Grand îlot de la Lune, est situé dans la mer au sud de la ville de Thsiuan tcheou, il forme comme une demi-lune. Au nord est le *Petit îlot de la Lune;* les caps saillans de ces deux îles forment comme une porte par laquelle peuvent passer les navires.

41. Le *Phoŭ să chen*, ou l'îlot du Boddhisatwa, se trouve au sud de Thsiuan tcheou dans la mer. Le Thou king dit : « Ce qui est plus petit qu'un *siu* ou îlot, et couvert d'arbres et de plantes, est appelé *chen* ». Tout près de celui-ci, sont le *Tsu yun chen*, l'îlot des Nuages rouges,

le *Tchhun thsao chen*, l'îlot des Herbes printanières, le *Khou chen*, l'îlot amer, et le *Kuei chen*, l'îlot aux pattes d'Écrevisse. Il y a encore le *Pin lang tsiao*, ou le rocher aux palmiers d'Arec, situé dans la mer, au sud de Thsiuan tcheou. Le Thou king dit : « *Tsiao* est le nom qu'on donne aux rochers qui s'élèvent comme les *chen* et les *siu* au-dessus de la surface de la mer. »

42. Le *Yă tsu chen* est au sud de Thsing tcheou dans la mer. Les Coréens donnent le nom de *Yă* aux chapeaux de paille que les paysans portent en été. Cette montagne a reçu ce nom parce qu'elle ressemble à un tel chapeau.

43. Le *Chouang niu chen*, ou la petite île des deux Femmes, est situé dans la mer de Thsing tcheou.

44. *Kŏ khŭ*, ou le trou aux Huîtres, est dans la mer de Kouang tcheou. Cette montagne n'est pas très haute, mais fort célèbre. Sur son dos est un autel dédié au Dragon (ou Dieu de la Mer); tous les navigateurs y offrent un sacrifice en passant.

45. Le *Ou ling*, ou le passage de la montagne Noire, est au nord-ouest de Khing tcheou; à l'ouest il atteint la frontière de Chang tcheou; sa longueur est de plus 70 *li*. C'est un chemin tortueux qui conduit à travers une vallée escarpée, des précipices, des lieux boisés et couverts de broussailles. Les chevaux et au-

tres bêtes de somme n'y peuvent passer partout. Les Tchao sian le regardent comme le défilé le plus fort de la partie méridionale de leur pays. Sous les Ming, dans la vingt-unième des années Wan lỹ (1593), les Japonais ayant abandonné la capitale de la Corée, prirent la fuite; *Lieou ting*, général chinois subalterne, venant de Chang tcheou, les poursuivit jusqu'au passage de l'Ou ling. Les Japonais se défendirent sur les précipices; alors qu'un autre général, *Tchă ta cheou*, s'avança de Tchoung tcheou, et, ayant dépassé *Hoaï chan kian*, débouchait de l'autre côté du passage de l'Ou ling. Les Japonais épouvantés par cette manœuvre, se retirèrent au port de Fou chan, où ils eurent pendant long-temps leur quartier général.

46. Le *Tchŭ ling*, ou le passage de la montagne du Bambou, est à l'est de Tchoung tcheou. Il est aussi tortueux que les entrailles d'une brebis, et traverse une vallée profonde et à bords escarpés. Sous les Ming, dans les années Wan lỹ, les Japonais ayant abandonné la ville royale, traversèrent le Tchŭ ling et se retirèrent dans la province de Khing chang.

47. Le *Mo thian ling*, ou le passage de la Montagne qui s'élève dans les cieux, est au nord-est de Hian hing fou. Les Tchao sian disent que c'est le passage le plus fort du nord-est.

48. Le *Thsu peï ling*, ou le passage de la

montagne de la Miséricorde, est à 160 *li* à l'est de Phing jang. Sous les Soung, dans la deuxième des années Chun hi (1175), le gouverneur de la capitale occidentale des Kao li, *Tchao weï tchhoung*, voulut se soumettre aux Kin, avec plus de quarante villes, situées entre le mont Thsu peï ling et le fleuve Yǎ loŭ kiang. Cependant les Kin refusèrent son offre, et il fut vaincu et puni comme rebelle. Sous les Yuan, dans la sixième des années Tchi yuan (1269), le vassal coréen *Li yan ling* et son parti, se soumirent aux Mongols avec la capitale et soixante autres villes qui en dépendaient. Les Mongols y établirent la province *Toung ming lou*, qui s'étendait jusqu'à la montagne Thsu peï ling.

49. Le passage du mont *Kia chan ling* est à l'ouest de la principauté Kia chan kiun, qui en a reçu son nom. — Le Thou king dit : « Au nord-ouest de la ville de Sŏ tcheou est ce défilé très étroit que les Tchao sian regardent comme le passage le plus fort du nord-ouest de leur pays.

## Eaux.

1. La mer, dit la Géographie de la dynastie des Ming, entoure le Tchao sian de trois côtés, à l'est, à l'ouest et au sud. A l'orient de cette contrée, ses eaux sont en général tranquilles et si claires qu'on y peut voir à une profondeur de dix toises chinoises. Les anciennes descrip-

tions disent : « La grande mer occidentale commence à l'est (à l'ouest?) du bourg *Tchhang ming tchin*, qui est sous la juridiction de Houang tcheou ; elle reçoit le fleuve *Ta thoung kiang*. Elle est également à l'est de *Pĕ tcheou* et de *Haï tcheou*, toutes ces places sont situées sur les bords de cette mer. Sous la dynastie actuelle des Mandchoux, dans la cinquantième des années de Khang hi (1711), les autorités civiles et militaires de Fung thian fou, considérant que les îles de *Mung kin*, *Ting tsŭ tao*, *Cha me houa*, *Kieou weï* et autres appartenant à la Corée, se trouvent dans le voisinage des territoires de Fung thian fou, de Kin tcheou, de Foŭ tcheou, de Kaï tcheou et de Haï tcheou (dépendant du Ching king, province de la Chine), défendirent sévèrement aux habitans des bords de la mer, d'approcher les parages de la Corée, et d'y pêcher.

2. Le fleuve *Han kiang*, appelé aussi *Hioung tsin kiang*, coule à 10 *li* au sud de la ville royale. Ses sources sont dans les deux montagnes *Kin kang chan* et *Ou thaï chan;* les courans d'eau qui en sortent se réunissent et se jettent dans la mer. La ville royale s'appuie sur ce fleuve, qui lui sert de boulevard. Tout ce qui est situé au sud du Han kiang formait l'ancien territoire du royaume de *Pĕ tsi*. Sous les Ming, au milieu des années Wan lў (de 1573 à 1619), *Li ju soung* s'étant avancé dans le Tchao sian, les Japo-

nais abandonnèrent la ville royale et firent leur retraite. Le général chinois entra dans la capitale, et ses troupes atteignirent au Han kiang l'arrière-garde des Japonais; mais une tentative faite pour la détruire ne réussit pas.

3. Le *Pĕ kiang*, ou le fleuve Blanc, est au sud-est de Hioung tsin; il se jette également dans la grande mer, et son lit fait la frontière du territoire de Thsiuan tcheou (1). Sous les Thang, dans la troisième des années Loung sŏ (663), *Lieou jin fan* conduisit une flotte de Hioung tsin contre la ville *Tcheou lieou tchhing*. A cette époque les Pĕ tsi avaient demandé du secours aux Japonais, et étaient venus jusqu'à l'embouchure du Pĕ kiang, pour y attendre leur armée; mais ils furent battus quatre fois par Lieou jin fan, qui brûla plus de quatre cents de leurs vaisseaux, et, s'étant emparé de Tcheou lieou, parvint à pacifier le Pĕ tsi.

4. Le *San lang kiang* est au sud de Liang chan kiun. L'ancienne description dit : « Au nord-ouest de Liang chan est un passage escarpé sur la crête d'une montagne, dont la partie supérieure ressemble à une paire de chevaux; le chemin par ce défilé est très étroit et difficile; en bas coule le San lang kiang qui se

---

(1) Dans la carte de la Corée qui fait partie de l'Atlas de la Chine de d'Anville, c'est le premier fleuve qui se jette dans la mer au-dessus des 36° de latitude. Kl.

dirige vers Kin haï et Tchŭ tao. Dans les années Wan lў, les Japonais, s'étant emparés de Liang chan et de San lang, entrèrent sur le territoire de Khing tcheou.

5. Le *Tsin kiang* coule au sud-ouest de la ville de Khing tcheou et au nord de Szu tcheou (1); on l'appelle aussi *Si kiang*, ou le fleuve Occidental; il se dirige vers le sud-est et se jette dans la mer. Dans les années Wan lў, *Ma kueï*, assiégeant les Japonais dans Weï chan, avait établi un camp fortifié à l'embouchure du Si kiang, pour intercepter les communications des Japonais avec la mer.

6. Le *Pĕ ma kiang*, ou la rivière du Cheval blanc, est au sud de Thsing tcheou. Le Thou king dit: « Au sud de Kin tcheou, est le Pĕ ma kiang; il coule vers le sud et entre dans la frontière de Thsing tcheou, où il fléchit d'abord vers l'est, puis vers le nord-est, en passant sur la limite de la principauté Thian ngan kiun. De là il tourne au nord, s'avance à l'ouest et se réunit au Han kiang. »

7. Le *Ta thoung kiang* 大通江, dont le nom s'écrit aussi 大同江, est à l'est de la

---

(1) C'est la rivière qui dans la carte de d'Anville, coule au sud de *Tcin tcheou*, entre les 34° et 35° de latitude. Elle reçoit à gauche, le San lang kiang, qui passe sur la carte à l'est de *Mi tchang*. Kl.

ville de Phing jang. Anciennement il fut appelé *Phaï choui.* Le Szu ki dit, l'ancienne limite du Liao toung, établie sous les Thsin, était formée par le Phaï choui. Dans les premiers temps de la dynastie des Han, un sujet des Yan nommé *Wëi man,* s'étant révolté, franchit la frontière et se dirigea vers l'orient; il passa le Phaï choui, et occupa le pays laissé inhabité par les Thsin, et situé sur les bords de ce fleuve. Il y réunit des barbares du territoire de Tchin fan et du Kao li, ainsi que des rebelles du pays de Yan, et les gouverna comme roi. Dans la troisième des années Yuan fung (108 avant J.-C.), *Siun i* entra du côté du Liao toung dans le pays des Tchao sian, détruisit leur armée placée sur les bords du Phaï choui, et avança jusqu'aux murs de la ville Wang hian tchhin. — La Géographie des Han dit : « Dans la principauté de Lŏ lang est situé *Phaï choui hian;* le fleuve Phaï choui coule à l'ouest et se jette dans la mer à l'endroit même où il atteint le territoire de cette ville. Wang hian tchhing est situé au sud de Phaï choui ». On lit dans l'Hydrographie intitulée Choui king, que le Phaï choui a sa source dans le territoire de *Leou fang hian* de la principauté de Lŏ lang; il coule au sud-est (sud-ouest), passe à l'est de la ville de Phaï hian, et se jette dans la mer. — Cette description est fautive.

Dans la huitième des années Ta niĕ (612),

les Soui voulant faire la guerre aux Kao li, avaient préparé aux embouchures du Kiang et du Houaï, les troupes destinées à cette expédition; ils les réunirent à Toung laï (dans le Chan toung), d'où ils traversèrent la mer, et débarquèrent en Corée par le Phaï choui. A une distance de 60 *li* de Phing jang, ils furent inopinément attaqués par les Kao li, et obligés de se replier sur le bord de la mer où ils se fortifièrent. Sous les Thang, dans la première des années Loung sŏ (661), *Sou ting fang* guerroyant contre les Kao li, battit leur armée sur le Phaï choui kiang, et se porta de là avec vitesse sur Phing jang. Sous les Ming, dans la vingt-unième des années Wan lў (1593), *Li ju soung* entra dans le Tchao sian et arriva devant Phing jang, occupé par les forces japonaises. Li ju soung, ayant examiné l'emplacement de la ville, trouva qu'il s'étendait au sud et à l'est jusqu'au fleuve; qu'à l'ouest il s'appuyait sur les hauteurs des montagnes, et qu'il était protégé au nord par la cime *Mou tan fung*, qui est très haute et escarpée, et pouvait devenir dangereuse à son armée. Il détacha donc un de ses généraux pour s'emparer du Mou tan fung, tandis qu'il entoura la ville des quatre côtés par ses troupes, et la prit d'assaut. Li ju soung se porta de là à Khaï tchhing, où il établit son quartier principal, laissant le major-général *Yang yuan* en garnison à Phing jang.

Il reçut alors ses provisions et autres munitions de guerre par le Ta thoung kiang.

8. Le *Thsing tchhouan kiang* (1) est à l'est de la ville de Ngan tcheou. Il coule au sud-ouest et se jette dans la mer. On l'appelle aussi *Să choui*. Sous les Soui, en 612, *Yu wen chŭ*, dans la guerre contre les Kao li, traversa le Yă loŭ kiang, et, ayant battu leurs grands vassaux *Y tchi* et *Wen tĕ*, il s'avança vers l'est, passa le Să choui et arriva à 30 *li* de Phing jang; mais cette ville étant située dans une assiette très forte, il ne put parvenir à la prendre et fut obligé de se replier sur le Să choui. La moitié de son armée avait déjà traversé le fleuve, quand il fut attaqué par les Kao li qui le mirent en déroute complète. Ce général s'enfuit alors si vite, qu'il atteignit en un jour et une nuit le Yă loŭ kiang, éloigné de 450 *li*. Actuellement le Să choui porte aussi le nom de *Ta ning kiang*. D'après les anciennes descriptions, le Ta ning kiang fait la frontière occidentale de Pin jang et de Houang tcheou, tandis que leur territoire s'étend à l'est jusqu'au Ta thoung kiang. C'est pour cette raison qu'il est vulgairement appelé le *pays entre les deux fleuves*.

---

(1) Ce fleuve est appelé sur la carte de d'Anville, *Tsing kiang*, et placé par 40° de latitude au sud de *Pé tchoua* et *Hia can*. KL.

Sous la dynastie actuelle des Mandchoux, dans la trente-septième des années Khang hi (1698), il y eut une grande disette dans le Tchao sian. Sur la supplique du roi de ce pays, qui pria qu'on établit des marchés dans la contrée située entre les deux fleuves, l'empereur permit d'y envoyer par eau 40,000 chỹ de riz et autres céréales, et de les vendre à des prix modérés.

9. Le *Foĕ lieou kiang* est au sud de Kiang toung kiun. C'est une branche du Han kiang, qui coule à l'ouest et se réunit au Ta thoung kiang (1). La Géographie des Ming dit : «A l'est de Ling tcheou est le 江同大 *Ta thoung kiang*, qui coule au nord-ouest et se réunit au 江通大 *Ta thoung kiang*». (2)

10. Le *Yă loŭ kiang* fait la frontière nord-est (lisez nord-ouest) du royaume. Ses sources sont au pied occidental du mont *Tchhang pĕ chan*, il coule au sud-ouest et se jette dans la mer. *Thou yeou* dit : « Ce fleuve est

---

(1) C'est une erreur; le Foĕ lieou kiang n'est pas un bras du Han kiang; c'est l'affluent le plus considérable de gauche du Phaï choui ou Ta thoung kiang, et la rivière qu'on voit sur la carte de d'Anville, par 39° de latitude, au sud de *Tcheng tchuen* et *Sicu teng*. Kl.

(2) Ces deux noms n'appartiennent donc pas au même fleuve, comme il a été dit plus haut. Kl.

à 450 *li* au nord-ouest de Phing jang ». Dans la Géographie des Han il est appelé *Ma tchaï choui;* c'est une des barrières naturelles du Kao li.

(Le texte renvoit ici à la notice de ce fleuve, donnée dans la description de la province de Ching king, que je fais par conséquent suivre ici.)

Le *Yă loŭ kiang* est à 977 *li* au sud de *Ghirin oula*. Il a sa source dans le Tchhang pĕ chan, coule au sud-ouest, fait la frontière avec le Tchao sian et se jette dans la mer, au sud-est de la ville de *Fung houang tchhing*. Anciennement il était appelé *Ma tchaï choui*. La Géographie qui fait partie de l'histoire des Han dit : « Dans la partie occidentale de la principauté *Hiuan thou kiun* sont la ville de *Kaï ma hian* et le fleuve *Ma tchaï choui*, qui au nord-ouest reçoit le *Yan nan choui*, se dirige du sud-ouest à l'ouest et tombe dans la mer à *Ngan phing*. Il traverse deux principautés, et son cours est de 2100 *li* ». — On lit dans le *Thoung tian* : « Le *Ma tchaï choui* est aussi appelé *Yă loŭ kiang*. Sa source est dans le *Pĕ chan*, ou le Mont-Blanc du pays des Mŏ khŏ. La couleur de ses eaux ressemble à celle de la tête du canard, et c'est de là qu'il lui est venu le dernier nom (qui signifie *fleuve vert canard*). Il est à 500 *li* à l'est du Liao, coule au sud des villes qui appartiennent à l'empire, et reçoit du côté de l'ouest

118 APERÇU GÉNÉRAL DES TROIS ROYAUMES.

une rivière qui est le *Yan nan choui* (1). Réuni à celle-ci, il coule au sud-ouest, et se jette dans la mer à la ville de *Ngan phing tchhing*. Dans le Kao li, ce fleuve est très grand, ses vagues sont fortes et ses eaux claires et limpides; il faut employer pour le traverser des navires de grande dimension. Ce fleuve sert de barrière naturelle au pays; sa largeur est de 300 pas. Il est à 450 *li* au nord-ouest de Ping jang ». — D'après la Géographie des Ming, le Yă loŭ kiang est à 560 *li* à l'est de la ville de *Tou szu tchhing*. — La Géographie du pays traversé par le Liao ho, dit que le Yă loŭ kiang est à 540 *li* à l'est de la ville de *Liao yang tchhing*, que sa source est dans le Tchhang pĕ chan, que de la ville de *Kiă tcheou* il coule au sud-ouest, qu'il reçoit les eaux du *Thŭ lou kiang*, et qu'il est joint à *Ngaï tchao* (ou *I tcheou*) par le *Tchu pho kiang*, avec lequel il se jette dans la mer. — Le Thoung tchi dit, que ce fleuve est aussi appelé *Ngaï tcheou kiang*, ou *Ngaï kiang*, et qu'il est formé par la réunion de tous les courans d'eau qui sortent du flanc méridional du Tchhang pĕ chan; qu'il est très grand, qu'il coule au sud-ouest, reçoit le Thoung kia kiang, parcourt 500 *li*, entoure au sud-est le territoire de la ville de *Fung houang tchhing*, ou du Phénix, et se

---

(1) C'est le *Toungghia oula* de nos jours. Kl.

jette dans la mer. — La rive sud-est de ce fleuve est la frontière de la Corée.

11. Le *Thou men kiang* fait la limite nord-ouest (lisez nord-est) du royaume. Ses sources sont au pied sud-est du Tchhang pĕ chan. Il coule au sud-est et entre dans la mer. Sous la dynastie mandchoue, dans la cinquante-quatrième des années de Khang hi (1715), il fut arrêté que ce fleuve ferait la limite entre *Kourkhatsi* et autres lieux du canton de *Khoûn-tchoun* et la Corée. Et comme on craignait qu'il ne s'élevât des démêlés occasionés par les habitans de ses rives, il fut ordonné aux chefs des forces stationnées dans le canton de *Tamou-nou*, d'y détruire toutes les habitations, maisons, cabanes et hôtelleries. On y envoya de Ningouta des troupes pour établir un cordon militaire. Il fut également enjoint de faire retirer de la frontière tous ceux qui y habitaient, et il ne fut pas permis d'avoir des maisons et des champs labourés sur les bords de la rivière. Enfin toute communication avec la Corée fut sévèrement défendue.

12. Le *Yuĕ poŭ thang kiang* est à l'est de Ngan yŏ hian appartenant à la province de Houang tcheou. Ses eaux coulent à l'ouest et se déchargent dans la mer. Suivant les anciennes descriptions, Ngan yŏ était à 150 *li* au sud de Houang tcheou.

13. Le *Fă lou kiang* coule à la frontière occi-

dentale de Khing tcheou. D'après les anciennes descriptions il formait la limite méridionale des Kao li, et était au nord de la ville de Thsў tchoung tchhing des Sin lo. Sous les Thang, dans la quatrième des années Hian hing (673), *Li kin hing* battit les Kao li à l'ouest des rives du *Phiao lou ho*. L'année suivante, Lieou jin fang marcha à l'orient et défit les Sin lo; il ravagea tout le pays jusqu'au Phiao lou ho; il attaqua leurs grandes fortifications à Thsў tchoung tchhing et les détruisit. Le Phiao lou ho est le même que le Fă lou kiang.

14. Le port *Si seng phou* est à 53 *li* au sud de Weï chan kiun. Tout près est *Ki tchang kian*.

Le port *Khaï yun phou* est à 52 *li* au sud de Weï chan kiun.

15. Le port *Kan phou* est à 20 *li* à l'est de Khing tcheou. Le Thou king dit : « A côté de Khan phou est le port *Tchhang khi phou*. »

16. Le port *Ngan kŭ phou* est à 20 *li* au sud de Hioung tsin kiun ; à côté est un autre appelé *Thian tchhing phou*.

17. Le port *Kin phou* est, selon le Thou king, au sud de Tsin tcheou. C'est là que le *Tsin kiang*, qui coule au sud, se jette dans la grande mer. Sous les Yuan, dans la vingt-deuxième des années Tchi yuan (1285), quand il s'agissait de faire la conquête du Japon, il fut ordonné de

transporter par le canal impérial, le Kiang et le Houaï, 1,000,000 *chў* de riz au port de Kin phou. Il fut également prescrit que de la résidence orientale et de tout le Kao li, la même quantité de riz y fût envoyée pour l'usage de l'armée destinée contre le Japon. L'année suivante à la huitième lune, tout était à cet effet réuni à Kin phou, mais l'expédition n'y put arriver. Ce port est nommé par erreur *Yuĕ phou*, dans l'histoire des Yuan.

18. La rivière *Să ho choui* est au sud-ouest de Khaï tcheou; quelques auteurs écrivent ce nom *Siĕ ho choui*. Sous les Thang, dans la troisième des années Khian fung (668), *Li tsў* faisant la guerre contre les Kao li, son général en second *Siĕ jin kuei* prit la ville de *Fu yu*. Les Kao li se hâtèrent d'arriver et lui livrèrent bataille à Li tsў sur les bords du Să ho chin, mais ils furent totalement battus. Il les poursuivit et détruisit la ville de Ta hing. Les anciennes descriptions disent que le Să ho choui sort des montagnes septentrionales, coule au sud-est et se réunit au Yă loŭ kiang.

19. Le *Che choui*, ou la rivière du Serpent, est à la frontière occidentale de Phing jang. Sous les Thang, dans la première des années Loung sŏ (661), *Phang hiao koung*, guerroyant contre les Kao li, disposa ses troupes au sud du passage des montagnes, le long du

Che choui, mais il fut battu par *Kaï sou wen*, qui détruisit toute son armée. Cette rivière est aussi appelée *Tho choui*. Sous les Soung, dans la deuxième des années Thian hi (1018), les Khitan faisant la guerre aux Kao li, furent défaits sur les rivières Chĕ choui et Tho choui, et obligé de retourner dans leur pays. Les anciennes descriptions disent que ces deux rivières sont au nord-ouest de Phing jang.

20. Le gué *Yang houa tou* est au sud-ouest de la ville royale, sur le Han kiang. Les approvisionnemens qui de toutes les provinces du Tchao sian viennent à la capitale, arrivent par ce gué qu'on appelle ordinairement *Lin tsin tou*. Sous les Ming, dans les années Wan lў, les Japonais ayant passé le fleuve à Lin tsin, s'emparèrent de Khaï tchhing. Ce fut aussi à Khaï tchhing que Li ju soung établit son quartier général. Il détacha de là le général *Tcha ta cheou*, qui prit possession de Lin tsin, et établit ainsi la communication avec l'orient et l'occident.

21. Le ruisseau *Li tchhing kiang* est au sud de Khaï tchhing fan; il coule à l'ouest et se jette dans la mer.

*Kў choui men*, ou la Porte des eaux rapides, est, selon la Géographie des Ming, au sud de Khaï tchhing fou, dans la mer; c'est un abîme et tourbillon profond.

Le *Kŏ khŭ*, ou le trou aux Huîtres (déjà mentionné à la page 107), est au sud de Khaï tchhing dans la mer. Sur le sommet de cette montagne est un autel dédié au Dragon (ou Dieu de la Mer).

### *Vocabulaire Coréen.*

La liste des mots coréens que je fais suivre ici, est double; les mots de la première colonne sont ceux du Vocabulaire de cette langue, intitulé *Ki lin loui szu*, ou Collection de mots des *Ki lin* (ou *Ghirin*), rédigé par *Sun moŭ* et inséré dans la grande Collection intitulée *Kou kin thou chou* (Section des Sciences, Philologie, vol. 144, fol. 21 et suiv.) J'ai rangé ces mots dans un meilleur ordre qu'ils ne l'étaient dans l'original, la prononciation est la chinoise, et par conséquent elle ne se rapproche pas toujours beaucoup de celle des indigènes. Ce défaut est en partie corrigé par la seconde colonne, qui contient les mots coréens, extraits d'un ouvrage original en caractères coréens, de la grande Encyclopédie japonaise, et des Vocabulaires donnés par Witsen et par M. le docteur de Siebold. Les termes coréens imprimés en italique sont d'origine chinoise.

| | | |
|---|---|---|
| Ciel | han naï | hannel, han'l, panor. |
| Air | | kogtsyoûg. |

| | | |
|---|---|---|
| Soleil | heng | han, haï, ir. |
| Lune | haï | wor, tar, tal. |
| Étoile | | piaer, piôr, pièr. |
| Pluie | fiwi | pit, piï. |
| Grêle | houŏ | mouloui. |
| Nuage | khiŭ lin | kouroum. |
| Neige | nouon | noun. |
| Il neige | nouon tchi. | |

(Tout ce qui tombe est appelé *tchi*.)

| | | |
|---|---|---|
| Vent | phoŭ ran | paran, parran. |
| Arc-en-ciel | loŭ khiao. | |
| Est | *tong* | *tong.* |
| Ouest | *si* | *seï.* |
| Sud | *nan* | *nam.* |
| Nord | *pĕ* | *bouk, pek.* |
| Rosée | soŭ | sel, ser. |
| Gelée blanche | soŭ | sor. |
| Éclair | chen. | |
| Tonnerre | thian toung | fanoroun ta. |
| | (Ciel) | (Ciel.) |
| Grêle | | mouloui. |
| Brouillard | *mung.* | |
| Foĕ, Bouddha | Phoŭ | Pouite. |
| Idole | | poutsia. |
| Génie bienfaisant | *chin*-thoung. | |
| Démon | ki sin | totsafi. |
| Immortel | *thsian.* | |
| Année | *nian* | *nién*, haï. |
| Printemps | *tchhun* | tcheng uïl. |

| | | |
|---|---|---|
| Été | *hia* | è. |
| Automne | *thsieou* | kâ âl. |
| Hiver | *toung* | kie âl. |
| Mois | | wor (v. *lune*). |
| Matin | otsan | odzaï. |
| Midi | jin tsaï. | |
| Soir | tchen naï, kou moŭ. | |
| Jour | | yangseï. |
| Nuit | | paemi, pami. |
| Hier | kiў tsaï. | |
| Aujourd'hui | ou naï. | |
| Demain | hie tsai | otsaï. |
| Après-demain | mou lou | more. |
| Avant, auparavant | ki tsaï. | |
| Terre | hiĕ hi | hil, houl, mout, mok, tahiï. |
| Champ | *thian* | tsioûr. |
| Eau | moŭ | mel, moul, boul. |
| Mer | haï | ta, patag, hatag. |
| Lac | | kokioû. |
| Fleuve | *kiang*. | |
| Rivière | *khi* | kagou, naï. |
| Source | *thsiuan* | *thsan*. |
| Vallée | ting kaï. | |
| Rocher | | pahóï. |
| Pierre | thoŭ | tol. |
| Sable | | a, aï. |
| Terrein | | soutag, nara. |

| | | |
|---|---|---|
| Feu | | poul, pioul. |
| Vague | | kol. |
| Digue | | kokaï. |
| Glace | | olon, olem. |
| Puits | oŭ moŭ. | |
| Courant | | laheletsen. |
| Montagne | | moï, moye, *san*. |
| Cendre | | tsaï, cho tsaï. |
| Or | | *keun, kun, kuym*. |
| Argent | | *gun, un*. |
| Cuivre | | tsi. |
| Fer | | soï. |
| Étain | | nap, naep. |
| Plomb | | *yen*. |
| Talc | | tol pinel. |
| Salpêtre | | yel so. |
| Soufre | | *liu heang*. |
| Alun | | niï p'han. |
| Aimant | | *tsi nam saïk*. |
| Animal mâle | hŭ | sek. |
| Animal femelle | ngan. | |
| Lion | | *sodze* |
| Ours | | kom. |
| Tigre | pouan, pon | pon, nal'pi. |
| Loup | | il heï. |
| Éléphant | | kôkiri. |
| Cerf | *loŭ*. | |
| Chameau | | yak, yakteg. |
| Renard | | yée. |

CORÉE.

| | | |
|---|---|---|
| Chevreuil | | sol. |
| Cheval | mŏ | môl. |
| Chevaux | | môlhout. |
| Cheval d'atte-lage | hiĕ ta. | |
| Bœuf | chao | chio, sio, zio. |
| Chien | kiahi | kahe, kaï. |
| Ane | | ne le. |
| Chat | kouei ni | kô y. |
| Rat | tsouï | tsouï. |
| Martre zibel-line | | ton koe. |
| Mouton | *yang* | *yang.* |
| Porc | tŭ | tôt. |
| Musc | | kouk nol. |
| Oiseau | tsiŏ than. | |
| Faucon | | moï. |
| Coq | | kouley. |
| Poule | thă | tiark, tork. |
| Oie | | kôï youna, ko-you. |
| Faisan | tchhi saï. | |
| Cormoran | han saï. | |
| Cygne | | thsen i. |
| Pigeon | pў tho li | i foutsi. |
| Pie | k'ho tsĕ ki. | |
| Cicogne | hŏ | koufakoutsi. |
| Corneille | ta ma kouei. | |
| Mouette | | oï siaï. |
| Petit oiseau | saï | saï. |

| | | |
|---|---|---|
| Oie sauvage | k'hŭ li koung ki | kamakouï, oï ol-hi. |
| OEuf | | al. |
| Poisson | choui thiang | kôkyi, kôki. |
| Carpe | | *ligheï*, nièmtsel-kio. |
| Anguille | | te leng heli. |
| Sepia nigra | | osogheï. |
| Spare de roche | | ton. |
| Écrevisse | k'haï | k'haï. |
| Coquillages | kaï k'haï | koul tchok'haï. |
| Corail | kiu chu. | |
| Tortue | thouon | num cheng. |
| Autre espèce | tchha la. | |
| Dragon | tchhing | niong. |
| Serpent | *che* | beïyam, san-mousouï. |
| Limaçon linaire | | ou long i. |
| Araignée | | pol, melkemeï. |
| Scorpion | | tsaïnkal. |
| Mouche | *ing*. | |
| Fourmi | *leou*. | |
| Abeille | | doulou. |
| Cire | | mil. |
| Poux | kiu | ni. |
| Puce | philĕ. | |
| Millepied | | dzen eï. |
| Grenouille | kў phou | el thsang i. |
| Crapaud | | kiokoli. |
| Écaille | | theng kte dzil. |

| | | |
|---|---|---|
| Peau de bête | khŏ tchhi | ka dzok. |
| Griffe | | khi lem. |
| Poil | *mao.* | |
| Chair | | kokie. |
| Corne | *kiŏ* | sbel. |
| Semence | | pni. |
| Forêt | *lin* | soûs phoûs. |
| Arbre | nanki | nan, namo. |
| Écorce | | kospiïh. |
| Bouleau | | mos. |
| Pin | tcha tsu nan | sonam, somamo. |
| Grenade | | *chekniou.* |
| Châtaigne | sian | tiam. |
| Pêche | tchi kў. | |
| Abricot sauvage | | baï faï. |
| Noix | kho laï | thang tchhou tsa. |
| Orange | | thong-thing, kaem. |
| Figue caque | k'han. | |
| Carica papaya | | *mo-koua.* |
| Poire | paï. | |
| Raisin | | *podo, pota.* |
| *Lin khin* ou pyrus baccata | men tsu fou. | |
| Vernis | *houang thsў.* | |
| Poivre | | *goutsio.* |

| | | |
|---|---|---|
| Châtaigne d'eau | tchy̆ kou. | |
| Plante | | pioûr. |
| Herbe | sou | so. |
| Melon | | thsamoï. |
| Melon d'eau | | chou bée. |
| Fleur | kŭ. | |
| Pavot | | yang koma. |
| Radis | | en mou ou. |
| Bambou | | taï. |
| Gingembre | | *seng kang.* |
| Matricaire | | koukou. |
| Coton | | moumegou. |
| Chanvre | san | sam. |
| Moutarde | | kas. |
| Choux blancs | | me houi. |
| Tabac | | tampako. |
| Ail | | mannâl. |
| Ognon | | pa, pha, fa. |
| Rhubarbe | | *tsiang kon.* |
| Giseng | | sip, *inson.* |
| Asperge | | k'hounam p'hel. |
| Prince | | koun. |
| Vassal | | tsiogounon. |
| Mandarin | yuanli. | |
| Docteur savant | sin | fo pan. |
| Envoyé | tchu szu. | |
| Marchand | hing chin | tsiakaso. |
| Ouvrier, artisan | p'ha tchi. | |

| | | |
|---|---|---|
| Laboureur | tsaï p'ha tchi | pakouseghi. |
| Soldat | *kiun.* | |
| Bonze | foŭ thian | tsiougou. |
| Bonzesse | oni. | |
| Voyageur | *feou lang jin.* | |
| Mendiant | kaï pŏ. | |
| Voleur | p'ho eul. | |
| Comédienne | choui thso. | |
| Fils de comédienne | kou thso. | |

Les musiciens sont appelés de même, parce qu'ils sont ordinairement fils de comédiennes.)

| | | |
|---|---|---|
| Maître de la maison | *tchu* | koun. |
| Hôte, visiteur | sun ming. | |
| Cuisinier | | tae. |
| Gentilhomme | | yangman. |
| Chef militaire | | *tsiang sio.* |
| Homme | *jin* | sarâm. |
| Parent | | obaï. |
| Homme (*vir*) | cha nân | *mandzu*, sana sanahaï. |
| Femme | | kaksi, kaghip, kanahe, hiekhep, kiôdzip. |
| Épouse | liao tsun, han in. | |
| Grand-père | han liao pi. | |
| Père | thsu liao pi | abami, *pouhi.* |
| Mère | liao pi | ogoumi, *mo.* |

9.

| | | |
|---|---|---|
| Enfant | | dzasiyik. |
| Fils, garçon | liao thsiĕ, t'houng p'ho ki | ater, ator, nam-sa, aïkie. |
| Fille | pao thiĕ, kou tchao yŭ thsao eul. | |
| Demoiselle | han in. | |
| Frère | | hôgdziô. |
| Frère aîné | *tchhang konon* | heghi. |
| Frère cadet | liao eul | assi. |
| Sœur aînée | liao thsou | masnoûôi. |
| Sœur cadette | naï moui | anoûôi. |
| Petit-fils | liao tsun liao thsiĕ. (Fils du Fils.) | |
| Le mari s'appelle lui-même | cha houi. | |
| L'épouse s'appelle elle-même | si phi, teou phi. | |
| Oncle | liao tchha pi. | |
| Tante | liao tsu mi. | |
| Femme du frère aîné | tchhang han in. | |
| Le père appelle le fils | liao kia. | |
| Grand-père maternel | han liao pi. | |
| Sœur du père non marié | han liao mi. | |

| | | |
|---|---|---|
| Frère aîné de la mère | hiun yŭ. | |
| Frère cadet de la mère | thsu yŭ. | |
| Sœur de la mère | liao tsu mi. | |
| Pudeur | lo. | |
| Moi | naï | naï. |
| Tu | | kogou (*envers un supérieur*). |
| | | douï (*envers un inférieur*). |
| Il, lui | | dziôï, dziêï. |
| Nous | | où rits young. |
| Vous | | kounhoï toung. |
| Ils, eux | | dziôï - nom, dziêï-nom. |
| Qui es-tu | leou ko. | |
| Veux-tu du thé | | *tchha* tsapsou. |
| Veux-tu du tabac | | tamaï tsapsou. |
| Corps | men. | |
| Tête | mati | toïgwor, matiï. |
| Cheveux | mati-hoŭ chi | mouri, mari, moudi. |
| Front | | nima. |
| Visage | naï tchhi. | |
| Sourcils | sou pou | noun chip. |
| OEil | nouon | noun, doun. |
| Oreille | kouï | nouyi. |

| | | |
|---|---|---|
| Joues | | spaïm. |
| Nez | | koo, katse. |
| Barbe | | nalassyï, nalos, chi om. |
| Bouche | y̆ | yip. |
| Dent | ni | niy. |
| Dent maxillaire | | pieot ti. |
| Langue | hiĕ | hiôï. |
| Cou | | mok. |
| Poitrine | k'ho. | |
| Cœur | *sin*. | |
| Bras | | poul. |
| Penis | | *em king*. |
| Testicule | | ti poul. |
| Dos | t'houi ma mŏ. | |
| Sein de femme | | tsâ ni. |
| Ventre | paï | paï. |
| Excrémens | | melen stong. |
| Urine | | otsom. |
| Main | sun | son. |
| Doigt | | sokora. |
| Pied | p'hŏ | pael, pial. |
| Jambe | | tantaghi. |
| Os | | kor, saaï. |
| Ongle | | tob. |
| Sang | | piouï. |
| Lait | | kmis. |
| Gras | koŭ kou tchin, kou koŭ i tchhing. | |

| | | |
|---|---|---|
| Maigre | ngan li kou koŭ tchin. | |
| Beauté | tchao hiun. | |
| Être | i chў. | |
| Non-être | poŭ niao chў. | |
| Boire | maché. | |
| Manger | | môk k'iour. |
| Dormir | | nôu pôh. |
| Finir, être anéanti | tchuki. | |
| Rire | houlo | oûsioune. |
| Pleurer | hou tchu | oûô. |
| Vivre | salo | salas'ta. |
| Naître | *seng.* | |
| Mourir | *szu* | dzoû k'iour. |
| Préparer, faire | ta li. | |
| Laver | chiché. | |
| Broder | *sieou.* | |
| Teindre | moŭ t'hi li. | |
| Lier | moŭ hiang. | |
| Tirer des flèches | hoŭ sŏ. | |
| Lire | kў p'hou. | |
| Écrire | kў hĕ să. | |
| Peindre | kў lin. | |
| Lever (se) | ni tchi. | |
| Coucher (se) | thso tchi. | |
| S'asseoir | o tsĕ kia lo. | |
| Être debout | *lў.* | |
| Dormir | kў thsin. | |

| | |
|---|---|
| Marcher | k'hi lin. |
| Courir | lian in ta. |
| Venir | niao lo. |
| S'en aller | nў kia jў lo. |
| Visiter | sun niao lo. |
| Recevoir des hôtes | sun tsў i chў yen. |
| Dire | cheou chi. |
| Interroger | woŭ ta li. |
| Porter sentence | miĕ tchi ti. |
| Dire des mensonges | p'hi li cheou chi. |
| Questionner | che chin. |
| Prier | *nien* cheou chi. |
| Demander combien | mў tchhi i tchhing. |
| Demander et recevoir | tou lo. |
| Finir, terminer | tĕ. |
| Temple | derou, del. |
| Maison | tsyib, tsip. |
| Voiture | *kiu*. |
| Navire | paï — paï. |
| Natte | teng. |
| Natte de paille | tchў tsien. |
| Chaise | tchi ma. |
| Table | chў choang. |
| Bougie | ko khiu. |

| | | |
|---|---|---|
| Jalousies | pŏ. | |
| Lampe, lanterne | houŏ long | togou. |
| Armoire | khou p'hoŭ. | |
| Éventail | | namtaï, poutsa. |
| Ombrelle | thsiu lў | ousan. |
| Paravant | p'hoŭ tsaï. | |
| Parapluie | k'hŏ. | |
| Peigne | pў. | |
| Petit peigne | p'hin hi. | |
| Brosse à dents | yang tchi. | |
| Assiette | *phan.* | |
| Vase à fleurs | *p'hing.* | |
| Vase d'argent | sou ju. | |
| Vase de vin | *p'hing* tho. | |
| Soucoupe | *thaï phan.* | |
| Marmite de fer | kŭ. | |
| Trépied | tsaï. | |
| Plat | ya sou yé. | |
| Pot | | sat, tsaet. |
| Jatte | hien. | |
| Verre | | yureï. |
| Tasse | ta yé. | |
| Tasse à thé | | tchha goupari. |
| Cuillère pour le thé | *tchha chu.* | |
| Tasse à boire du vin | | ghin. |

| | | |
|---|---|---|
| Bâtons pour manger à la chinoise. | tchĕ. | |
| Balance (*statera*) | tsu tsu. | |
| Pied chinois | thso. | |
| Boisseau chinois | mŏ. | |
| Dixième d'un tel boisseau | klў *ou* kliă. | |
| Cachet | *yn.* | |
| Pinceau | p'hi lon | boutsou. |
| Papier | tchhoui | tsigwoui. |
| Encre | *mĕ* | *bok.* |
| Couteau, canif | kŏ. | |
| Ciseaux | pŏ tsou kaï. | |
| Osselet à jouer | tsiĕ. | |
| Fouet | *pien.* | |
| Salle | *weï ngan.* | |
| Bride | *pi.* | |
| Tambour | poŭ. | |
| Drapeau | *k'hi.* | |
| Arc | houŏ | fari. |
| Flèche | *chi* | famtaï. |
| Épée | *tchhang tao.* | |
| Hache | ou tsu kaï. | |
| Corde | no, poŭ. | |
| Charbon | sou tchhing. | |
| Bois à brûler | p'hoŭ nan tsu. | |

| | | |
|---|---|---|
| Odeurs, parfums | tsun. | |
| Tablette | pĕ tsu. | |
| Étoffe | | samson. |
| Habit | | osou. |
| Habit long chinois | *phao.* | |
| Soie | *szu* | szir, peidaen. |
| Habit noir | k'ho men. | |
| Habit de nuit | ni poŭ. | |
| Pantalon | k'ho peï. | |
| Culotte | ngan hai k'ho peï. | |
| Habit de femme | *k'hiun.* | |
| Ceinture | yao taï, yĕ tsu taï. | |
| Bonnet, chapeau | *mao.* | |
| Bonnet ou chapeau blanc | | punaï. |
| Bonnet militaire | *pŏ theou.* | |
| Bonnet de femme | chў taï. | |
| Frontal | thon khiuan. | |
| Souliers | tchhing | potchien. |
| Chaussures, bas | peï chu. | |
| Voile de femmes | tsu moŭ kaï. | |

| | | |
|---|---|---|
| Épingles | pan naï. | |
| Corset | nan tsu moŭ kaï. | |
| Fil | chў. | |
| Gaze, filet | sŭ | asitsili. |
| Étoffe à fleurs | *kin*. | |
| Gaze fleuri | p'hou să. | |
| Pièce de soie | kў. | |
| Toile | peïs | bouyung. |
| Espèce de chanvre | mao. | |
| Toile faite de ce chanvre | mao chi peï. | |
| Tafetas | | megou tsiou. |
| Cordon de soie | | tsoûgou. |
| Fil de coton | | megou so. |
| Miroir | | yureï mano. |
| Nourriture | | syig'mour. |
| Riz | p'hou să | pisar. |
| Riz blanc | han p'hou să. | |
| Grains | thian p'hou să. | |
| Seigle | | ni tchheng psał. |
| Froment | mў t'heou moŭ | fori, tsosal. |
| Gros pois | | kogou, htigacm. |
| Petits pois | | patsou. |
| Orge | ma ti koŭ. | |
| Linum byssinum | | kobentsam. |
| Riz cuit | poŭ kiu | pa bi. |
| Bouillie de riz | mou tso. | |
| Pain | - | stok. |

| | | |
|---|---|---|
| Vin ou saki | sou ri, sou p'ho | sour. |
| Vinaigre | seng ken | *t'so.* |
| Soya | my tsou (mot mandchou) | siaki. |
| Sel | sou kan | sokoum. |
| Huile | kў lin | ki lem. |
| Viande | | nioûk. |
| Chaire de poisson | kouki. | |
| Thé | *tchha.* | |
| Sucre | *sa thang.* | |
| Jus | choui. | |
| Médecine | | *yak, yă.* |
| Inviter les convives à manger | tamathsu. | |
| Ivre | sou p'ho soŭ. (Voy. Vin.) | |
| Rassasié | paï thsa. | |
| Affamé | paï thsa ngan li. | |
| Eau chaude | ni ken moŭ. | |
| Eau froide | chi ken moŭ. | |
| Vieux | tao kin. | |
| Jeune | ya thouï. | |
| En haut | ting. | |
| En bas | ti. | |
| Haut | no pun | nopta. |
| Bas | naï tsĕ. | |
| Hauteur | | popopha. |
| Grand | hĕ ken. | |

| | | |
|---|---|---|
| Petit | hou ken. | |
| Beaucoup | kiŭ hŏ kў. | |
| Peu | onaï. | |
| Profond | kў hin. | |
| Bas, non profond | yen ti. | |
| Blanc | han | hoûïn, heïn. |
| Noir | *hĕ* | kômioû, k'homen. |
| Jaune | na lun | nou len. |
| Bleu, vert | *thsing*. | |
| Rouge | *tchin houng* | pel ken, pouhlkoun. |
| Rougeâtre | *fi*. | |
| Pourpre | tchў peï. | |
| Couleur de chair | *tchhў*. | |
| Amer | | tchak chél. |

Voici les différentes manières de compter des Coréens. La première colonne après le français contient les véritables noms coréens des nombres ; la seconde, ces mêmes mots coréens réunis à ceux des nombres chinois tels que les Coréens les prononcent ; enfin, la troisième contient ces derniers seuls.

| | | | |
|---|---|---|---|
| Un | hana, hotchun | yagnir | yir. |
| Deux | toue, toul | touryi | yi. |
| Trois | soï, suy | soksom | sam, san. |
| Quatre | toï | dokso | so. |
| Cinq | tasset, tasso | taseto | o. |

## CORÉE.

| | | | |
|---|---|---|---|
| Six | yoset, osso | yosenyoue | yioûk. |
| Sept | ghirgop, yirgop | yirgoptchiil | tsyiil. |
| Huit | yaderp, yadarp | yaderpal | pal. |
| Neuf | agop, ahob | ahoskou | kou. |
| Dix | yaër, yer | yerchip | syiib, chip. |
| Quinze | | | syiib-o. |
| Vingt | | somer | yi-syiib. |
| Trente | | chierri, siergan. | |
| Quarante | | mahan. | |
| Cinquante | | souin | o-syiib. |
| Soixante | | yegu, yesouin. | |
| Soixante-dix | | hierigum, yirgun. | |
| Quatre-vingt | | yader, yadam. | |
| Quatre-vingt-dix | | hahum, ahan. | |
| Cent | | hirpee, yir-peyk. | peyk. |
| Deux cents | | yipeyk. | |
| Trois cents | | sam-peyk. | |
| Quatre cents | | so-peyk. | |
| Cinq cents | | o-peyk. | |
| Six cents | | yioûk-peyk. | |
| Sept cents | | tsyil-peyk. | |
| Huit cents | | pal-peyk. | |
| Neuf cents | | kou-peyk. | |
| Mille | | yir-tsien | tsoon, tseen. |
| Deux mille | | yi-tsien. | |
| Trois mille | | sam-tsien. | |
| Quatre mille | | so-tsien. | |
| Cinq mille | | o-tsien. | |
| Six mille | | yioûk-tsien. | |
| Sept mille | | tsyir-tsien. | |
| Huit mille | | pal-tsien. | |
| Neuf mille | | kou-tsien. | |
| Dix mille | | yir-ook | man. |
| Vingt mille | | yi-ook. | |
| Trente mille | | sam-ook. | |
| Quarante mille | | so-ook. | |
| Cinquante mille | | o-ook. | |
| Soixante mille | | yioûk-ook. | |

| | |
|---|---|
| Soixante-dix mille | tsyir-ook. |
| Quatre-vingt mille | pal-ook. |
| Quatre-vingt-dix mille | kou-ook. |
| Cent mille | yer-ook. |

*Noms des mois.*

| | | |
|---|---|---|
| Premier | mois | tiong-wor. (1) |
| Second | — | yi-wor. |
| Troisième | — | sam-wor. |
| Quatrième | — | so-wor. |
| Cinquième | — | o-wor. |
| Sixième | — | yioûk-wor. |
| Septième | — | tsyir-wor. |
| Huitième | — | pal-wor. |
| Neuvième | — | kou-wor. |
| Dixième | — | syiïb-wor. |
| Onzième | — | tong syter-wor. |
| Douzième | — | sutter. |

*Antiquités de la Corée.*

1. L'ancienne *Résidence de* 子箕 *Khi tsu*, est *Phing jang*, appelé aussi de nos jours *Wang hian tchhing*. Selon la Géographie qui fait partie du Han chou, cette résidence était située dans la principauté Lŏ lang kiun, dans le Tchao sian.

---

(1) *Wor* est la prononciation coréenne du mot chinois *Yuĕ*, qui signifie *Lune.* — *Tjiong* est le chinois de *Tching*. Kl.

*Yun tchao* dit : « *Wou wang* nomma *Khi tsu* prince du Tchao sian. Celui-ci, d'après des déterminations astronomiques, fixa sa résidence dans ce pays situé sous la constellation *Khi*, et sous l'influence de l'astre *Tsin* (Voy. page 24). Ses descendans gouvernaient anciennement ce royaume ». — *Tchang houa*, qui vivait sous les Tsin dit : « Dans le Tchao sian coulent les trois rivières *Thsiuan choui*, *Liĕ choui* et *Chan choui*; elles se réunissent sous le nom de *Liĕ choui*. Il paraît que le canton de Lŏ lang et le Tchao sian ont reçu leurs noms de cette circonstance. » (1)

Wou wang fit sortir *Khi tsu* (2) de prison. Cependant celui-ci ne fut pas content d'être délivré par le prince de Tcheou; il s'expatria et se retira dans le Tchao sian. Wou wang l'ayant appris, le nomma prince de ce pays, et le chargea de le civiliser et d'y introduire l'agriculture et l'éducation des vers à soie. Khi tsu y donna en effet d'excellentes lois, de sorte que bientôt on y fermait aucune porte, parce qu'il ne s'y commettait pas de vol. Les descendans de Khi tsu y ont régné pendant plus de quarante générations, jusqu'à l'époque des

---

(1) *Lŏ lang* signifie ondes joyeuses, et *Tchao sian*, fraîcheur du matin. Kl.

(2) Où le dernier empereur de la dynastie de Chang avait enfermé Khi tsu, qui était son parent. Kl.

*Royaumes combattans* (Voy. page 25, note 3), quand le pays fut soumis aux Yan, et devint une de leurs provinces limitrophes. Plus tard *Lou wan*, roi de Yan, ayant été forcé de quitter son pays et de se retirer chez les Hioung nou, un homme, nommé *Weï man*, natif du pays de Yan, devint puissant; il réunit plus de mille rebelles auxquels il fit nouer les cheveux sur le sommet de la tête et prendre l'habit barbare; il se rendit avec eux à l'orient, franchit les frontières, et ayant dépassé le fleuve *Phaï choui*, il défit entièrement *Tsun* le roi de Tchao sian. Weï man s'établit alors dans la contrée laissée déserte par les Thsin, pour servir de séparation entre les limites de la Chine et de la Corée. Bientôt il parvint à conquérir les principautés de *Tchin fan* et de *Tchao sian*, et les cantons habités par des hommes qui anciennement avaient quitté les royaumes de Yan et de Thsi. Il régna sur eux comme roi, et fixa sa résidence à *Wang hian*, situé à l'est du Phaï choui. Sous les règnes de l'empereur *Hiao hoeï ti* et de l'impératrice *Kao heou* (de 194 à 180 avant J.-C.), l'administration de l'empire fut définitivement fixée, et Weï man fut nommé gouverneur extérieur du Liao toung. Alors on posta des garnisons sur les frontières contre les Barbares. De cette manière, la puissance de Weï man augmenta considérablement, et il s'empara de plusieurs petites places, de sorte que tout le *Tchin fan* et le *Lin thun* lui obéissaient. Le pays qu'il possédait avait plusieurs milliers de *li* de longeur, et resta à sa famille jusqu'à son petit-fils *Yeou kiu;* celui-ci oubliant les bienfaits qu'il devait aux Han, excita leur colère, de sorte qu'en 109 avant J.-C., l'empereur Wou ti ordonna au grand-amiral *Yang poŭ,* de traverser du pays de *Thsi* (dans le Chan toung) la mer *Phou haï,* et au général de la gauche, *Suin i,* de franchir les frontières du Liao toung, pour punir Yeou kiu. L'année suivante le peuple de Tchao sian mit à mort Yeou kiu et se soumit; alors ce pays fut attaché comme province à l'empire, et on y établit les quatre principautés de *Tchin fan, Lin thun, Lŏ lang* et *Hiuan thou.* Du temps de l'empereur Tchao ti, les deux premières furent supprimées et leurs territoires réunis à ceux de Lŏ lang et de Hiuan theu.

2. L'ancien pays des 沮沃 *Ouŏ tsiu,* était situé à la frontière nord-est actuelle du Tchao sian. — Le *Wen hian thoung khao* dit : « *Ouŏ tsiu* est à l'est de la grande montagne de *Kaï ma* (Voy. page 100), dans le pays des Kao kiu li; il s'étend sur les bords de la grande mer, dans une longueur d'environ 1,000 *li.* Au nord il est limitrophe avec le *Ÿ leou* et le *Fou yu;* au sud il a les *Wei mĕ.* On y compte cinq mille familles. Il n'y a ni grand chef ni roi; chaque hameau ou village a son chef. Le dialecte des

habitans diffère un peu de celui des Kao kiu li. Quand Weï man régnait dans le Tchao sian, tous les Ouŏ tsiu lui obéissaient. Sous l'empereur Wou ti de la dynastie des Han, dans la troisième des années Yuan fang (108 avant J.-C.), les villes des Ouŏ tsiu furent réparties entre quatre principautés, qui plus tard furent conquises par les *Imĕ*. Le siège de ces principautés fut alors transporté au nord-ouest des Kao kiu li, dans une ville qu'on regarde à présent comme l'ancien chef-lieu de Hiuan thou. Les Ouŏ tsiu revinrent dans le Lŏ lang, et comme ces vastes contrées étaient trop éloignées pour les Han (Chinois), et situées à l'orient de la grande chaîne des montagnes *Tan tan ling* (Voy. page 72), ils y établirent un *Tou weï* ou une administration locale des tribus orientales, dont le chef-lieu était *Poŭ naï*. Cette ville avait sous sa juridiction sept Hian situés à l'est de la montagne. A cette époque le pays des Ouŏ tsiu formait le territoire de ces Hian. Dans la sixième année de l'empereur Kouang wou ti de la dynastie des Han (30 de J.-C.), on supprima toutes ces principautés limitrophes et leur gouvernement. Plus tard, on divisa tout ce pays par Hian, régis par des chefs nommés *San lao* (les trois anciens). C'est ainsi que l'administration par Hian fut maintenue dans cette contrée. — Sous les Weï, *Mou khieou kian* punit les Kao kiu li; leur roi nommé *Koung* se retira dans le pays des Ouŏ tsiu septentrionaux, appelé aussi *Tchi kĕ leou*, et qui était éloigné de plus de 800 *li* de celui des méridionaux. Cependant les mœurs et les usages des méridionaux et septentrionaux étaient les mêmes. Les derniers étant limitrophes des *Ÿ leou*, ceux-ci avaient l'habitude de venir dans des vaisseaux faire des descentes sur leurs côtes et les piller. Aussi les Ouŏ tsiu septentrionaux les craignaient beaucoup. Pendant l'été ils tenaient constamment des hommes armés dans les défilés et les ravins escarpés des montagnes pour en garder le passage; cependant comme en hiver les eaux étaient glacées et que les vaisseaux ne pouvaient pénétrer dans leur pays, ces gardes allaient alors habiter dans les villages au pied des montagnes. Le roi *Khi* (des Ouŏ tsiu) envoya chercher *Koung*, pour qu'on l'amenât afin de le punir. Ses émissaires, arrivés à la frontière la plus orientale du pays, demandèrent à un vieillard s'il y avait des hommes au-delà et à l'orient de la mer. Celui-ci leur répondit: « Des habitans de ce pays s'étant embarqués pour aller à la pêche, furent assaillis par un coup de vent qui, ayant soufflé avec force pendant dix jours, les fit arriver à une île habitée par des hommes dont ils ne comprenaient pas la langue, et qui ont l'ancienne habitude, de noyer à la septième lune une jeune vierge dans la mer ». Le même vieillard raconta aussi qu'il y avait un autre pays au milieu de la mer, habité par des femmes sans aucun homme. On disait que, simplement vêtues d'un habit de toile, elles se jetaient dans la mer et la passaient à la nage. Quant à leur corps, elles ressemblaient à des chinoises, et leurs habits avaient des manches, longues de trois toises. Leur pays est au milieu de la mer des Ouŏ tsiu.

3. L'ancien royaume de 餘扶 *Fou yu* était situé à la frontière nord-est actuelle du Tchao sian. *Thou chi* dit dans son *Thoung tian :* « Le royaume de Fou yu eut les premières relations avec la Chine du temps des Han postérieurs. Autrefois un roi du pays de *Thŏ li* eut un fils nommé *Toung ming* (1), qui, ayant grandi, devint un excellent archer; le roi qui le craignait, résolut de le faire mettre à mort; mais Toung ming s'enfuit, se dirigea vers le midi, traversa la rivière de *Yan szu* et devint chef dans le *Fou yu*, dont il se fit élire roi. Sous le règne de l'empereur *Chun ti*, dans la première des années Young ho (136 de notre ère), le roi de ce pays vint à la cour. Ce royaume dura jusque sous les Tsin; il fut détruit dans la sixième des années Thaï khang (285), par *Mou*

---

(1) La cérémonie appelée également *Toung ming*, et décrite à la page 90, a vraisemblablement rapport à ce prince, et paraît avoir été instituée en sa mémoire. Kl.

young hoei. Le roi *I* se tua de désespoir, et ses fils et frères cherchèrent un refuge chez les Ouŏ tsiu. Depuis ce temps, le nom du royaume de Fou yu disparaît de l'histoire.

4. L'ancien royaume de 麗句高 *Kao kiu li* avait pour capitale la ville de *Kao kiu li tchhing*, située au nord-ouest de *Hian hing fou* de nos jours.

Il faut remarquer ici qu'il y avait en Corée deux pays appelés *Kao kiu li*. L'un est celui dans lequel Khi tsu fut établi prince de Tchao sian. C'était selon le Han chou, la contrée où furent les principautés de Lŏ lang et de Tchao sian. Un autre *Kao kiu li*, appelé aussi 麗高 *Kao li*, était, selon le même Han chou, la principauté de Hiuan thou. Sous les Han postérieurs, le Kao kiu li était à 1,000 *li* à l'est du Liao toung; au sud il avait le Tchao sian et les Weï mĕ, à l'est de Ouŏ tsiu et au nord le Fou yu ; ce pays s'étendait à 200 *li*, il était hérissé de hautes montagnes et entrecoupé de vallées profondes, le long desquelles on voyait dispersés les villages et les hameaux des habitans qui, selon la tradition du pays, étaient d'une race différente de celle des Fou yu, avec lesquels ils se mêlèrent plus tard.

5. L'ancien pays des 韓三 *San han*. Les provinces actuelles de la Corée nommées

*Houang haï* et *Tchoung thsing*, étaient la patrie des 韓馬 *Ma han;* le *Thsiuan lo* fut celle des 韓弁 *Pian han;* le *Khing chang*, celle des 韓辰 *Chin han*. On lit dans l'introduction du Chou king, que *Tchhing wang* (second empereur de la dynastie de Tcheou, de 1115 à 1079 avant J.-C.), fit la guerre aux *Toung i*, ou tribus orientales. Le commentaire ajoute : « Tous les royaumes de l'orient appartiennent aux *Kiu li*, aux *Fou yu* et aux 貊豻 *Han mĕ*. » La glose du Szu ki dit : « Dans l'histoire des Han, il est parlé des *Kao kiu li*, du *Fou yu* et des 韓 *Han*.

Quant aux caractères 貊 et 韓 ils sont prononcés tous les deux *Han*, et ne diffèrent que pour la forme. Selon l'histoire des Han postérieurs, il y avait trois espèces de *Han*, les Ma han, les Chin han et les Pian han. Les *Ma han* étaient à l'ouest, et se composaient de cinquante-quatre tribus, au nord ils étaient limitrophes avec la principauté de *Lŏ lang;* au sud (à l'est), ils avaient le Japon. — Les *Chin han* étaient à l'orient, et comptaient douze tribus; ils avaient les *Wĕi mĕ* au nord. Les *Pian han* habitaient au sud des Chin han, et se composaient également de douze tribus. Ils avaient le Japon au sud (sud-est). Toute la nation des *Han* était donc divisée en soixante-dix-huit tribus. Le même ouvrage ajoute que c'est elle qui fonda le royaume de *Pĕ tsi*. Les grandes tribus étaient de dix mille familles, et les petites de mille. Elles habitaient toutes dans le pays situé entre la mer et les montagnes, et qui pouvait avoir plus de 4000 *li* carrés d'étendue. A l'est et à l'ouest, leur territoire était baigné par la mer, et c'est celui qui, dans les temps anciens, fut appelé le royaume de *Chin*. — Les Ma han étaient très puissans. De leur race, était le *Chin wang*, ou roi de Chin. Il résida dans la tribu de *Moŭ tchi*, et régna sur tout le pays des San han.

Le *Houan yu ki* dit: « Les anciens des *Chin han* prétendent descendre des membres de la dynastie des Thsin, chassés de la Chine, lesquels ayant souffert beaucoup d'infortunes dans leur fuite, arrivèrent enfin dans le pays des Han. Les Ma han étendirent alors leur frontière orientale pour qu'ils y habitassent; ils s'y établirent dans des bourgs et des villes murées. Leur langage était celui des Thsin. C'est pour cette raison qu'on les appelle aussi les 韓秦 *Thsin han*. Leur roi était toujours de la race des Ma han. Ils avaient une noblesse héréditaire; mais aucun Chin han ne pouvait devenir roi, parce qu'ils descendaient de ces exilés. Ils appelaient un royaume *pang*, un arc *hou*, un brigand *kheou*, faire du vin *hing chang*, parler tous ensemble *thou*. Les petits endroits avaient des chefs appelés *Khiu chaï;* ceux des grands portaient des noms de *Tchhin tchi*, *Hian tsĕ*, *Fan weï*, *Cha hi*, *Y̆ tsie*. Ces peuples se tatouaient le corps; ils se battaient bien, et avaient les mêmes armes que les Man han. — Les *Pian han* habitaient dispersés parmi les Chin han, et leur ressemblaient pour le langage ainsi que pour les mœurs et usages. Ils en différaient pourtant dans leur manière de sacrifier aux bons et mauvais génies, et plaçaient toujours le foyer à l'ouest de la porte. *Tsun*, roi de Tchao sian, ayant été battu par *Weï man* (Voy. pages 25, 73 et 113), réunit environ mille hommes des siens, avec lesquels il s'embarqua et attaqua les Ma han, qu'il défit. Il prit alors le titre de roi des Han. Plus tard, Tsun ayant été tué, un homme des Ma han se fit roi et reprit le titre de *Chin wang*. Sous le règne de *Kouang wou ti* (de 24 à 57 de J.-C.), de la dynastie chinoise des Han, un homme nommé *Sou ma ti* de *Lian szu*, dans le pays des Ma han, arriva avec les siens à *Lŏ lang* et y apporta le tribut. L'empereur le créa prince de *Mo lian szu*. Son pays resta soumis à la Chine jusqu'à la fin du règne de *Ling ti* (167 à 189 de J.-C.). A cette époque, les Han et les Weï étant devenus trop puissans, il ne fut plus possible aux Chinois de maintenir les principautés et les préfectures qu'ils avaient établies dans leur pays. Le peuple était réduit à la misère par les troubles qui l'avaient déchiré, et beaucoup d'exilés arrivèrent dans le pays des Han. Dans les années Kian ngan (de 196 à 219), *Kung sun khang* (Voy. page 85, 86 et 87), établit dans le pays non habité au sud des préfectures chinoises, la principauté *Taï fang kiun*. Il réunit le reste des habitans avec lesquels il combattit les Han et les Weï. Autrefois les peuples de ce canton se tenaient sur leur garde, mais plus tard il fut envahi par les *Wo* (Japonais) et les Han. Au commencement de son règne (vers 228), l'empereur *Ming ti,* de la dynastie des Weï, nomma *Lieou hin* gouverneur de la principauté de Taï fang kiun, et *Sian yu szu,* gouverneur de celle de Lŏ lang, et les envoya par mer dans ce pays pour y rétablir l'ordre. Le Lŏ lang faisait primitivement partie des possessions des Han, mais huit tribus des Chin han, s'étant brouillées avec eux, s'en étaient séparées et avaient occupé ce pays. Sous *Wou ti* des Tsin, dans les années Hian ning (275 à 279), le roi des Ma han se présenta à la cour de cet empereur; depuis ce temps on n'a plus entendu parler d'eux.

Il faut remarquer que les *Trois Han* ont été continués par les *Pĕ tsi* et le *Sin lo,* qui étaient de la même race qu'eux.

156 APERÇU GÉNÉRAL DES TROIS ROYAUMES.

6. L'ancien *Royaume de Pĕ tsi* 濟百 était situé dans la province actuelle de Thsiuan lo en Corée. *L'Histoire des Trois Royaumes* (1) dit que les trois Han se composaient de soixante-dix-huit tribus, et que les Pĕ tsi en étaient une. Peu-à-peu ceux-ci devinrent très puissans et s'étendirent. Ils réunirent toutes les autres petites tribus, de sorte qu'ils devinrent aussi forts que le Kao kiu li. Ils habitaient 1000 *li* à l'est du Liao toung. Selon l'Histoire des dynasties qui, pendant le partage de la Chine, ont régné dans le nord de cette contrée, la capitale des Pĕ tsi était *Kiu pha tchhing*, appelée aussi *Kou ma tchhing*. Thou chi dit dans son *Thoung tian*, que les Pĕ tsi descendent de *Weï khieou thaï* roi de Fou yu, qui régnait vers la fin de la dynastie chinoise des Han; que d'abord ils ne comptaient que cent familles qui avaient passé (*tsi*) la mer, et que c'est de là que leur est venu le nom *Pĕ tsi*. Sous les Thang, dans la quatrième des années Wou tĕ (621 de J.-C.), *Fou yu Tchang*, roi de ce pays, fut nommé gouverneur de la principauté Taï fang kiun. Son successeur

---

(1) Il ne s'agit pas ici du roman connu qui porte ce nom, mais du 志國三 *San kouĕ tchi*, ou histoire des trois dynasties *Choŭ han*, *Weï* et *Ou*, qui se partagèrent la Chine après la destruction des Han. Cet ouvrage historique fait partie de la grande collection des Annales chinoises. Kl.

*Yu thsu*, s'étant réuni aux Kao li, prit trente villes aux Sin lo et cessa d'envoyer des ambassades et des tributs en Chine. Dans la cinquième des années Hian khing (660), *Sou ting fang* le punit et pacifia le pays. Auparavant, il était habité par cinq grandes tribus divisées entre trente-sept principautés, dans lesquelles on comptait deux cents villes et sept cent soixante mille familles. A cette époque on partagea cette contrée en cinq *Fou tŭ fou* ou gouvernemens militaires, qui furent *Hioung tsin*, *Ma han*, *Toung ming*, *Kin kian* et *Tĕ ngan*. Dans l'Histoire des Thang de l'ancienne rédaction (*Kieou Thang chou*) dit : « Dans la seconde des années Lin tĕ (665), *Fou yu Loung*, roi de Pĕ tsi, eut une entrevue avec *Kin Fă min*, roi de Sin lo, dans la ville de Hioung tsin; ils y tuèrent un cheval blanc, et firent un traité; cependant comme le premier avait, de nouveau, raison de craindre les Sin lo, il alla se réfugier dans la capitale de la Chine. Dans la seconde des années I fung (677), les Pĕ tsi vinrent demander du secours au roi de Taï fong kiun, qui était en même temps gouverneur militaire de Hioung tsin; celui-ci leur ordonna de se transporter à la frontière de la Chine, de sorte qu'à cette époque, leur ancienne patrie fut déserte. Peu-à-peu les Sin lo s'en emparèrent. *Loung* (le roi Fou yu Loung) n'osa pas retourner dans son pays, et mourut (en Chine). Son petit-fils, *Khing*, auquel l'empereur avait accordé des titres de noblesse chinoise, fut créé roi de Taï fang kiun, et commandant militaire de la frontière; mais l'ancien pays des Pĕ tsi fut, depuis cette époque, partagé entre les Sin lo, les Phŏu hai et les Mŏ khŏ. La nation des Pĕ tsi resta détruite.

7. L'ancien *Royaume des Sin lo* 羅新 occupait la province actuelle de Khing chang en Corée. Le pays des Sin lo était au sud-est des Kao li. Thou chi dit dans son *Thoung tian:* Le royaume de 羅新 Sin lo s'appelait du temps des Wei 盧新 *Sin lou*. Ses fondateurs étaient de la race des Chin han. Dans le commencement, les Chin han comptaient six tribus, qui plus tard furent partagées en douze; les Sin lo en étaient une. Leur pays était à plus de 500 *li* au sud-est des Pĕ tsi. A l'orient il s'étendait jusqu'au rivage de la grande mer. *Mou khieou kian,* général des Wei (en Chine), ayant battu les Kao li, ceux-ci s'enfuirent chez les *Ouŏ tsu*. Leurs descendans retournèrent dans leur ancienne patrie, et ceux qui y restèrent devinrent les Sin lo. D'après l'histoire des Soui, cette nation fut mêlée de Chinois, de Kao li et de Pĕ tsi. Il y en avait dans le pays des Ouŏ tsu, des *Poŭ naï* (Voy. page 72), des *Han* et des *Wei*. Leurs rois étaient de la race des Pĕ tsi; ils étaient venus par

mer dans le Sin lo, et s'étaient emparés du pouvoir. Leur famille commença par *Thsou;* un de ses descendans, *Kin tchin phing*, envoya, dans la quatorzième des années Khaï houang (594), une ambassade et un tribut, en productions de son pays, aux Soui (en Chine). Sur sa prière il fut nommé comte (*koung*) de *Lŏ lang kuin* et roi de *Sin lo.* L'ancien Thang chou dit : « Dans les années Tchin kouon (de 627 à 649), *Tchin phing*, roi des Sin lo, étant mort sans enfant mâle, sa fille *Chen tĕ* fut proclamée souveraine. Les gens du pays donnèrent à cette princesse le titre honorifique de *Ching tsou chin kou.* A la mort de Chen tĕ, sa sœur cadette, *Tchin tĕ*, monta sur le trône. Elle envoya son fils *Kin tchhun thsieou,* à la cour de l'empereur de la Chine, pour demander des gens capables de répandre la littérature dans son pays. Dans la première des années Young hoei (650), *Tchin tĕ* vainquit les Pĕ tsi dans une grande bataille. Elle envoya alors Tchhun thsieou et Fă min à l'empereur, pour lui présenter une chanson sur la paix, en vers de cinq syllabes, qu'elle avait brodée sur une étoffe de soie; l'empereur, content de ce procédé, donna à Fă ming, le titre de *Taï fou king*. Dans la douzième des années Loung sŏ (662), on établit dans le royaume de Sin lo le gouvernement militaire *Ki lin tcheou,* et on créa Fă ming *Ki lin tcheou tou tŭ.* Dans la vingt-cinquième des années Khaï yuan (747), *Hing cheou* fut nommé par l'empereur de la Chine, roi des Sin lo. Selon le Soŭ Wen hian thoung khao, dans la neuvième année de l'empereur Thaï tsou de la dynastie des Liao (923), les Sin lo lui envoyèrent un tribut consistant en productions de leur pays; et dans la quatrième des années Thian tsan (925), le roi de ce pays vint lui-même à sa cour.

8. L'ancien *Royaume de Hieou jin* 忍休

était à l'est des Sin lo; ses habitans appartenaient également aux Trois Han. Du temps des Tsin orientaux (de 317 à 420), il y avait le royaume de Heou jin, qui dépendait des *Yan*. Quand les *Fou Thsin* (1) détruisirent les Yan, et subjuguèrent leur pays, *Fou lŏ* se sauva à Loung tchhing; il eut des guerres avec les Sian pi, les Ou houon, les Kao kiu li, les Pĕ tsi, les Sin lo, les Hieou jin et autres royaumes. Ses descendans se réunirent au Pĕ tsi.

9. L'ancien *Royaume des Wéï mĕ* 貊濊

était dans la province actuelle des Kiang yuan en Corée. L'histoire des Liao dit, qu'anciennement il n'y avait pas de villes dans le pays de Wéï mĕ, et ceux-ci y menaient une vie

---

(1) C'est la dynastie des rois d'origine tubétaine, appelée aussi *Heou Thsin*, qui régna à Si ngan fou dans le Chen si, de 384 à 417 de J.-C.

nomade. Selon le Wen hian thoung khao, *Weï* était un pays des Tchao sian. Au sud, il confinait avec les Chin han; au nord, il avait les Kao kiu li et les Ouŏ tsu; à l'est, il s'étendait jusqu'à la grande mer, et à l'ouest il était limitrophe de Lŏ lang. Sous l'empereur Wou ti des Han, dans la première des années Yuan sŏ (128 avant notre ère), le chef des Weï *Nan liu* et les siens se sauvèrent des Tchao sian, et arrivèrent, au nombre de deux cent quatre-vingt mille, sur les limites du Liao toung. Les Chinois les y établirent, et l'empereur donna au district qu'ils occupaient, le nom de *Thsang haï kiun*. Ils y restèrent pendant plusieurs années. Dans la première de celles appelées Yuan fung (110), ils détruisirent les Kao li, et leur pays fut alors divisé en quatre principautés. Du temps de l'empereur Tchao ti (de 84 à 74 avant J.-C.), deux de ces principautés furent réunies à celles de *Lŏ lang* et de *Hiuan thou*. Cette dernière revint derechef aux Kiu li. A l'est de la montagne *Tan ta ling* (Voy. page 72), les *Ouŏ tsu* et les *Weï mĕ* occupaient la principauté de Lŏ lang. Puis on prit pour frontière Kouang yuan; et plus tard on rétablit à l'est de cette montagne, les sept *hian* ou villes du troisième ordre, dépendant du gouvernement des tribus orientales de Lŏ lang. Sous l'empereur Kouang wou ti, dans la sixième des années Kian wou (30 de J.-C.), on supprima ce gouverneur, et l'on abandonna le pays situé à l'est de la montagne. Son ancien gouverneur fut créé *Hian heou*, ou duc d'une ville de la troisième classe; il fut aussi ordonné que des petits chefs de ces cantons viendraient tous les ans à la cour pour féliciter l'empereur. Depuis les Han, ces officiers furent des *Heou* ou ducs, et les anciens de village, nommés *San lao* (Voy. page 148), administraient les affaires des familles soumises à leur autorité. Les ancêtres de ce peuple ont été de la même race que les Kao li; aussi son idiome est presque identique avec celui des derniers. Ils sont ordinairement très timides et retirés. Quand quelqu'un meurt, sa maison est délaissée. Tous les ans à la dixième lune, ils offrent un sacrifice au Ciel; ils boivent alors du vin, chantent et dansent jour et nuit. Cette fête s'appelle *Danser le Ciel*. Ils sacrifient aussi des tigres aux génies bienfaisans. Ceux parmi eux qui font quelque chose portant préjudice au village ou à la commune, sont punis par une amende en bœufs ou en chevaux, qu'on appelle le *Dommage amendé*. Il y a dans leur pays beaucoup de panthères à beau pelage, et une petite espèce de chevaux appelés 馬下果 *Ko hia ma*, ou chevaux sous les arbres fruitiers. Ces chevaux n'ont que trois pieds de hauteur, et quand on les monte, on parvient précisément à atteindre les fruits des arbres. Dans la mer on trouve le *Pan yu*, ou la Gobivide, dont on emploie la peau. Du temps des Han, les habitans en offraient toujours à l'empereur. Sous le règne de *Thsi wang* des Weï, dans la sixième des années Tching chi (245 de J.-C.), les *Pou naï*, les *Weï heou* et autres se soumirent avec leurs territoires, et il fut décidé qu'ils viendraient apporter le tribut aux gouverneurs des deux principautés de Lŏ lang et de Taï fang. Ils furent employés aux mêmes services militaires que les sujets chinois.

Le *Soŭ Wen hian thoung khao* rapporte que, sous le règne de l'empereur Thaï tsou de la dynastie des Liao, dans la première des années Thian hian (925 de J.-C.), après la pacification des Phoŭ haï, les Weï mĕ lui envoyèrent le tribut.

10. L'ancien Royaume de 羅躭 *Tan lo* (Voy. pages 55 et 56) est limitrophe de la province actuelle de Khing chan en Corée. Il est aussi appelé 羅儋 *Tan lo*. Selon l'histoire des Thang, ce royaume était situé sur une île, au sud des Sin lo. Dans le principe, il appartenait aux Pĕ tsi; plus tard il fut soumis aux Sin lo. Dans la seconde des années Lin tĕ (665 de J.-C.), un ambassadeur de ce pays vint à la cour de l'empereur de la Chine (1). Après cette

---

(1) L'histoire des Thang fait mention d'une ambassade anté-

11.

époque, il fut entièrement réuni au Sin lo. Le livre *Thou king* dit, que le département de la ville de *Tsi tcheou* actuelle est l'ancien royaume de Tan lo. Sous les Yuan, dans la cinquième des années Ta tĕ (1301), on y établit le gouvernement militaire de Tan lo.

Le *Sou Wen hian thoung kao* dit : Tan lo appartient au royaume de Kao li. L'empereur Chi tsou des Yuan (*Khoubilaï khan*), ayant subjugué le Kao li, les Japonais attaquèrent le Tan lo, pour secourir les Soung méridionaux. Dans la onzième des années Tchi yuan (1274), cet empereur envoya un corps de troupes pour y rétablir l'ordre; alors ce territoire reçut une administration chinoise, et on y plaça un camp de dix-sept cents hommes de troupes destinées à la garde des frontières. Plus tard, les Yuan y établirent une administration militaire, et une civile dirigée par un Daroukhoua. Dans la suite, on fit quelques changemens dans cette administration, de laquelle tout le canton ressortit. Le tribut qui lui fut imposé, consis-

---

rieure de ce pays, arrivée en Chine sous le règne de Kao tsoung des Thang, dans la première des années Louug sŏ, ou 661 de J.-C. Un auteur chinois rapporte à cette occasion, que les habitans portaient pour tout habit, les peaux d'une espèce de cochons. En été, ils habitaient dans des huttes de cuir, et en hiver, dans des cavernes souterraines. Leur pays produisit des grains, mais ils ne se servaient pas de bœufs pour labourer la terre, qu'ils remuaient avec un instrument à pointes de fer. Kl.

CORÉE. 165

tait en cent pièces d'une étoffe velue, appelée *Mao chi pou*. Dans la trente-et-unième des années Tchi yuan (1294), la restitution de ce pays fut accordée au roi de Kao li à sa demande.

11. L'ancien royaume de 流沸 *Foĕ lieou*. La ville de *Tching tcheou tchhing* (Voy. p. 85), est située dans l'ancien territoire du royaume de Foĕ lieou. L'histoire des Liao dit : « *Tching tcheou* est l'ancien pays des rois de Foĕ lieou, qui fut envahi par *Koung sun khang*. Les Phoŭ haï y établirent la principauté *Foĕ lieou kiun*, située sur la rivière Foĕ lieou choui. On y comptait cinq cents familles, et elle dépendait de 州渌 *Taï tcheou* (1), qui en était éloignée de 380 *li* au nord-ouest ». Du ressort de cette ville, était également *Toung na hian*, dont l'ancien territoire était à 70 *li* à l'ouest de Taï tcheou.

12. Le fort de *Tsing ў tchin* était au nord-est de Thsiuan tcheou. On dit que ce fut la même place qui autrefois dépendait du Pĕ tsi, sous le nom de *Cha tsing tchaï*. Sous les Ming, dans les années Wan lў (de 1573 à 1619), quand

---

(1) C'est ainsi que porte l'original. Le caractère 渌 *Taï* ne se trouve pas dans les dictionnaires chinois ; mais le groupe qu'il a à droite, se prononce *Taï*. KL.

les Japonais se portèrent sur la capitale de la Corée, ils établirent un camp fortifié à Tsing ў, à plus de 600 *li* de la capitale.

13. *Pў thi kouan*, à 30 *li* à l'ouest de la résidence du roi de Corée. A l'est de cette auberge, il y avait un pont nommé *Ta chў khiao*, ou le grand pont en pierres. Sous les Ming, dans les années Wan lў, *Li ju soung* y livra bataille aux Japonais.

14. L'auberge *Sŭ ning kouan* est au nord-ouest de Phing jang. Le Thou king dit : « A l'occident de Sŭ ning kouan est la ville de Ting tcheou, et à l'orient celle de Ngan tcheou.» Dans la vingtième des années Wan lў (1593), Li ju soung allant au secours de la Corée, passa le Yă loŭ kiang et arriva à l'auberge Sŭ ning kouan, située à deux journées avant Phing jang.

15. La sépulture de *Khi tsu* (Voy. pag. 144), à 3 *li* au nord-ouest de Phing jang, est entourée de petites montagnes. Sur le devant, on voit l'autel de Khi tsu, placé sous la garde de deux officiers, chargés d'y offrir des sacrifices, et qui sont de la propre famille de Khi tsu. Sur les bords du Ta thoung kiang est un bois de 10 *li* d'étendue. Le tronc de ses arbres ressemble à celui des sapins, mais leurs feuilles sont celles de l'orme. Les habitans s'en servent en temps de disette. D'après la tradition, ce bois a été planté par Khi tsu.

*Productions de la Corée.*

Toile blanche, faite avec les filamens de la plante *Tchu* (Urtica japonica). Tafetas brodé. Toile de coton. Nattes ornées de dragons à cinq griffes. Nattes à fleurs en diverses couleurs. Papier blanc satiné. Riz blanc et en paille. Peaux de cerf et de loup. Sabres. — Les objets mentionnés ci-dessus constituent le tribut que le pays envoie à l'empereur de la Chine. — D'autres productions sont : or, argent, fer, lampes de pierres rouges et blanches, cristal de roche, sel, pinceaux faits des poils de la queue du loup, huile, charbon de terre, encre, éventails en bambou et en os, dont quelques-uns sont d'un prix assez élevé; vernis jaune provenant d'un arbre qui ressemble à un palmier, et dont on recueille le suc dans la sixième lune; les choses qu'on en enduit, sont de couleur d'or; les petits chevaux appelés *Ko hia ma* et mentionnés plus haut à la page 162; poules à longue queue, mentionnées dans le *Han chou*, qui dit qu'il y a dans le pays de Ma han, des poules dont la queue a cinq pieds de long; miel, une petite espèce de renard, dont la peau ressemble à celle de la zibeline; peaux de panthères rouges (le *Heou han chou*, rapporte qu'il y a dans le pays des Weï mě, beaucoup de panthères à beau pelage); le poisson appelé *Pă chao yu*, ou à huit branches; des huîtres appelées *Tchu kŏ;* le poisson *Pan yu* (la Gobivide, voy. plus haut, page 163), des grandes coquilles de mer; l'animal marin appelé *Koueï kiŏ*, ou pied de tortue; la Doris (*Haï cheng*); le Fucus saccharinus (*Kuen pou*); du riz ordinaire propre à la fabrication du vin; du millet; du chanvre; du blé; des pins, dont il y a deux qualités, une à feuilles acéreuses et portant une pomme qui a l'air d'être nouée; du *Jinsen;* du *Foŭ ling* ou *radix China;* du soufre; les graines médicinales appelées *Pĕ fou tsu* (espèce d'aconit à fleurs blanches); des noisettes; des poires et des châtaignes.

# NOTICE

DES

# ILES LIEOU KHIEOU,

APPELÉES

# EN JAPONAIS RIOU KIOU.

( Les trois provinces et les trente-six îles sont représentées sur une des cartes qui accompagnent cet ouvrage. )

Le nom des îles *Riou kiou* s'écrit de deux manières en chinois 球琉 *Lieou khieou* et 虬龍 *Loung khieou*. Les deux premiers caractères désignent une sphère d'un verre précieux, et les deux autres une espèce de dragon sans cornes (1). Ordinairement on appelle en

---

(1) La tradition japonaise dit que la mère du premier fondateur de l'empire japonais *Zin mou ten o*, était fille d'un dragon marin. Quelques auteurs indigènes prétendent que cela indique

170  APERÇU GÉNÉRAL DES TROIS ROYAUMES.

japonais ces îles *Oki-no sima*, et on écrit ce nom de deux manières différentes.

La principale de ces îles a, du sud au nord, cinq journées et demie, c'est-à-dire environ 60 *ri* japonais, et de l'est à l'ouest, une bonne journée, ou 14 à 15 *ri*. Outre celle-ci, il y a encore trente-six îles qui appartiennent à ce royaume.

La grande île se divise en trois provinces.

1. *Tsiou san* (Tchoung chan), c'est-à-dire la montagne du Milieu, ou *Tsiou to sió* (Tchoung theou sing), avec quatorze villes ou 府 *fou*.

2. *Zan nan* (Chan nan), ou le Midi des montagnes, appelée aussi *To kouts sió* (Tao khiŭ sing), avec douze villes.

3. *Zan bok* (Chan pĕ), ou le Nord des montagnes, nommé aussi *Kokf to sió* (Kouĕ theou sing), avec dix villes.

Ce royaume (c'est-à-dire la grande île) est situé entre 25° et 26° de latitude, et sous l'influence des constellations 女 *Niu* (ε, μ, ν Verseau), et 牛 *Nieou* (α, β, et Nébuleux 323 et 324 du Capricorne et Nébuleux 322 du Sagittaire). Il

---

qu'elle était la fille du roi de Riou kiou. Il se pourrait effectivement, que les ancêtres de Zin mou, colons chinois dans ces îles fussent venus de là au Japon. Kl.

est à 140 *ri* au sud de la province japonaise de *Satsouma*. Les îles de *Ki kaï* (Khi kiai), *Oo sima* (Ta tao) et *Tok-no sima* (Tĕ tao) sont situées entre Riou kiou et Satsouma ; c'est pourquoi les habitans de ce dernier pays les appellent les *Iles du chemin*.

La ville royale est la principale de la grande île et de tout ce royaume, c'est pourquoi on la nomme *Ziou ri* (Cheou li) ou la capitale.

Le climat de ce royaume est chaud; on y récolte, deux fois par an, du riz et du sorgho. En hiver, il n'y a jamais de neige ou de gelées blanches.

Les villes murées du pays sont appelées *Ma kiri* (en chinois *Kian thsië*).

Le fils du roi porte le titre d'*O si* (Wang-tsu), c'est-à-dire prince royal. Ses frères cadets appartiennent à la première division de la classe de la noblesse. Cette première classe, portant le nom d'*An zi* (Ngan szu), est égale pour le rang aux *Oo na* (Ta ming ou grands noms), c'est-à-dire aux princes japonais. Les revenus de ses membres sont ordinairement de deux mille *Kokf* (Chў) (1). A la première classe nommée *San*

---

(1) *Kokf* est la prononciation japonaise du caractère chinois 斛 *hŏ*, qui désigne une mesure contenant dix 斗 *teou*, et pesant cent dix livres chinoises. A présent on emploie ordinairement le caractère 石 *chў* (pierre) au lieu de *hŏ*; dans cette accep-

*szu koung* (San szu koung), ou les parens des trois palais, appartiennent les proches parens du roi, qui se subdivisent en *Ten soï si* (Thian thsao szu), Grands du Ciel, *Ti soï si* (Ti thsao szu), Grands de la Terre, et *Zin soï si* (Jin thsao szu), Grands des Hommes. On peut les comparer aux *San gô* (San koung), ou trois espèces de comtes au Japon. D'autres parens du roi sont de la seconde division de la seconde classe. Encore d'autres plus éloignés, appelés *Oya oun siô* (Thsin yun chang), sont du troisième jusqu'au septième rang. Les fils des hommes de la cour portent le titre de *Sato-no ko* (Li tchi tsu); ils possèdent chacun un village ou un hameau, sont les juges dans les tribunaux, et forment la première et seconde division de la huitième classe. Les *Tsikf toï* (Tchŭ teng), enfin, sont dans les deux divisions de la neuvième.

Depuis long-temps il n'y a pas dans ce pays d'autres monnaies que les petites pièces japonaises en cuivre, qui portent l'inscription 寶通永寬 *Kwan yeï tsou fo* (Kouan young thoung pao).

---

tion, il est également prononcé *kokf* au Japon. A présent, le *kokf* est de trois ballots de riz, chacun évalué à deux onces d'argent; de sorte que le *kokf* en vaut six ou un *kobang* en or. Les revenus de tous les grands de l'empire, de même que des moindres employés, sont comptés par *kokf*. Le vieux *kobang* est estimé à 51 fr. 24 cent., et le nouveau, à 32 fr. 69 centimes. Kl.

Comme ce petit royaume est situé entre les deux grands empires de la Chine et du Japon, il se trouve sous la dépendance des deux; et ses habitans, tout en se servant des titres honorifiques que les empereurs de la Chine donnent aux années de leurs règnes, sont de l'autre côté tributaires du Japon; ou plutôt ils se disent, d'après les circonstances, tantôt dépendans de la Chine, tantôt du Japon.

On voit dans ce pays, beaucoup de temples identiques avec ceux du Japon, tels que le *Daï sin miya* d'Ize, et ceux du *Fatti mangol*, de *Kouma no*, et de *Ten man miya*.

Les rois actuels de Lieou khieou sont parens de la famille des Dairi du Japon. Le fondateur du royaume fut de la race *Ten son si* (Thian sun chi), ou des neveux du Ciel. Selon la tradition vulgaire, ses descendans y ont régné quelques milliers d'années; le dernier fut assassiné par un des *An zi*, ou nobles qui s'étaient révoltés, lequel se fit roi. *Sooú oura* (Thian phou), un autre *An zi*, punit l'assassin, et les habitans du pays le placèrent sur le trône, sous le titre de *Soun ten o* (Chun thian wang). Il était le second fils du prince japonais *Tsin seï fats rô Tame tomo* (Tchin pă si lang Weï tchaoo), et sa mère, la sœur cadette de l'An zi ou prince de *Daï ri* (Ta li), dans le Riou kiou. *Tame tomo*, ayant traversé la mer, dans l'année *Yeï man* (1165) du Daïri *Ni sio ten o*, était arrivé dans le Riou kiou. Il s'y fit craindre par ses qualités guerrières, et épousa la sœur cadette de l'*An zi* de *Daï ri*. Le fruit de leur union fut *Soun ten o*, né dans la seconde des années Kian tao (1167), de l'empereur *Hiao tsoung*, de la dynastie chinoise des Soung. Après sa naissance, son père Tame tomo, se sentant un desir irrésistible de revoir sa patrie, retourna au Japon. Son épouse y arriva plus tard avec *Sooû oura*, qui, devenu grand, avait acquis à l'âge de seize ans, une force de corps extraordinaire. Revenu dans sa patrie, il y fut nommé *An zi* par les habitans. Il n'avait que vingt-deux ans quand il punit les révoltés, et devint maître du royaume. C'est de lui que descendent les rois actuels de Riou kiou, dont voici la suite :

1. *Soun ten o* (Chun thian wang), régna cinquante-et-un ans, et mourut à l'âge de soixante-douze.

2. *Soun ba sin ki* (Chun ma chun hi) régna onze ans.

3. *Ghi fon* (I pen) régna onze ans (1).

4. *Yeï so* (Yng tsou) régna quatre ans.

5. *Tai tsié* (Ta tchhing) régna neuf ans.

6. *Yeï si* (Yng tsu) régna quatre ans.

7. *Ghi tsié* (Yu tchhing) régna trente-trois ans.

---

(1) Ce prince abdiqua en 1250, en faveur de *Yeï sò*, qui descendait des anciens rois de Licou khicou. KL.

8. *A y* (Ya weï) régna treize ans (1).

9. *Zaï to* (Thsaï tou) régna quarante-six ans. Ce prince de *Tsiou san* (Tchoung chan) fut le premier qui reçut un titre héréditaire de l'empereur de la Chine de la dynastie des Ming. Cet évènement eut lieu dans la vingt-huitième des années Houng wou, qui est la deuxième année du Nengo japonais O yeï de l'empereur *Go ko mats*, c'est-à-dire 1395 de notre ère (2).

10. *Bou neï* (Wou ning) régna dix ans.

11. *Siô si so* (Chang szu tchao), régna seize ans.

12. *Siô fa si* (Chang pa tchi) régna dix-

---

(1) Avec *A y* finit la race de *Yeï sŏ*. Son successeur *Zaï to*, qui parvint au trône en 1350, était d'une autre famille; c'est celle de *Siô* ou Chang, qui règne encore dans le Lieou khieou. Kl.

(2) Il y a des erreurs dans l'original japonais. Le roi *Yeï sŏ* a régné selon les auteurs chinois, quarante ans et non pas quatre. *Yeï si* occupa le trône cinq ans au lieu de quatre. *Ghi tsié* a régné vingt-trois ans et non pas trente-trois comme notre auteur le dit. Enfin, la durée du règne de *A y* fut de quatorze ans au lieu de treize. — En effet, *Soun ten o*, qui naquit en 1166, avait vingt-deux ans quand il parvint au trône (en 1187). Si l'on ajoute à ces vingt-deux ans son règne et ceux de ses huit premiers successeurs, tels que notre texte les donne, on trouve jusqu'au décès de ce dernier, la somme de deux cent quatre ans, qui, ajoutée à 1166, nous donne l'année 1370, pour celle de sa mort. Il ne pouvait donc avoir reçu en 1395, un titre héréditaire des Ming, si la chronologie précédente était exacte. — Au surplus, on trouve sur l'histoire des îles *Lieou khieou*, des détails curieux, recueillis par le *P. Gaubil*, et insérés dans le recueil des *Lettres édifiantes et curieuses*. Kl.

huit ans. Ce fut lui qui réunit les provinces de *San nan* et de *San bok* au *Tsiou san*, et établit dè cette manière une seule domination dans le Riou kiou.

13. *Sió si* (Chang tchi) régna cinq ans.

14. *Sió si dats* (Chang tchi tă) régna cinq ans.

15. *Sió kin foukf* (Chang kin foŭ) régna quatre ans.

De son temps, les habitans de Riou kiou vinrent au Japon, et présentèrent au Seogoun *Yosi masa*, des productions de leur pays. Depuis ce temps, ils sont venus trafiquer dans le port *Fio go-no oura* (Ping khou phou), de la province de Sets. La première ambassade de Riou kiou arriva au Japon, dans la troisième des années Foo tok (1451) du Daïri *Go Fana sono-no ing*.

16. *Sió neï* (Chang ning weï) régna soixante mois.

17. *Sió sin* (Chang tchin) régna cinquante ans.

18. *Sió seï* (Chang tsing) régna vingt-neuf ans.

19. *Sió ghen* (Chang yuan) régna vingt-neuf ans.

20. *Sió neï* (Chang ning) régna trente-deux ans. Il eut la guerre avec le prince japonais de *Satsouma*, qui le fit captif, et le retint pendant quatre ans prisonnier au Ja-

pon, après quoi il retourna dans son pays. Depuis ce temps, les rois de Riou kiou ont toujours été vassaux du Japon. Ceci arriva dans la trente-septième des années Wan lў des Ming, qui est la quatorzième du Nengo japonais Kiï tsiô du Daïri *Go Yo zeĭ ing*, ou 1609 de J.-C.

21. *Siô foó* (Chang fang) régna vingt ans.
22. *Siô kin* (Chang hian) régna sept ans.
23. *Siô sits* (Chang tchў) régna vingt-et-un ans.
24. *Siŏ teï* (Chang tching) régna quarante-et-un ans.
25. *Siô yekf* (Chang ў) régna trois ans, et mourut dans la seconde année du Nengo Ziô tok, ou 1712 de notre ère.

Depuis lui jusqu'à présent quatre princes y ont régné, mais leurs noms et leurs titres me sont inconnus.

Quoique les rois de ce pays aient reçu depuis long-temps leur investiture du Japon, à présent ils l'obtiennent également des empereurs de la dynastie de *Thsing* en Chine, qui leur confèrent des titres et un cachet, dont nous donnons ici la figure d'après le *Tsiou san din sin rokf* (Tchoung chan tchhouan sin loŭ), et l'*Aperçu des affaires de Riou kiou.*

Ce cachet en anciens caractères chinois est représenté ici de la même grandeur que l'original. La partie chinoise contient les mots

印之王國球琉 *Lieou khieou kouĕ wang tchi in*, c'est-à-dire cachet du roi de Lieou khieou. L'inscription mandchoue, qui a la même signification est ‟ ﺣﺪو ﻋﺪو ﻧﻮﻟﺠﺮ ٮ ﺳﺴٮ ٮﯩ ﺳﻮﻋﻠﻢ *Liou tsiou gouroun i wang ni doron*.

Cette inscription contient le titre que l'empereur des Thsing ou Mandchoux a donné au roi de Riou kiou, dont les habitans semblent à présent, plutôt attachés au Chinois qu'au Japonais, quoique leur archipel soit limitrophe avec le Japon, du côté de la province de Satsouma. Mais par la suite du temps, les mœurs et usages japonais qui y étaient en vogue ont changé. Cependant ce peuple aime encore notre poésie, et se sert des diverses écritures japonaises, dont celle que l'on appelle *Fira kana* (Phing kia ming), est généralement usitée dans le pays (1). [Pour prouver ce fait, l'auteur donne plusieurs chansons composées par *Tomo tsoune* (Tchhao heng), prince de *Yomi tan za* (Toŭ yŭ chan) et par *Naka yeï* (Tchoung young), natif de l'île *Oosima*, lesquels arrivèrent avec une ambassade au Japon, dans la première des années du nengo *Meï wa* (1764) pour féliciter l'empereur. Ils abordèrent au port de

---

(1) L'usage de l'*I ro fa*, ou Alphabet japonais, fut introduit à Lieou khieou dans le douzième siècle, par *Sou ten o*. KL.

*Mats-no oura* de la province de Fisen. Ces pièces offrent tant de difficultés que je n'ai pas voulu en hasarder la traduction. Elles ont rapport aux différentes circonstances du voyage de cette ambassade. ]

Comme les habitans de Riou kiou, et les productions de leur pays ont été vus par tout le monde, à l'occasion des ambassades, je pense qu'il est inutile de représenter ici leur figure.

Les présens que le roi de Riou kiou envoie à l'empereur du Japon, consistent en sabres; chevaux dressés; *Cheou taï hiang* (espèce d'encens); ambre gris; flacons d'odeur; étoffes nommées *Taï feï* (Tai phing pou); étoffes faites avec les fibres du bananier; tables incrustées de coquilles bleues; crêpes; étoffe appelée *gielam;* *sake* ou vin du pays.

L'empereur du Japon envoie en échange cinq cents lingots d'argent et cinq cents robes ouattées.

Le premier ambassadeur reçoit deux cents lingots d'argent et dix habillemens complets. Les autres personnes attachées à l'ambassade reçoivent ensemble trois cents lingots d'argent. Ces présens leur sont remis au festin qu'on leur donne après l'audience.

A l'époque de la création du monde, ce royaume fut fondé par la famille des *Ten son* (Thian sun), qui y régna pendant plusieurs milliers d'années (1). La vertu de ses descendans étant venue à s'éteindre, il survint des troubles, et le royaume fut divisé en trois principautés *Nan san*, *Tsiou san* et *San bok*. Dans la suite, le roi de Tsiou san, réunit les principautés de Nan san et de San bok à la sienne, et en forma un seul royaume, dont les princes reçurent d'abord l'investiture de la Chine, jusqu'à ce que le Fats rô Tame tomo y fonda une nouvelle dynastie. Depuis, ce royaume a été soumis tantôt aux Chinois, tantôt aux Japonais, jusqu'à l'époque où il fut conquis par les armes du prince de Satsouma.

J'ai pris ce qui concerne l'histoire et les vicissitudes de ce royaume dans deux ouvrages : le *Tchoung chan tchhouan sin loŭ* et le *Lieou khieou szu liŏ*, ou l'Aperçu des affaires de Lieou khieou, par le docteur de *Fak sikf* (Pĕ chў); ces livres contiennent tout ce qu'on sait sur ces îles, dans les temps anciens et modernes.

---

(1) Suivant les auteurs chinois, on compte 17,802 années depuis l'origine de cette famille des *Thian sun* ou *Petits-fils du Ciel*, jusqu'à l'avènement au trône de *Chun thian weng*, en 1187 de J.-C. Kl.

# DESCRIPTION

DU

# PAYS DES YESO.

(Une carte de ce pays accompagne cet ouvrage.)

Ce pays est situé au nord de la province d'Oziou. Pour y arriver, on traverse le bras de mer qui l'en sépare. On peut partir ou du cap *Tatsoufi saki* (Loung fei khi), dans le canton de *Tsougar* (Tsin king), ou du pic *Oo ma dake* dans le pays de *Nambou*.

[L'extrémité nord-est du Japon n'est pas très éloignée de la pointe méridionale de Yeso, appelée en japonais *Sira kami saki,* ou promontoire du génie Blanc, qui s'avance vers le pays de *Nanbou*. Les barques qui vont de la Baie *Ko domari* dans le canton de *Tsougar,* au nord, arrivent après avoir parcouru 8 *ri* marins à *Matsmaye* (1). Celles de *Mimaya,* qui se dirigent au

---

(1) Le nom de *Yeso* ou *Yezo* en chinois 夷蝦 *Hia i*, signifie *Barbares à crevettes;* ce n'est pas la dénomination d'un pays, mais celle du peuple qui s'appelle dans sa propre langue *Aïno* ou

nord-ouest, ont à franchir une distance de 14 *ri* marins jusqu'à Matsmaye. Cette navigation est praticable toute l'année, parce que Matsmaye est sur la côte occidentale du Yeso. Cependant le courant est très rapide entre ce pays et le Japon. Le territoire de Matsmaye est appelé *Toto Yeso* dans l'histoire du Japon.]

Le Yeso étant situé entre les 43ᵉ et les 52ᵉ degrés de latitude, le climat y est très froid. Son

---

*Aïnou.* C'est donc une erreur du capitaine Krusenstern (*Voyage traduit en français*, t. II, page 61) de dire, que ce n'est que la partie de l'île (que nous appelons actuellement *Yeso*), occupée par des Aïnos libres, entre *Notsambou* (Nossabou) et *Atkesi* (Atkis) qui porte le nom de Yeso, et que l'autre, ou la méridionale directement soumise aux Japonais, est appelée Matsmaï (*Matsmaye*). « Il « est probable ajoute le même auteur, qu'avant l'établissement de « ces derniers, les Aïnos possédaient toute l'île qu'ils nommaient « *Yeso*. Mais à mesure que les Japonais gagnèrent du terrain, ils « en repoussèrent le nom avec les habitans, et y substituèrent « celui de Matsmaï, lieu de leur résidence principale dans la « partie qu'ils ont envahie. Lorsque les Aïnos seront expulsés « du petit territoire où ils sont maintenant resserrés, le nom de « *Yeso* disparaîtra avec eux. » — Ce raisonnement est rempli d'un grand nombre d'inexactitudes. D'abord, les Japonais ne donnent pas à la grande île qui est immédiatement au nord de leur empire, le nom de Matsmaye. — *Matsmaye*, en chinois 前松 *Soung thsian*, signifie *avant*, ou *au sud des pins;* c'est un nom de famille que le Seogoun *Yosi firo*, accorda, en 1594, au prince japonais *Nobou firo*, dont les ancêtres avaient fait la conquête de la partie méridionale de l'île des Yeso; nom que sa résidence portait déjà, mais qui n'est jamais appliqué à l'île entière de Yeso. On parle bien du territoire appartenant au *prince de Matsmaye*, mais jamais d'une *île de Matsmaye*. Kl.

étendue du nord au sud est de 300 *ri* japonais, et de l'est à l'ouest de 100 *ri;* par conséquent il est plus long que large.

Ce pays est divisé en cinq provinces ou contrées, situées en dehors du district japonais de Matsmaye, qui a une étendue de 70 *ri*. De *Faraki* à *Kütaf*, on compte 170 à 180 *ri*, et cet espace forme la *Province orientale*, dans laquelle il y a cinquante-et-un hameaux. Elle est appelée en langue du pays, *Menasi kour;* car *Menasi* signifie oriental, et *kour*, tribu.

La *Province du nord-est* est comprise entre *Kütaf* et *Ourayasi betsou*, sur une étendue de 80 à 90 *ri*. On y compte sept hameaux.

La *Province septentrionale* est située entre *Ourayasi betsou* et *Soûya*, sur une étendue de 140 à 150 *ri*. Il n'y a que quatre hameaux.

[Pour aller de Matsmaye à Soûya, on navigue d'abord vers l'est, puis on tourne vers le nord, et on peut arriver avec un bon vent, en cinq jours à *Notsusabou* (prononcez *Nossabou*), qui est une baie sur la côte orientale. De là, on dirige son cours vers le nord-est, et on atteint avec un vent favorable en six jours, la baie septentrionale appelée *Soûya*. Entre celle-ci et Nossabou, il y a douze petites anses, qui, en cas de tempête ou de vents contraires, offrent un refuge aux navires. — Si l'on veut aller de Matsmaye à Souya, par la côte occidentale du Yeso, on peut y arriver en cinq jours, si le vent est favorable. Sur cette côte, on trouve dix-sept anses dans lesquelles on peut relâcher.]

La *Province occidentale* située entre *Soüya* et *Ousou betsi*, sur une étendue de 200 *ri*, a quarante-et-un hameaux, et s'appelle chez les habitans, *Siyoum kour;* car *Siyoum*, dans leur langue, signifie l'ouest et *kour* tribu, comme nous l'avons déjà dit.

La *Province du Milieu* est arrosée par deux grands lacs et la grande rivière du pays. [Quoique le Yeso soit en général couvert de montagnes et de rochers, le centre est plat. Les eaux qui découlent avec violence du versant méridional des montagnes du nord, et celles qui viennent du versant septentrional des montagnes du sud, y forment deux lacs. L'un situé vers l'est, envoie ses eaux à la mer orientale, tandis que de celui qui est plus à l'ouest, sort un fleuve qui va vers le nord (1), auquel se réunissent plusieurs petites rivières venant du nord-est, et qui se jette après un cours de 25 *ri* dans la mer occidentale.] On y compte treize hameaux dans cette province du centre.

Ces cinq provinces sont visitées par les navires marchands japonais. Pour ce trafic, il y a dans chaque hameau une maison appelée

---

(1) Ce fleuve est nommé par les Japonais *Isi kasi gawa*, ou la *rivière qui chasse les pierres*. La grande Encyclopédie japonaise dit, qu'il a reçu ce nom pour sa rapidité, qui est telle qu'on ne peut le passer. Kl.

*Oun siŏ ya* (Yun chang wŏ), où se fait le commerce. C'est là que s'établissent les marchands japonais, et les insulaires viennent y troquer les productions de leur pays. Pour jouir de la permission de faire ce trafic, les insulaires sont obligés de donner annuellement des présens tantôt plus, tantôt moins considérables, au prince de Matsmaye.

Quoique les habitans de Yeso soient à demi sauvages et peu cultivés, ceux qui dans les *Oun siŏ ya*, ou entrepôts de commerce, ont eu des communications plus fréquentes avec les Japonais, sont moins rudes et moins grossiers. Les insulaires de la province orientale du pays sont nommés *O mi katta Yeso* (Yu weï fang Hia i), ou barbares qui tiennent le parti impérial; car ils sont censés être sous la domination du prince de Matsmaye, parce qu'ils y viennent pour le féliciter au jour de l'an, et qu'ils connaissent toutes les cérémonies usitées à cette occasion.

[Les Yeso les plus rapprochés du Japon sont nommés en japonais *Koutsi Yeso*, ou Yeso de la Bouche du pays; tandis que les autres qui sont plus éloignés, sont désignés sous la dénomination de *Okou Yeso* ou Yeso de l'intérieur.]

Les habitans de Yeso ne connaissent ni l'écriture, ni les choses précieuses, ni l'agriculture ni les étoffes. Ils ne savent pas tirer le cuivre et le fer des mines de leur pays. Ils vont pêcher dans la mer, et prennent des oiseaux et des bêtes fauves qui leur servent de nourriture. Quant aux médicamens, ils n'en usent pas, mais ils offrent des sacrifices, et invoquent les esprits et le Ciel. Il faut pourtant que je remarque, qu'il y a chez eux deux espèces de drogues, qui s'appellent dans la langue du pays, *Ykema* et *Yebouriko*, dont ils se servent contre la colique, et extérieurement contre les maladies de peau. J'en parlerai plus bas à l'article des productions du pays. Il n'y a dans ce pays, ni coton ni toile. Les habillemens des habitans sont faits de filamens de plantes, d'écorce d'arbres ou de peaux d'animaux. Ils achètent aussi de vieux habits que leur apportent les Japonais, les Chinois, les Mandchoux et les Moscovites; c'est pourquoi on voit souvent dans une même maison, le père, les fils et les frères, habillés chacun d'un vêtement différent.

Ce pays est en général couvert de montagnes et de rochers, tantôt sur une largeur de 100, tantôt de 300 *ri*. Aussi sa surface est très inégale et hérissée de précipices, entre lesquels on voit des bois et des plantations. [Les routes du pays ne sont par conséquent que des sentiers étroits, et difficiles pour les piétons mêmes. Cependant les habitans savent les trouver. Le rocher le plus escarpé ne les arrête pas; ils ne le tournent pas, mais l'escaladent.] Les terreins labourables ne se trouvent que sur les bords de la mer, où l'on compte cent sept villages d'insulaires montagnards, qui habitent en dehors du canton de Matsmaye, dont le territoire n'est que de 70 *ri* d'étendue.

La partie du nord-est occupée par des Yeso montagnards (en japonais *Yama soumi Yeso*), porte dans leur langue le nom de *Menasi*. Comme il y a manque de productions de mer, ils cultivent des légumes, du froment, du sorgho et du gruau. Cependant, le froid et la mauvaise qualité du terrein font que la récolte est très faible, et suffit à peine pour leur soutien. Les Yeso des montagnes septentrionales, échangent les productions de leur pays, qui consistent en peaux d'animaux, chez leurs compatriotes des bords de la mer, contre des poissons et autres productions maritimes. On ne sait pas positivement combien de hameaux il y a dans ces montagnes. On dit que *Soukoro* (ou *Skouro*) et *Fafa ziri* sont à deux journées à l'ouest, dans les montagnes; ces deux grands villages sont occupés par les Yeso montagnards.

Au nord du pays des Yeso, il y en a un autre, séparé de la pointe de nord-ouest de *Yeso*, par un bras de mer, large de 6 à 7 *ri*. On l'appelle l'île de *Karafouto* (ou *Karafto*), mais son véritable nom est *Taraïkaï* ou *Tarakaï* (1). Il y a

---

(1) C'est la grande île située devant la côte de la Tatarie, et à laquelle nos géographes donnent le nom baroque de *Sakhalien* ou *Saghalien*, qui ne lui convient nullement. Voici l'origine de

vingt-deux villages, et on dit que l'île entière a jusqu'à 300 *ri* de circuit. Cependant l'auteur ne peut garantir l'exactitude de cette assertion, car plusieurs géographes appellent simplement cette terre, une île de la côte du *Tattan oriental* (ou de la Tatarie). De la partie habitée, se détache un long promontoire de rochers qui s'avance vers le sud-est dans la mer, comme on le peut voir sur la carte. Le docteur de *Faksikf* (Pĕ chў) nomme ce pays dans sa mappemonde *Yetso*,

---

cette dénomination. Nous n'avons eu connaissance de cette île en Europe, que par les cartes de la Tatarie, dressées par ordre de l'empereur Khang hi, par les missionnaires de Péking. Ces cartes y ayant paru vers 1720, en chinois et en mandchou, les jésuites en envoyèrent, en France, un exemplaire accompagné de calques des mêmes cartes, sur lesquels on avait transcrit une partie seulement des noms en caractères romains. Ces calques, très superficiellement traduits, furent remis au célèbre géographe d'Anville, qui les réduisit et les publia dans l'ouvrage du *P. Duhalde*. La grande île en question ne portait pas de nom dans l'original, mais on y lisait, devant l'embouchure de l'*Amour* ou *Sakhalian oula* (Fleuve noir), les mots mandchoux ﺳﺨﻠﻴﻴﻦ ﺍﻧﮕﺎ ﺧﺪﺍ, *Sakhalian angga khada*, «Rochers de l'embouchure Noire,» ce qui n'est nullement le nom de la grande île de *Taraïkaï*, mais la désignation de quelques petits rochers situés dans le bassin de l'*Amour*. D'Anville, mal guidé par ces mots mandchoux qu'il ne comprenait pas, les a pris pour le nom de l'île, et ses successeurs auxquels la dénomination *Sakhalian angga khada* paraissait trop longue, l'ont abrégée en *Sakhalien* ou *Saghalien*. Le nom de *Tchoka*, que Lapérouse donne à la même île, ne lui convient pas mieux, et ne paraît appartenir qu'à la partie de la côte occidentale que ce navigateur a visitée. Le véritable nom indigène est *Taraïkaï*. Kl.

et il est aussi appelé *Karafouto* et *Naroubesi*. Vers le nord-ouest, il est hérissé d'une chaîne de montagnes hautes et escarpées, à travers lesquelles on ne connaît pas de chemin. Au-delà de cette chaîne, vers le nord-ouest se trouvent les pays de *Santan* et des *Mantsiou* (Mandchoux). Quant au Santan, nous n'en savons rien de précis. Les Mantsiou sont les *Man tcheou* des Chinois, et leur pays ne paraît pas être très éloigné du Karafouto. Dans les années appelées *Kouan yeï* (de 1624 à 1643), un officier de la garde de droite, nommé *Toye*, sortit avec ses compagnons du port de *Mikouni oura* dans la province *Yetsizen*; ils furent jetés sur la côte de la Corée septentrionale. De là, ils arrivèrent après un chemin de trente journées, dans la capitale des Mantsiou, et après trente autres journées, à Péking. Ils retournèrent de cette ville par la capitale de la Corée, qu'ils atteignirent après trente autres journées de voyage. De là, ils employèrent douze jours pour arriver au port de *Fousan* (1), d'où ils regagnèrent le Japon par l'île de *Tsou sima*. On peut compter que leurs journées étaient d'environ de 7 à 8 *ri* japonais.

Au Karafouto, les habitans du Yeso prennent en échange des productions de leur pays, des

---

(1) Ce port est le même appelé sur nos cartes. *Tchousan*. — Voy. page 96. Kl.

verroteries bleues, des ailes d'aigle, des pipes à fumer, des étoffes de soies brodées avec des dragons, des satins façonnés, des toiles de couleur et d'autres en coton. Les verroteries bleues viennent des bords du Karafouto, de même que les ailes des aigles, qui se trouvent aussi sur les côtes du Yeso. Les pipes à fumer, au contraire, sont de travail tatare, puisqu'on y voit des inscriptions en caractères mandchoux. Quant aux étoffes, elles sont chinoises. Les Mandchoux les obtiennent de Péking et les portent à Karafouto. Souvent on reçoit des ces marchandises à Matsmaye, par les habitans de Yeso.

[Les grains de couleur bleue que les Yeso reçoivent par la Tatarie, sont appelés en japonais *Mousi-no sou*, c'est-à-dire nids de vers. Ce sont des petits globules qu'on peut facilement fondre. Ils ne changent pas de couleur au feu. On trouve de très belles pierres dans le Tsougar, canton du Japon, vis-à-vis de Matsmaye (1), mais on ne rencontre pas les mêmes espèces à Matsmaye et au Yeso. Le Seogun *Tsouna yosi* avait une aversion si décidée contre les vers et les insectes que, pendant tout le temps de

---

(1) C'est principalement sur la partie de la côte de Tsougar, nommée *Foro tsouki*, qu'on trouve ces pierres. Les plus grandes sont de la grosseur du poing; polies, elles ressemblent à l'agate. Les petites sont de la grandeur d'un pois, et quand elles sont blanches, elles ressemblent aux *cheri* ou reliques de Bouddha ; c'est pour cette raison qu'on les appelle *cheri de Tsougar*. Kl..

son administration, on ne portait pas de ces grains à cause de leur nom. Depuis, on s'est convaincu que ce ne sont pas des nids à vers; à présent (1752), ils entrent dans les cadeaux que le prince de Matsmaye envoie annuellement au Seogoun à Yedo.]

Dans la mer, entre Karafouto et le Yeso, il y a beaucoup de bancs de sable cachés et des milliers de rochers; ils rendent extrêmement difficiles les deux routes par mer qui y conduisent; et c'est pour cette raison que le commerce entre ces pays a toujours été très peu considérable.

[A 7 *ri* au nord de Soûya, est une grande île habitée également par des Yeso; elle est entourée de la mer du nord-ouest qui est celle du *Tattan* ou de la Tatarie. Cette île est appelée en japonais *Okou Yeso* (Yeso intérieur) ou *Kita Yeso* (Yeso septentrional), et *Karafouto* par les Yeso. Une moitié est occupée par les Tattan (ou Tatares), et l'autre par les Yeso. A 13 *ri* de là vers le nord-est, on trouve cinq îles, et plus au nord-est de celles-ci, encore trente-deux autres. Elles sont toutes habitées par des Yeso et par d'autres peuples, et portent le nom de *Kourou misi*. Parmi les îles est celle des *Rakko* ou Loutres marins. Au nord-ouest de Soûya, sont quatre îles, la plus proche à une distance de 7 *ri*, et la plus éloignée à 15 *ri*. Au sud-ouest on en trouve deux autres nommées *Teoumou*, au nord desquelles est l'île de *Rüsiri*, et encore plus au nord, *Riboun siri*.

En 1720, il y avait vingt-deux villages de Yeso, sur la côte de Karafouto; les principaux étaient :

| | |
|---|---|
| Oussiyam. | Fiyengnoni. |
| Kokouts. | Ouye kotan. |
| Siyam. | Karetan. |
| Otsin. | Sioya. |
| Kito ousi. | Siro itokoro. |
| Ito imade. | Si ita. |
| Orekata. | Naï bouts. |
| Tiyaboko. | Ayourou. |

A l'est du Karafouto est la haute mer, et au nord-ouest la Tatarie, mais on ne sait pas positivement à quelle distance. C'est de là qu'on apporte les grains verts et bleus, les plumes d'aigle et les étoffes dont se servent les Yeso; cependant, ces tissus ressemblent pour le dessin, à ceux qu'on fabrique en Chine, d'où ils viennent vraisemblablement en Tatarie. Karafouto, quoique assez près du Yeso, en est séparé par un courant extrêmement fort, de sorte que le passage de l'un à l'autre de ces pays est très dangereux.

Du temps du Seogoun, *Fide tada* (de 1605 à 1622), le prince de Matsmaye, nommé *Kin firo*, envoya quelques personnes de *San kaï* dans le canton de Soûya, au village *Oussiyam* (Outsousiyam) dans le Karafouto, pour dresser une carte de ce pays; mais elles n'y purent pénétrer et revinrent bientôt. L'année suivante on fit partir une expédition par mer, qui hiverna à Oussiyam, et poussa au printemps jusqu'à *Nari tari;* mais voyant l'impossibilité d'aller plus loin, elle revint. Sannaï est à plus de 10 *ri* marins d'Oussiyam, et de ce dernier lieu on peut arriver avec un bon vent, en vingt jours, au Taraïkaï. De Matsmaye à Sannaï, on navigue pendant sept jours si le vent est favorable. Oussiyam, dans le Karafouto, est dans le nord-ouest de Matsmaye.]

Dans la mer, à l'orient de Yeso, est l'archipel nommé en japonais *Tsi sima*, ou les mille Iles, comme on le voit sur la carte de ce pays. Il est composé de trente-sept îles. Les habitans de *Yeso* en visitent deux qui s'appellent *Kouna ziri* et *Yedorofou*.

[Trente-deux de ces îles sont appelées *Kourou misi;* voici leurs noms : (1)

| | |
|---|---|
| Irourou. | Mosiri ka (*Mousir*). |
| Tsoumo siri (*Soum-chir* ou *Soum-stchou*). | Kouna ziri (*Kouna-chir*). |
| | Môsiya. |
| Ki itatsoub. | Kourou misi. |

---

(1) J'ai mis entre deux parenthèses et en italique les noms des îles Kouriles qui, dans la *Carte de la Russie Asiatique*, par M. *Pozniakov* (Saint-Pétersbourg 1825), ressemblent à ceux donnés par notre auteur, Kl..

Fouroudama kotan, ou Khouroudama kotan (*Kharamo kotan*).
Makarourou (*Makanrouchi*).
Oyakoa.
Siyamourateb.
Siringhi.
Fouwatoyeb.
Ikarima (*Yekarma*).
Ourouv (*Ouroup*).
Yedorofou (*Itouroup*).
Fosirioï.
Siyas kotan (*Chiyas kotan*).
Yefaïto.
Motofa (*Motoua*).
Ketounaï (*Ketoï*).
Mozia.
Zimosirakaki.
Ousi siri (*Ouchisir*).
Renniketsia (*Rastoua*).
Foukan rourouas.
Musa otsi.
Simo siri (*Simousir*).
Yeyarou masi.
Kana.
Sirioöi.
Yukumete. (1)

Les Yeso ne visitent de toutes ces îles que *Ki-itatsoub*. Quand ils y arrivent, ils débar-

---

(1) Sur la carte du Yeso, qui accompagne ce volume, les noms des trente-sept îles *Kourou misi* sont du sud au nord :

| | | |
|---|---|---|
| Tsoumo siri. | Yefatoï. | Siri wotaï. |
| Kiïtof. | Atofef. | Yekaroukosi. |
| Mosikari. | Rakko sima. | Sima. |
| Môsiya. | Motoro. | Siïki siri. |
| Irourou. | Foutonaï. | Siïmon. |
| Kouna ziri. | Makanna. | Rakko aki. |
| Fakatama kotan. | Yedorofou. | Renniketsia. |
| Nayakoba. | Siïmon. | Rase siri. |
| Siyamouratei. | Môsiya. | Masaotsi. |
| Makan rourou. | Sikarouman. | Mafanrourouyasi. |
| Siyabara. | Fonziri wotaï. | Siyas kotan. Ki. |
| Yekariko. | Ourouou. | |
| Sinki | Kokou katsoura. | |

quent leurs marchandises, les déposent à 1 *ri* dans l'intérieur du pays, et retournent au rivage de la mer. Alors les habitans viennent, examinent tout, placent d'autres marchandises à côté, et s'éloignent. Aussitôt, les Yeso reviennent; s'ils trouvent qu'on n'a pas offert assez en échange, ils retirent la quantité de leurs marchandises qu'ils regardent comme dépassant celles des insulaires. C'est de cette manière que le marché se conclut finalement (1). Les marchandises de Ki-itatsoub consistent en différentes espèces de pelleteries, d'étoffes et de toiles; les Yeso leur apportent du riz, du sel, du tabac, du *sake*, et différentes espèces de toiles du Japon.]

A l'est des trente-sept îles *Tsi sima* est le pays nommé *Kamsikattka*, et *Kamsaska* par les habitans de Yeso. Il est contigu avec cette partie du *Tattan* qui est au nord de Yeso, et s'étend de là très loin vers l'orient. Dans les années *Kwan boun* (de 1661 à 1672), l'impératrice de *Mouskôbiya* (Moscovia) en Europe, conçut le plan d'étendre les limites de son empire par les cinq parties du monde. Elle disait : « Mes enfans et mes petits-enfans doivent toujours chercher à agrandir l'empire et à étendre nos frontières. » En effet, tous ont rempli cet ordre impérial,

---

(1) Cette manière de faire le commerce d'échange, est tout-à-fait conforme à celle qui, selon *Pomponius Mela* (t. III, page 7), était en usage chez les *Seres* ou Chinois des auteurs anciens. KL.

de sorte que leur empire est devenu limitrophe de la partie septentrionale du Tattan. Dans les années *Ghen boun* (de 1736 à 1740), les Moscovites arrivèrent jusqu'à l'extrême pointe du *Kamsikattka*, et étendirent de cette manière leur pays à 3000 *ri* japonais. Ils y ont un gouverneur; mais comme on ne trouve dans ce pays, ni grains ni étoffes, avec lesquels se pourrait payer le tribut, chaque habitant est tenu de donner au gouvernement une peau par an. A l'orient du *Kamsikattka*, il n'y a aucun autre pays; mais à l'occident est l'archipel *Tsi sima*, duquel nous venons de parler. L'île la plus orientale de cet archipel, s'appelle *Ratsouko sima* (prononcez *Rakko sima*) ou *Kourou mouse;* elle est la plus grande de toutes. *Kourou mouse* est proprement l'un des noms du Kamsikattka, et *Rakko sima* est seulement dans le voisinage de ce pays; mais les habitans de Yeso confondent ensemble les deux noms.

[Sur la côte orientale du Yeso, sont situés les deux villages de *Kousouri* et de *Atskesi*, à une distance d'environ 400 *ri* japonais de Matsmaye. On y peut arriver de cette ville en huit jours, si le vent est favorable. Les habitans de ces villages vont une fois par an, à l'île de *Rakko sima* (1), pour y prendre les *Rakko*, ou

---

(1) Il paraît que *Rakko sima*, ou îles des Loutres, est un nom général qu'on donne aux Kouriles septentrionales. Kr.

Loutres de mer, dont ils vendent les peaux à Matsmaye. Comme ils craignent beaucoup les habitans de Rakko sima, ils choisissent toujours les hommes les plus forts et les plus courageux pour ce voyage. On ne sait pas précisément la distance qui sépare cette île d'Atskesi. Quelqu'un qui y a demeuré pendant trois ans rapporte qu'elle en est fort éloignée. Jamais Japonais n'est allé à Rakko sima (1720), et les habitans de cette île ne viennent pas non plus au Yeso.]

Les Moscovites y habitent en grand nombre, et ont des relations avec les Yeso à *Yedorofou*, où ils font un petit commerce avec eux, et leur portent du poivre, du sucre en poudre et un peu de drap.

Les habitans de Yedorofou leur demandèrent à leur arrivée, dans quelle intention ils venaient, quel était leur pays. Ils répondirent qu'ils étaient d'*Orosiya* comme les habitans de Yeso l'appellent. Il faut remarquer que ce nom est tantôt prononcé *Orosiya*, tantôt *Rousiya*, de même qu'on prononce *Nareba* pour *Naroubesi*. La capitale de Rousiya est *Moskoviya*, comme Yedo est celle du Japon. Les habitans de ce pays s'habillent comme les Hollandais, tant pour la coupe que pour la couleur des habits; cependant ils préfèrent le rouge. C'est pour cette raison que les Yeso les appellent *Fori sü siyamo*, de *fori*, rouge, *sü* bon et *siyamo* homme. Ils portent ces habits rouges par ordre de leur impératrice. Comme ils se sont emparés de *Rakko sima* et qu'ils viennent à *Yedorofou* et à *Natsoukesi* (Atskesi), ils pourraient bien avec le temps, s'étendre jusque dans la partie occidentale du Yeso, tourner les yeux sur les tribus du nord-est de ce pays, et arriver ainsi au Japon. Le Yeso est pour notre royaume, comme les lèvres et les dents sont pour le corps. Il faut donc être sur ses gardes.

[Au nord-est du Tattan, sont d'autres îles, dont une porte le nom de *Siyas kotan* (Voyez page 194); les habitans de Yeso l'appellent aussi *Assi kar*. Dans leur langue, *assi* signifie nuit, et *kotan* pays. On trouve, dans les cartes chinoises, indiquée au nord-est de l'île *Si*, une autre île nommée *Ya kokf* (Ye kouĕ), ou le royaume de la Nuit. Des Yeso étant allés à *Siyas kotan*, racontèrent, après leur retour, que les habitans de ce pays, les plantes, les arbres et beaucoup d'autres objets ressemblaient parfaitement à ceux du Yeso. Cependant, ils trouvèrent que les hommes y étaient d'une plus haute stature. Il n'y a ni boucs ni cerfs, mais beaucoup de bœufs et de chevaux. Les habitans armés d'arcs, de flèches et de lances, vont à la pêche de la baleine. On y trouve des saumons en grand nombre; ils remontent par troupes avec le flux dans les fleuves, et se poussent l'un l'autre. Quand le reflux vient, les habitans les prennent sans filets et simplement avec la main. Les Yeso étaient très étonnés de voir les habitans de ce pays manger du riz cuit. Comme ils ne comprenaient pas leur langue, ils furent obligés de se faire entendre par signes. Leurs hameaux étaient à trois journées de la côte. Les Yeso voulurent les y accompagner, mais les habitans les en empêchèrent, en les menaçant de tirer leurs flèches sur eux. C'est pour cette raison que les voyageurs ne pouvaient donner une description des habitations de ce peuple.]

Les Yeso, quoique stupides, sont pourtant d'un bon naturel. Ils n'achètent pas d'armes chez les Russes qui les visitent, car ils n'en ont pas besoin, et ne pensent pas à se révolter. Comme le Yeso est un pays froid, ils reçoivent d'eux principalement du poivre qu'ils prennent pour se garantir intérieurement contre le froid; des habits fourrés qui les protègent contre le vent glacial; du sucre qu'ils aiment par-dessus tout pour sa douceur, et de l'eau-de-vie qu'ils boivent en guise de vin. Les Orosiya font peur aux insulaires par le bruit de leurs grands canons.

Il y a, dans le Yeso, plusieurs montagnes qui renferment des mines d'or, mais les habitans ne savent pas les exploiter, non plus que les mines d'argent et de cuivre. Dans beaucoup d'endroits on trouve du sable d'or, comme à *Koun nouï, Oun betsi, Yoûbari, Sikots, Faboro* et ailleurs. Ce sable d'or est roulé par les fleuves et les rivières, et on le rencontre sur des étendues de 10 à 20 *ri* de pays plat. A *Faboro*, le sable d'or se trouve au fond de la mer; les grands vents du nord-ouest le jettent sur les bords, sur une étendue de 40 *ri*. Cependant on ne recueille ni l'or ni l'argent du Yeso, et l'on cache même leur existence, de peur que les Moscovites ne s'emparent de ce pays. Quand même les Japonais voudraient exploiter ces lavages d'or, le climat de *Faboro* s'opposerait à cette entreprise; car il serait à craindre que les ouvriers ne mourussent de froid, ou ne tombassent malades. Il faudrait donc bien réfléchir avant de l'entreprendre.

Le *Yeso* produit en abondance les plus beaux arbres, parmi lesquels le *Thuya japonica* (en japonais *Finoki* ou *Saki kousa*, en chinois *Kouaï*), est le premier. Il vient ici très touffu. L'arbre qu'on appelle le *pin de Yeso* est aussi une espèce de Thuya. Son bois est très beau, et on l'emploie pour en faire différens meubles. On y trouve encore un sapin à cinq feuilles acéreuses, qu'on estime moins que le précédent, ainsi que le *Pterocarpus flavus* (en japonais *Woŏ bek*, en chinois *Houang pĕ*). Parmi les plantes on remarque des Matricaires de printemps, à fleurs blanches (1), et des Lys à fleurs

---

(1) En chinois *Tchhun kiu*, en japonais *Soun gikf*, cette fleur est aussi nommée *Koreï gikf*, ou Matricaire de la Corée, parce qu'elle est venue de ce pays au Japon, où elle est très estimée pour sa beauté, et parce qu'elle est une des premières fleurs du printemps. Kl.

noires. La tige de la plante appelée *Bâton de Tigre*, a 6 à 7 pouces de circonférence, et parvient à une hauteur de 15 à 16 pieds. Celle d'une espèce de bugle appelée en japonais *Fouki* et en chinois *Khouon toung*, a également 6 à 7 pouces de circonférence, et ses feuilles atteignent une grandeur de 10 pieds carrés.

Dans les forêts, on trouve deux espèces d'ours, dont la première est appelée en japonais *Ofa kouma* (Phi), et l'autre *Ko kouma* (Hioung). L'*Ofo kouma* attaque les hommes et les animaux; le *Ko kouma* est moins à craindre. L'ours *Fi kouma* (Feï hioung) est plus rare; il est rouge et court avec la vitesse de l'éclair, de sorte qu'on ne le voit presque jamais; aussi le prend-on pour un être surnaturel. Ce n'est que dans le district de Matsmaye qu'on voit des bœufs et des chevaux qui manquent totalement dans le reste du Yeso.

Parmi les animaux qui vivent dans l'eau, il faut d'abord mentionner la loutre de mer, appelée en japonais *Ratsouko* ou *Rakko* (en chinois *Lў hou*) (1). [Les plus grands ont environ 10 pieds de longueur, et sont d'une couleur pourpre. Quoique les Chinois les appellent bœufs de mer, ils n'ont pourtant pas de cornes. Les doigts de leurs pieds ressemblent à ceux des tortues, et sont joints par une membrane; ils

---

(1) En langue du Yeso *Yeri*. Kl.

ont une queue de poisson, et donnent beaucoup d'huile; leur peau est fort belle, douce et excellente pour couvrir des carquois.] Il y a deux espèces de castors; celle nommée *Ottoseï* (Haï kheou, chien de mer), fournit le castoreum, l'autre s'appelle *Asika* (Haï lă, tigre de mer). On y trouve encore la panthère de mer *Asarasi* (Hai pao). [Le *Netsoup* et l'*Amotsousibe* (prononcez *Amossibe*) sont des phoques.] Les peaux de tous ces animaux sont très précieuses. [Autrefois on portait aussi du Yeso au Japon, des *kofi* ou peaux de tigres, mais à présent il n'en vient plus. Les peaux de cerfs sont également devenues rares.]

Quant aux oiseaux, il y a le gerfaut, en japonais *Daka* (Yng) [dont on compte trois espèces, *Ki daka*, *Am daka* et *Ko daka*], le faucon appelé *Simatofi* (Falco halietus), le petit et le grand læmmergeyer *Ko wasi* (Tiao), et *O wasi* (Ngö). Comme il y a beaucoup de ces oiseaux, les habitans du Yeso se servent de leurs plumes pour empenner leurs flèches; ils croient qu'elles sont les meilleures pour cet usage.

La principale nourriture des Yeso consiste en deux espèces de poissons de mer, dont l'un est le saumon appelé *Sake* (1), et

---

(1) Dans l'original 鮭 *Sake*, en chinois *Kouei*, et en langue des Yeso *Zimbe*. Le nom de ce poisson est aussi exprimé par le

l'autre une petite espèce de hareng nommé *Kado* (Toung yu) ou *Nisin ;* ces poissons se tiennent aux embouchures des fleuves où les eaux douces se mêlent aux eaux salées de la mer. A la septième et à la huitième lune, les *Sake* remontent les fleuves en si grand nombre qu'ils encombrent leur lit, de sorte qu'on les prend avec les mains. On les fait griller sur le feu, et on les garde séchés; ainsi préparés, ils sont appelés *Kara sake.* [Le caviar salé de ce saumon s'appelle *Zousiko.*] Les *Kado* se réunissent en si grandes troupes, que l'écume qu'ils jettent par leur bouche, ressemble à la neige. Ils nagent à la surface de l'eau ; on les prend dans des filets en si grande quantité, qu'on en fait des tas comme des montagnes. On les sèche également. Les femelles ont le ventre plein d'œufs, qu'on enlève pour les conserver. [Ce poisson s'appelle aussi en japonais *Nisin* et son caviar *Kousou-no ko* ou *Kado-no ko.*] Ces poissons séchés font la nourriture ordinaire des Yeso pendant toute l'année, car ces gens ne connaissent pas la culture des grains. Outre ces deux poissons, on prend aussi beaucoup de holu-

---

caractère 鯸鯠 (Khiuĕ), prononcé également en japonais *Sake.* Cette espèce de saumon est ainsi appelée, parce qu'elle a la même odeur que le *Sake* (et non pas *Saki,* comme on écrit ordinairement), ou vin de riz du Japon. Kæmpfer se trompe en disant que le *Sake* du Yeso est la morue. Kl.

thuries connues dans l'archipel de l'Inde sous le nom de *Tripang*, et appelées en japonais *Namako* (1). On pêche aussi des *Awabi*, ou oreilles de mer (2) qu'on mange également.

---

(1) Dans l'original 鼠海 en japonais *Namako*, et en chinois *Haï chu*, ou rat de mer. Les vocabulaires japonais et portugais expliquent ce mot par « *Lesmas do mar que se comem cruas em Japao*, et Kæmpfer nous apprend que cette holothurie, qui est une *Doris*, est appelée par les Hollandais de l'Inde, *Kaffer kull*. Un autre nom en japonais est 肉土 *To nik*, ou chair de terre, en chinois *Thou jŭ*. Ces animaux séchés, se consument en grande quantité, et portent le nom d'*Iriko* ou *Ko*; dans le Simo, on les appelle *Kousi Ko*, c'est-à-dire *Ko séché*. Kl.

(2) Les Japonais écrivent le nom de cette production marine, de différentes manières en caractère chinois, savoir: 鰒 *Fouk* (Foŭ), 魚鮑 ou 魚蚫 (suivant la prononciation chinoise *Pao yu*). Les Hollandais l'appellent *Klipzuyer*, et les Portugais *Lapa*. Voici ce que Kæmpfer rapporte sur cette espèce de haliothide : « L'*Awabi* n'a qu'une seule coquille simple. Elle est de
« la grandeur d'une huître moyenne, mais moins plate. Cet ani-
« mal se tient à une grande profondeur dans la mer, et s'y at-
« tache avec son côté ouvert contre les rochers. Les poissardes
« qui ont une grande habitude de plonger, vont les y chercher.
« Armées d'un long couteau ou d'une pique, pour se défendre
« contre les *Kaye*, elles descendent dans la mer, et où elles trou-
« vent un Awabi, elles le percent rapidement, et avant qu'il ait
« le temps de s'attacher par le moyen de la succion au rocher,
« dont il serait impossible de l'arracher. Cette coquille est rem-
« plie d'une chair de couleur blanche jaunâtre, coriace et
« sans fibres. Les Japonais prétendent que c'était la principale
« nourriture de leurs sobres ancêtres, et c'est en commémora-
« tion de cela, qu'un plat d'Awabi ne manque jamais dans leurs

Les baleines sont en grande quantité dans la mer qui avoisine le *Yeso*, mais les habitans ne savent pas les prendre. [Ils les regardent comme très essentiels à leur bien-être, puisqu'elles sont la cause que les *Kado* arrivent en bancs nombreux à leur côte, où ils en prennent une quantité incroyable. Dans la même mer, il y a aussi un poisson noir à longues nageoires, qui livre combat à mort à la baleine, et en sort toujours victorieux. Les baleines tuées par ce poisson noir, sont jetées sur les côtes du Yeso, par les vagues de la mer, et les habitans de cette île, obtiennent de cette manière, l'huile et les fanons sans beaucoup de peine.] Le poisson *Kamikiri* ressemble à l'*Irouka* (Kiang chi, ou cochon de fleuve); ses soies sont aiguës et longues. Il y a aussi une espèce d'espadon duquel on dit qu'il peut tuer la baleine. Dans la mer orientale, se trouve un très grand poisson nommé *Okime*, et qui peut avaler ce cétacée. On prétend que quand il nage, son dos forme

---

« repas de cérémonie. C'est aussi un usage de politesse ordinaire
« parmi les personnes de toute qualité, d'accompagner chaque
« présent, n'importe qu'il consiste en argent, ou en fruits ou en
« étoffes, etc., d'un morceau de cette chair séchée, ou d'y coller
« au moins une petite parcelle. Il disent que c'est en souvenir
« honorable et en signe de bonheur. Pour sécher la chair de
« l'Awabi, on la coupe en bandes longues et minces, qu'on at-
« tache sur une planche et l'expose ainsi à l'air. » — Elle s'appelle
alors *Kousi Awabi*. Kl.

comme une île. A son approche, le fond de la mer tremble et rend un bruit de tonnerre; alors les baleines se sauvent et se dispersent de tous côtés (1). Les bâtimens pêcheurs qui les attendent, les traînent sur le rivage. Les bâtimens de Yeso vont aussi à cette pêche dans la mer orientale. Le poisson appelé *Kinebô* ressemble à la raie; la graisse de ses entrailles est une grande friandise pour les Yeso. Le *Akayeï* (Fen yu) est un poisson très grand; on assure que quand il vient à la surface de l'eau, son dos présente une superficie de 60 à 70 toises japonaises (à 10 pieds chacune) carrées. C'est encore un poisson merveilleux.

Le *Koumbou* (Kuen pou), ou *Fucus saccharinus*, est une production si connue, qu'il me paraît inutile d'en parler. [Il y en a trois espèces, la rouge, la noire et une très mince. Il se trouve principalement dans la partie de la mer au sud et à l'est du Yeso. Cette plante marine est ordinairement large d'un pied, et a environ 10 pieds de longueur. Le milieu est de couleur jaunâtre, les deux bouts sont verts. Elle est d'un goût doux et agréable. Le Kombou qu'on pêche dans d'autres parties de la même mer, est moins bon, principalement quand il est long; alors il devient coriace et a moins de goût.—Une

---

(1) Cette description rappelle celle du *Kraken*, donnée par le célèbre *Pontopiddan*, évêque de Bergen, en Norvège. Kl.

autre plante marine, appelée par les Japonais, *Kouro kouki,* ou rejetons noirs, est également bonne à manger.]

Quant aux drogues employées dans la médecine, ils n'y en a que deux dont les Yeso se servent. Ce sont le *Ikema* et le *Yebouriko* (ou *Tereno sitsüko*). Ce dernier est un agaric qui, dit-on, croît dans les profondes vallées des montagnes sur les grands fûts du *Thuya japonica;* cependant on ne sait pas si ce fait est exact. On s'en sert intérieurement contre la colique, contre les vers, les maux de cœur et les vomissemens. On emploie le *Ikema* intérieurement et extérieurement en cas de blessures, de rhumes très forts, de fièvre et de tumeurs. Depuis quelque temps, on a aussi commencé au Japon à se servir avec succès de ces deux médicamens. L'*Ikema* est une plante rampante qui y croît aussi sur le mont *Koma ke dake* dans le canton de Sendaï, et sur le *Ni kwo san* de la province Simotske.

Outre ces deux plantes médicinales, il y en a encore d'autres dont les Yeso se servent, telles que le *Bou si* (Fou tsu) qui est une espèce d'aconit, le *Galium tuberosum* (Houang thsing), le *Kakouma kousa* (en chinois Houang lian, *Chelidonium majus*), le Ginsen et le *Wŏ bek* ou *Pterocarpus flavus*. Pour empoisonner leurs flèches, ils pilent ensemble les graines du *Bou si* (Aconit), du *Tŏ karasi* (Fan tsiao,

*Capsicum annuum*), et des araignées à longues pattes (vraisemblablement le *Phalangium araneoïdes*), et après avoir chauffé ce mélange au feu, ils en enduisent les pointes des flèches. [ Le meilleur remède, contre la blessure d'une de ces armes, est un mélange d'ail et de céruse; avant de l'employer, on coupe un peu de chair autour de la plaie, puis on la remplit de cet antidote. Ces flèches ne pénètrent ordinairement pas plus d'un pouce dans le corps; mais la chair se corrompt sur-le-champ autour de la blessure, de sorte que le patient ne sent aucune douleur quand on lui fait des incisions (1). ]

Voilà le tableau succinct des productions de ce pays. Il est à regretter qu'on n'exploite pas ses mines d'or et d'argent; car comme on trouve du sable d'or sur toute la surface du Yeso, il nous pourrait fournir avec le temps, une grande quantité de ces deux métaux précieux.

Dans l'année cyclique 子 壬 *Jin tsu*, du

---

(1) Voici ce qu'on lit dans le *Voyage autour du monde*, par M. Langsdorff (II, 287) relativement aux flèches des Yeso : « Ils « tuent les bêtes fauves avec des flèches empoisonnées. Le poi- « son est le suc condensé d'une plante ( vraisemblablement « d'une espèce d'aconit, qui croit ici fréquemment ). Il est dit- « on d'un effet si prompt, que le sang de l'animal blessé d'une « telle flèche pourrit en peu de minutes, et coule de la bouche, « des narines et des oreilles. Ils tuent de cette manière des ours, « des loups, des renards et des loutres marines. » Kl.

nengo *Kwan boun* (1672), le vingt-troisième jour de la douzième lune, une barque chargée de riz, fit voile de la province de *Ize*, pour celle de *Sima*. Elle fut portée avec une rapidité extrême vers l'est. Le lendemain, à l'heure appelée 申 *chin* (de 3 à 5 après midi), s'éleva un vent du nord très fort, qui poussa le navire vers le sud-est pendant neuf jours et neuf nuits. Alors le vent tourna au sud et le fit flotter pendant sept mois vers le nord-est. Les hommes de l'équipage ne savaient pas combien de milliers de *ri* ils avaient parcouru pendant tout ce temps. Ils arrivèrent en un lieu où la mer était couverte d'une si grande obscurité, que pendant cent jours on ne voyait ni le soleil ni la lune. Enfin, le vent cessa, et ces hommes se dirigèrent, d'après la boussole, vers le sud. Ayant ainsi navigué pendant plusieurs jours, ils aperçurent un grand pays; c'était *Yedorofou*. Ils en suivirent la côte dans la direction du sud-est, pendant huit jours et huit nuits, et atteignirent enfin la pointe de ce pays, où ils passèrent à une distance de 12 ou 13 *ri* devant une montagne qui sert à la reconnaître. Plus loin, ils trouvèrent une autre île nommée *Kouna ziri*, dont ils longèrent également la côte vers le sud-ouest, pendant neuf jours et neuf nuits; étant parvenus à son extrémité, ils laissèrent une montagne à une distance de plus de 20 *ri*, à l'ouest, et attérirent à

*Nossabou* (ou *Nossab*) dans le Yeso, d'où ils se rendirent à Matsmaye.

Je dois faire observer ici que ces navigateurs, étant arrivés dans une région où la mer était couverte d'obscurité, avaient dû se diriger à l'est du Kamsikattka; qu'ils ont franchi la limite du *Ya kokf* (Ye kouĕ) ou *Royaume de la Nuit*, et que de là ils ont suivi les côtes de *Yedorofou* et de *Kounaziri*, pendant huit et puis pendant neuf jours et neuf nuits. Sur les anciennes cartes, on n'avait marqué ces îles que par un petit rond ou par une tache noire, comme si elles étaient très petites; cependant comme elles ne sont pas moins grandes que *Thaï wan* (Formose) et *Riou kiou* (Lieou khieou), j'ai cru devoir les représenter sur ma carte, proportionnellement à leur grandeur; mais comme je ne leur connais d'autres noms que ceux que les Yeso leur donnent, j'ai été obligé d'employer ceux-ci.

*Ka tó Kiyo masa* (Kia theng Thsing tching), prince de Figo, ayant fait des conquêtes en Corée, entra à main armée dans le pays des *Orankaï* (1), et mit le feu à la capitale. De là il se porta vers une haute montagne, sur laquelle

---

(1) *Orankaï*, proprement *Ouriangkhaï*, est le nom de la partie la plus orientale de la Mongolie, au nord du Liao toung, et de la partie occidentale du pays des Mandchoux, arrosé par le Ghirin oula et ses affluens. Kl..

il monta et crut voir de là, à l'est, le mont *Fousi no yama*, dans le Japon. Cependant, *Kaïbara Tokzin* a démontré que ce ne pouvait être le Fousi, mais bien le *Kaï mon* de la province de Satsouma, lequel est une des plus hautes montagnes. — Pour moi, je pense que tout cela est erroné, et que la montagne en question est celle de *Rü siri* située dans la mer, à l'ouest du Yeso, et indiquée sur ma Carte des Trois Royaumes.

Les marins prétendent que quand les nuages qui viennent du nord-est, et qu'ils appellent *Waou reou*, couvrent les montagnes, cela indique une haute marée sur la côte occidentale de Yeso. Au sud-est de *Faboro*, *Ouye betsou* et autres places, on voit souvent ces nuages, ce qui fait présumer qu'il y a un autre pays dans le voisinage. Ils viennent à ce que je crois, des montagnes de la Corée.

[Les différentes dénominations de cette contrée et de ses habitans, sont : 夷蝦 (Hia i) ou 服攮 (Hoë foü), c'est-à-dire *Yeso*; 夷東 *Atsouma Yebis* (Toung i), barbares de l'orient; et 人毛 *Mosin* (Mao jin) ou 民毛 *Mo min* (Mao min), hommes ou peuples velus.

On ne connaît pas l'origine des Yeso et leur état dans les premiers siècles du monde. Dans les temps postérieurs, il est souvent question d'eux dans l'histoire du Japon et dans les livres chinois, mais ce n'est qu'en passant qu'ils en parlent.

Voici ce que les Yeso racontent eux-mêmes de leur origine. Un vieillard et une vieille femme arrivèrent au bord de la mer, pour y trouver quelque nourriture, mais toutes leurs recherches furent inutiles. Fatigués, ils se couchèrent sur le sable et s'endormirent. Un rêve leur apprit alors que, pour trouver quelque chose à manger, ils devaient remuer la mer avec un instrument qu'ils virent en songe, et qu'alors il s'éleverait une écume blanche qui leur fournirait ce qu'ils cherchaient. S'étant éveillés ils remuèrent l'eau avec une rame qui était posée à côté d'eux, et ils aperçurent alors, sous l'écume, une grande quantité de petits harengs appelés *nisin*, qui sont encore aujourd'hui très fréquens sur les côtes du Yeso. La demeure de ces deux personnes âgées était à *Yesasi*, dans le territoire de Matsmaye. Le vieillard reçut après sa mort le nom de *Yebis* ou *Ibis*, qui est celui du dieu des pêcheurs, et sa femme celui de *Omba kami*, ou la vieille déesse. On a construit deux temples au-dessus de leurs sépultures. Leurs descendans s'accrurent beaucoup jusqu'à l'époque où *Takeda Nobou firo*, arriva (en 1443) dans le Yeso, et en conquit la moitié.

La plus ancienne mention des Yeso, sous le nom de *Momin* (Mao min), se trouve dans le livre chinois, intitulé *San gaï kio* (Chan haï king), qui date du temps de la dynastie des Han. Cet ouvrage place leur pays au-delà de la mer orientale, et dit que ses habitans ont tout le corps couvert de poils.

On lit dans la *Notice historique sur les Sian pi*, insérée dans le *Heou han chou*, que *Than chỹ houaï*, premier roi de ce peuple, fit en hiver, de la première des années Kouang ho (178 de J.-C.), une nouvelle invasion dans le canton de *Thsieou thsiuan* (1); il y dévasta tous les champs, en faisant la chasse aux bêtes fauves. Il suivit à cette occasion les bords du *Thsin choui*, et trouva que le cours de cette rivière était barré à une distance de quelques centaines de *li*, mais qu'il y avait beaucoup de poissons, que les siens ne pouvaient parvenir à prendre. Ayant su que les *Wo* (Ho), ou Japonais, étaient très habiles à la pêche, il envoya à l'Orient, faire prendre environ mille familles de ce peuple, qu'il obligea de se fixer sur les bords du *Thsin choui* et d'y vivre de la pêche. — La patrie des Sian pi était dans la Tatarie orientale, au nord-est de la Chine. La partie septentrionale du Japon était alors comprise sous la dénomination de Yeso. Les habitans avaient appris des Japonais orientaux l'art de prendre

---

(1) C'est le pays de Soŭ tcheou, dans la province chinoise de Kan soŭ de nos jours. KL.

des poissons dans des filets. Ces peuples se divisaient en plusieurs branches. Les *Toto Yeso* habitent sur une île au nord-est. Le Yeso septentrional est appelé *Kita Yeso;* la partie orientale porte le nom de *Figasi Yeso.* Autrefois on comprenait aussi sous la dénomination de Yeso les habitans des provinces japonaises de *Oziou*, de *Yetsizen*, de *Yetsingo* et de *Yetsiou;* cependant elles font partie du Japon. La première est située à l'est et les trois autres au nord de la capitale de l'empire.

On trouve dans l'histoire de la dynastie chinoise des Soui, que les *Mao jin* ou *Mo zin,* étaient divisés en cinquante tribus. Le Thang chou dit: « Le *Wo kouĕ* (c'est-à-dire le Japon) est « borné au nord-est par de hautes montagnes, « au-delà desquelles sont les *Mao jin.* » Il paraît donc qu'à cette époque, la différence entre les Japonais et les Yeso n'était pas encore très marquée, et qu'on ne distinguait ces peuples que sous la dénomination de ceux de l'*intérieur* et ceux de l'*extérieur.* L'origine des Yeso de l'intérieur est assez difficile à éclaircir. On voit que sous le règne de Daïri *Keï ko ten o* (de 71 à 130 de J.-C.), les *Atsouma Yebis,* ou Barbares de la partie orientale de l'empire, ayant fait une irruption, avaient causé beaucoup de mal aux Japonais; évènement qui, avant cette époque, n'était jamais arrivé. On peut donc supposer que ce peuple oriental descendait des aborigènes du pays. Depuis ce temps, ils ont eu des guerres fréquentes avec les Japonais. Dans la quatrième année du Daïri *Zaï meï* (658), cette impératrice envoya une flotte sous le commandement d'*Abe-no Omi*, contre ces Yeso. Ce général soumit leur pays. Les princes indigènes d'*Akita* et autres, vinrent à son secours, ainsi que les habitans de *Toto Yeso* (qui est le district de Matsmaye de nos jours). Après avoir fait la conquête du district de *Tsougar* (1) et d'autres, il retourna à la résidence du Daïri. L'année suivante, il fut derechef expédié pour attaquer, conjointement avec les princes d'Akita et de Tsougar, les Yeso transmarins. Il les vainquit, établit une administration très sévère dans le pays, et y laissa un gouverneur qui résida à *Siri besi*. — En automne de la même année, l'impératrice envoya une ambassade en Chine, avec laquelle partirent quelques Yeso de la province de Mouts ou Oziou, comme on le voit dans l'histoire de la dynastie de *Tó* (Thang). L'empereur *Tó-no Ko zó* (Thang Kao tsoung) demanda à cette occasion à l'ambassadeur, combien de peuples composaient les Yeso. Il répondit : « trois; les plus éloignés sont ceux de « *Tsougar;* viennent ensuite les *Araï Yeso*, ou « les Yeso sauvages, puis les *Tsika Yeso*, ou « les Yeso proches. Ces derniers habitent parmi

---

(1) Dans la partie la plus septentrionale du Japon. Kl.

« les Japonais, et sont compris dans les limites
« de l'empire. »

Dans la sixième année du Nengo *Ten pe fŏ zi*
(762), le Daïri expédia dans chaque province de
l'empire, les ordres nécessaires pour punir tous
les rebelles. A cette occasion, *Fousiwara-no
Ye mi-no Asson Asa kase* (Theng yuau Hoei
meï tchao tchhin Tchao kŏ) alla dans le Oziou.
Il y fit placer une inscription gravée sur pierre,
devant la porte de *Ta ka seki* (To ho tchhing), résidence du gouvernement. En voici le contenu :

« *Ta ka seki* est à 1500 *ri* de Miyako.

« De la frontière des Yeso, 120 *ri*.

« De la frontière de la province Fitats, 420 *ri*.

« De la frontière de la province Kootsouke,
« 270 *ri*.

« De la frontière du royaume des *Mats kats*
« ou *Makkats* (Mŏ khŏ), 3000 *ri*.

« Cette ville a été bâtie par *O no-no Assa*
« *yemi*, Azesi et général chargé de la garde des
« forts, du second rang de la quatrième classe.

« Dans la première année du Nengo *Ten pe*

« *foo zi*, qui est la cyclique appelée 子 甲

« *Kiatsu* (723). Dans la sixième année du Nengo

« *Zin ki*, qui est la cyclique 寅 壬 *Jin yn*

« (762), l'Azesi et général en chef, chargé de
« la garde des forts, *Fousiwara-no Ye mi-no*
« *Asson Asa kase*, du second rang de la qua-

« trième classe, chargé de l'inspection des con-
« trées *Tó kaï do* et *Tó san do*, a érigé ce mo-
« nument.

« *Ten pe fó zi*, sixième année (762), douzième
« lune, premier jour. »

La pierre sur laquelle cette inscription était
gravée, avait 6 pieds japonais de hauteur, 3 pieds
de largeur, et était épaisse d'un demi-pied. Ce
monument est appelé *Tsoubo isi boumi*, ou l'Inscription de la pierre en forme de vase, et *Feï-
no boumi*, Inscription du terrain uni.]

On lit dans le *Voyage dans les cinq régions*,
que cette inscription est à 120 *ri* de la frontière
des Yeso. Cette inscription se trouvait placée à
la porte de l'ancienne ville de *Ta ka seki* (To ho
tchhing), dont on voit encore les fondemens
près du village *Itsi gawa-no moura* du district de Miya ki (Koung tching), de la principauté actuelle de Sendaï (dans la province
d'Oziou). J'ignore si l'ancienne inscription s'y
est conservée. Il faut à cette occasion remarquer que, d'après l'ancienne mesure courte,
six *matsi* actuels, n'équivalaient qu'à un *ri*; le
*matsi* est de 60 *ken* (ou *ikies*), et le *ken* de 6 pieds.
Les 120 *ri* desquels il est question plus haut ne
font donc que 20 *ri* nouveaux. En effet, l'ancienne frontière des Yeso passait par le district
actuel de *Momo-no fou* (Tao seng), situé justement au milieu de la principauté de Sendaï.
Leur limite actuelle, qui commence à *Kouma*

*zeki* (Hioung chў), dans le territoire de Matsmaye, est à 1320 *ri* de petite mesure, ou 220 de mesure actuelle des ruines de *Ta ka seki*. On voit donc qu'il y a une grande différence entre la borne ancienne des Yeso et de celle de nos jours.

Dans les années *Ten pe fŏ zi*, on changea le gouvernement des deux provinces d'Oziou et de Dewa; car quoique les habitans de cette contrée fussent soumis à l'empire, ils étaient pourtant originairement de la même race que les Yeso et les barbares qui n'avaient été domptés que par nos conquêtes dans l'Orient. A cette époque donc, *Ye mi-no Asa kase*, ayant pénétré dans le canton de *Momo-no fou*, y établit une administration et construisit un palais dans la forteresse du canton de *Miya ki*, destinée à contenir les Yeso. Il plaça une inscription devant la porte de cette ville, éloignée de 120 *ri* de la frontière des Yeso, qui était celle du district actuel de Momo-no fou. Tout le pays situé au sud faisait partie du Japon, tandis que ce qui était au nord, appartenait aux Yeso. C'était là que se trouvait véritablement l'ancienne limite des Yeso. Quarante ans plus tard, dans le temps du Nengo *Yn riak* (vers 796), sous le règne du Daïri Kwan mou, le Seï daï seo goun (le grand général qui combat les Barbares), *Saka no Wouye no Tamoura maro*, défit entièrement les révoltés de cette province, près de la ville de Ta ka seki, et pénétra dans le pays du nord, à une distance de 840 *ri* de petite mesure, ou 140 de l'actuelle, au-delà de *Oma* et du pays de Nambou et de Tsougar, situé sur les bords de la mer, qui alors devint la frontière entre les Japonais et les Yeso; de sorte que, ce qui était au sud appartenait aux premiers, et ce qui était au nord, au second. Ceci fut la seconde détermination des bornes avec le Yeso. Enfin, six cent soixante-dix ans après, sous le Daïri *Go fana sono-no in*, dans la troisième des années *Ka kits* (1443), les Yeso ayant excité des troubles, *Takeda daïrô Minamoto Nobou firo* traversa la mer et soumit leur pays à une distance de 420 petits *ri* ou 70 de nos jours. Ce territoire est celui de Matsmaye. La limite septentrionale de Matsmaye, est à *Kouma zeki* (Hioung chў), éloigné de 1320 petits *ri* ou 220 nouveaux des ruines de la ville de *Ta ka seki*. C'est la frontière actuelle des Yeso, et l'extrémité des possessions japonaises; et il ne faut pas la confondre avec celle qui se trouvait autrefois dans la province de Oziou ou Mouts. Le contenu de l'inscription appelée *Feï-no boumi* n'a rapport qu'à l'ancienne fixation des limites.

Quoiqu'on vienne de lire que *Kouma zeki* est à l'extrémité de la domination japonaise dans le Yeso, il faut pourtant remarquer que ceci n'est pas tout-à-fait exact, car on pourrait dire la même chose de *Soûya*, et de *Siranousi* et autres lieux du Yeso. Autrefois, il est vrai, les deux provinces de Oziou et de Dewa ne relevaient pas entièrement de l'empire; à présent, non-seulement les 70 *ri* du territoire de Matsmaye y appartiennent, mais même le pays sauvage qui est au-delà dépend du prince de Matsmaye.

Il est souvent fait mention du Yeso dans l'histoire du Japon. On y trouve entre autres que, déjà sous le Daïri *Zaï meï ten o* ( de 655 à 661 de J.-C.), on y avait établi un gouvernement qui, plus tard, avait été abandonné. Je dois faire observer qu'on prétend que cet établissement a été à *Siri besi,* éloigné de plus de 70 *ri* de Matsmaye; mais cela paraît fort douteux. Dire que sous le règne de Zaï meï ten o il y ait été établi un siège de gouvernement duquel les Yeso dépendaient, c'est comme si l'on prétendait que *Soüya* et *Karafouto,* où l'on trouve des habitans et des marchandises du Japon, sont soumis à notre domination; laquelle en effet, ne s'étend que jusqu'à *Kouma zeki* à l'ouest, et jusqu'à *Siyewo koubi* à l'est. Ainsi, tout bien examiné, il n'est pas probable que déjà à cette époque, le pays situé entre les montagnes de Tsougar ait déjà été à nous. Ce ne fut que plus de cent ans plus tard, que l'inscription de la ville de Ta ka seki dans le district de Miya ki fut placée, et alors la frontière des Yeso était encore à 120 *ri* de là. On voit donc que le fait duquel il s'agit est peu probable, principalement quand on fait bien attention à la différence entre l'ancienne et la nouvelle frontière des Yeso, comme nous l'avons expliqué à l'occasion de cette inscription.

[*Yosi tsoune* 經義 ayant été vaincu par son frère *Yori tomo* 朝賴, se réfugia dans le Yeso, le quatrième mois intercalaire de la cinquième année de Nengo *Boun zi* (1189); les habitans de ce pays lui donnèrent le nom de *Oki gourou*. Il y fut suivi par un de ses partisans qui garda son nom de *Binke*. Yosi tsoune y épousa la fille d'un des chefs, et prit en secret des renseignemens exacts sur ce pays. Encore aujourd'hui, les Yeso chantent cet évènement dans leurs représentations théâtrales ou danses pantomimes. Ils ont en général un grand respect pour lui; il va si loin, qu'avant de prendre quelque nourriture, ou de boire, ils prononcent toujours le mot *Oki* qui est le commencement d'*Oki gourou*, nom qu'ils lui donnent dans leur langue. On voit encore les ruines et les fondemens du château qu'il y avait construit dans la partie orientale du pays. Les Yeso vénèrent sa mémoire au point qu'ils ne mettent jamais les pieds dans cet édifice. Les murs de ce château étaient construits avec les défenses du poisson appelé *Ziri kasi* (narwhal?) Un cap de la côte occidentale du Yeso porte encore aujourd'hui le nom de *Binke saki,* en l'honneur du prêtre japonais, Binke, qui avait accompagné Yosi tsoune. C'était un homme fort brave, qui, ayant pendant long-temps fait la guerre contre ce dernier, se soumit à lui, et lui resta depuis très attaché. L'inimitié de Yori tomo contre son frère cadet Yosi tsoune, avait son origine dans le mariage que celui-ci avait contracté avec une fille de la famille de *Taira-no Kiyo mari,* qui était l'ennemi de Yori tomo. Après être resté pendant quelque temps dans la partie orientale du Yosi tsoune, il pénétra plus avant dans le nord de ce pays. Du temps du Nengo *Kwan ye* (1624 à 1643, quelques habitans du Yetsizen, firent naufrage sur la côte de *Kettan*, ou de la Tatarie. Ils ne revinrent au Japon, que dans la seizième année du Nengo *Ghen rok* (1703). L'empereur mandchou *Kó ki* (Khang hi) les avait envoyé en Corée, d'où ils retournèrent dans leur patrie. Ils avaient habité Pe king pendant de longues années, et y avaient vu dans un des vestibules du palais, le portrait très ressemblant de Yosi tsoune, tel qu'on le voit au Japon. Ce fait, fait présumer que ce héros est allé jusqu'en Tatarie.

Nous avons dit que *Nobou firo* avait subjugé, en 1443, la partie méridionale du Yeso. Ses descendans y sont restés comme princes jusqu'à nos jours. Voici leur généalogie.

*Nobou firo* descendait de Takeda Singhen, prince de Kaï. Il naquit à *Wakasa;* fut d'abord nommé *Siro o* puis *Kakisaki Wakasa-no kami.*

*Mitsou firo,* nommé auparavant *Kakisaki Kounaï-no zioyu,* puis *Kakisaki Wakasa-no kami.*

*Yosi firo,* nommé d'abord *Kakisaki Mienbo-no zioyu.*

*Zouye firo,* nommé auparavant *Kakisaki Wakasa-no kami,* puis *Kakisaki Idzou-no kami.*

*Yosi firo* (dont le nom s'écrit avec un autre caractère) portait d'abord le nom de *Kakisaki Mienbo-no zioyu,* puis celui de *Idzou-no kami.* Il servit sous *Taï ko,* qui lui permit de porter le nom de Matsmaye. C'est le premier prince de Matsmaye, ou *Matsmaye Idzou-no kami.* A la huitième lune de la troisième année du Nengo *Boun rok* (1594), il reçut deux lettres patentes, dont la première lui donna le droit de gouverner les habitans de Yeso; la seconde l'exempta de tous les frais pour aller de Matsmaye à Yedo. Il se fixa alors dans le Yeso. A cette époque, les Japonais commencèrent à former de grands établissemens à Matsmaye. Alors, les Yeso étaient encore des véritables sauvages. Ils ne furent civilisés que peu-à-peu par les Japonais. Aussi, ceux qui ne sont pas soumis au prince de Mastmaye, diffèrent de ses sujets pour l'idiome, l'habillement, les mœurs et les usages.

*Mori firo*, nommé auparavant *Matsmaye Singouro*. Ce fut dans la seconde lune de la huitième année du Nengo *Kü tsiou* (1603), que *Gonghin Sama*, successeur de Taï ko, lui fit expédier de nouvelles lettres patentes.

*Kin firo*, nommé d'abord *Matsmaye Singouro*, et ensuite *Matsmaye Sima-no kami*. Ses lettres patentes étaient datées du deuxième mois de la dix-huitième année du même Nengo (1613), et expédiées par le Seogoun *Fide tada*.

*Ousi firo*, nommé d'abord *Matsmaye Ben-no siki*. Il reçut ses diplomes du Seogoun *Ye mitsou*.

*Taka firo*, *Matsmaye Sima-no kami*. Ses diplomes sont du Seogoun *Ye tsouna*.

*Nori firo*, appelé auparavant *Fiyogo*, puis *Matsmaye Sima-no kami*. Le Seogoun *Tsouna yosi* lui fit expédier ses lettres patentes, qui sont de 1670. Nori firo n'avait alors que onze ans. A cette époque, vivait à *Sibi sio*, entre *Atskesi* et *Nosabou* sur la côte orientale du Yeso, un certain *Siyam siya in*, qui était grand et d'une force surprenante. Il s'érigea en chef, sans le consentement du prince de Matsmaye, et bâtit un château fort sur la rivière *Siri gawa*. Il y eut alors à Sibi sio, une mine d'or exploitée par des mineurs japonais; l'un d'eux, nommé *Ziodayou*, natif du Dewa, épousa la fille de *Siyam siya in*, et se révolta avec lui. Ces troubles ne furent apaisés que par la prise et la mort de ce chef. Depuis ce temps, aucun Japonais ne demeure plus parmi les Yeso non soumis. *Sibi sio* était situé dans le nord du Yeso, à vingt journées par terre de Matsmaye; par mer on pouvait y arriver en quatre.

*Kouni firo, Sima-no kami.*
*Souke firo, Wakasa-no kami.*
*Tosi nori, Noto-no kami.*
*Mitsi firo, Sima-no kami,* en 1782.

Le château de Matsmaye est construit entre une montagne et la mer. A l'est et à l'ouest sont deux grandes baies; la première est appelée *Kourou yesi,* et l'autre *Otobe*. On ne peut arriver par terre dans cette ville. Au sud-ouest de Matsmaye, il y a trois îles. La plus méridionale (orientale) est *Ko sima,* plus au sud (à l'ouest) est *O sima,* et au nord, *Oko ziri*. Cette dernière est à 18 *ri* d'Otobe, sur la côte septentrionale qui appartient entièrement aux Yeso.]

Les habitans de Yeso et autres tribus de même origine, sont encore aujourd'hui au même degré de civilisation où étaient les peuples au commencement du monde. Ils ne savent presque rien de l'usage des richesses, du commerce, des grains et des étoffes, de l'art d'écrire, des lois sociales, de l'habillement, de la chronologie, etc. (1). Ils ne pensent qu'à manger et à

---

(1) Nous commençons à compter notre année par le premier

coucher avec leurs femmes, et vivent dans un état complet de grossièreté. Cependant tous les pays ont été de même dans le commencement, sans excepter le Japon, la Chine, la Corée et la Hollande; ce n'est qu'après des milliers d'années, qu'ils se sont peu-à-peu civilisés, et par l'effet des relations qui se sont établies entre eux. La religion et principalement celle de Bouddha, des Tao szu et de Confucius y ont contribué beaucoup. Le commerce y a eu également sa part.

[La nature montagneuse du sol est la cause que les habitans du Yeso demeurent pour la plupart sur les bords de la mer. Aucune limite déterminée ne les sépare de la partie méridionale du pays, qui est sous la domination des Japonais, et dans laquelle est située la ville de Matsmaye. Dans la partie occidentale, les Japonais et les Yeso habitent ensemble dans les deux villages de *Tasawa* et *Otobe*; dans l'orientale, dans cinq villages qui sont: *Tsigonaï*, *Sioukari*, *Modori gawa*, *Tomi gawa* et *Figheritsi*. Le nombre des habitans des villages diminue aussi tous les ans. Il y a quelques années (avant 1752), qu'un certain *Tobi Taki* fut nommé par le

---

mois qui porte le signe cyclique de 子 *tsu*, et notre douzième mois est celui qui a le caractère cyclique 亥 *kaï*. Cette chronologie ne correspond pas avec celle des Européens, et je pense que les Yeso suivent la manière de compter de ceux-ci, ce qui serait un fait étonnant. *Note de l'auteur japonais*.

prince de Matsmaye, gouverneur de tous les Yeso de son territoire. Il a sous ses ordres deux cents hommes, et si un de ses sujets enfreint ses ordres, il en donne connaissance au prince, qui envoie tout de suite quelques-uns des siens avec des interprètes, pour punir les coupables.

Les Yeso soumis à la domination de Matsmaye sont très pacifiques, et font le commerce avec leurs barques. Le pays est très fertile, de sorte que toutes les plantes et les arbres y poussent mieux que dans plusieurs provinces de l'empire (japonais), principalement le *Fou ki* (Tussilago petasites). Le roseau y a la grosseur du bambou ; aussi toutes les maisons sont entourées de roseaux en guise de haie. Le millet, les fèves appelées *Misou*, l'*Asouki* qui est une espèce de petite vesce, les melons, etc.. y croissent très bien, mais le terrein est peu favorable pour toute autre espèce de végétaux comestibles. Il y a quelques années que les paysans du canton de *Tsougar*, sur la pointe la plus orientale du Japon, voulurent essayer d'y cultiver la terre ; on leur en donna la permission. Ils s'en occupèrent pendant trois ans ; les grains réussirent, mais ils furent beaucoup moins gros qu'au Japon, ce qui fit abandonner cette entreprise.

Les impôts que les Yeso paient au prince de Matsmaye ne sont pas déterminés ; ceux qui habitent sur les bords de la mer donnent des poissons, et ceux qui occupent l'intérieur du pays, du gibier. Les présens que le prince leur accorde en échange ne sont pas non plus réglés. Comme ce peuple n'a pas de religion proprement dite, on ne sait pas le nombre des habitans de chaque village. Au Japon, il est au contraire d'usage de compter dans la première lune, les gens de chaque croyance qui vivent dans un lieu.

Le prince de Matsmaye a donné à chacun de ceux qui habitent dans le voisinage de cette ville, un terrein labourable, qu'ils exploitent sans cependant lui payer d'impôts; mais ils sont sujets à des corvées, par exemple, quand il a besoin de faire pêcher du *Nisin*, qui est une espèce de hareng, dont les œufs séchés donnent la boutargue nommée *Kasou-no ko*, ou de recueillir du *Kambou* (Fucus saccharinus), ou de couper sur les montagnes, du bois pour la construction des navires, ou pour le chauffage. Pour ces travaux, ces hommes ne reçoivent aucun salaire, et abattent les arbres dans les endroits où ils le jugent convenable.

Les Yeso n'habitent pas volontiers ensemble avec les Japonais qu'ils nomment *Samo*. Depuis quelques années, aucun Japonais ne reste dans le pays des Yeso. Autrefois, les mineurs et les fauconniers y demeuraient. Mais depuis la révolte de *Siyam siya in*, les Japonais ont quitté le pays des Yeso, parce qu'ils ne voulaient pas se soumettre au gouvernement de ce rebelle. *Sibi kayou*, lieu où réside celui-ci, est à vingt journées de Matsmaye, mais le chemin qui y conduit n'était pas praticable partout pour les chevaux; par eau on y pouvait arriver, avec un bon vent, en quatre jours.

Quand les habitans de Matsmaye vont à un lieu situé dans le pays des Yeso, ils y construisent une cabane de paille sur le rivage, pour y garder leurs embarcations, qui sont construites sans clous et ne tiennent ensemble que par des cordages, de sorte qu'elles pouriraient bientôt s'ils les laissaient dans l'eau.

Tous les Yeso ont un air de bonne santé; ils l'acquièrent par l'habitude de plonger dans la mer pour y chercher des holothuries et autres productions marines. Dès qu'un enfant est né, on le trempe dans la mer. Au Japon, la mère tient l'enfant à son sein; au Yeso, elle le porte dans un panier qu'elle remue pour le bercer quand il crie. A l'âge de cinq à six ans, on chauffe le ventre des enfans; dès l'âge de dix ans, on les dresse à plonger pour arracher au fond de la mer le *Namako* (Tripang) qui s'attache aux rochers, ainsi que des coquillages de diverses espèces. Plus tard, ils apprennent à sauter très haut, par-dessus une corde tendue; de sorte qu'on voit souvent des Yeso qui s'élèvent à la hauteur de 6 à 7 pieds. Comme ils ne se soucient pas beaucoup de la chronologie, aucun

Yeso ne sait précisément son âge. Ils sont en général d'une grande force corporelle, courent avec une vitesse incroyable, et sont très habiles à tirer de l'arc. Aussitôt qu'ils aperçoivent un animal, ils le poursuivent sur les montagnes et sur les rochers les plus escarpés, et presque jamais leur proie ne leur échappe.

Les Yeso ont les cheveux courts, crépus et rougeâtres, mais ils ne les lient pas, ni ne les coupent sur le sommet de la tête, comme nous le faisons au Japon. Les hommes ont presque tous la barbe noire, très épaisse et longue quelquefois de deux pieds; toute la face, à l'exception des yeux et du nez, est ordinairement couverte de poils. Ils sont en général très velus. Ceux de la classe supérieure portent des boucles d'oreille en or; chez les gens du commun, elles sont en cuivre ou en étain. Leurs habits sont longs, mais simples et sans doublure. Ils les boutonnent de droite à gauche, comme cela se pratique au Japon pour les morts. Les habits ont des manches fort courtes et étroites. Les gens riches portent des habillemens en satin chinois bordé de dragons; le bas peuple fait les siens de chanvre ou d'écorce d'arbre : quelquefois ils sont bordés. Le vêtement qui couvre immédiatement le corps est ou en toile ou en peau de bêtes fauves. Les Yeso portent pour se garantir de la neige, des bonnets de fabrique japonaise.

Les hommes ne s'occupent que de la pêche et

de la chasse. Ils sont très habiles à tuer les poissons avec un harpon appelé *Ottoseï*. Les femmes coupent du bois de chauffage et font tous les travaux de ménage. Elles préparent des écorces d'arbres et toutes les plantes fibreuses, et en font du fil pour travailler au métier et pour coudre. Quoique leurs habits soient d'une toile grossière, elles les brodent élégamment avec du fil; de sorte que quelquefois les marchands de Matsmaye en expédient au dehors.

Les femmes sont en général grandes et beaucoup plus fortes que les Japonaises. Elles attachent leurs cheveux sur la tête, et en font un nœud qu'elles serrent avec un mouchoir. Elles portent aux oreilles deux ou trois anneaux d'argent attachés ensemble en forme de chaîne. Ces anneaux sont plus grands que les boucles d'oreille des hommes. Elles peignent leurs lèvres en vert avec le suc d'une plante appelée en japonais *Koutsi gousa* ou herbe de la bouche; et les entourent également de figures, de fleurs, de nuages et autres choses qu'elles dessinent au moyen de piqûres dans lesquelles elles font entrer une matière noire. Elles en usent de même pour le dessus de leurs mains et de leurs pieds. Elles ornent leur cou d'un collier de verroteries bleues et de monnaies d'argent et de cuivre du Japon, et auquel pend une plaque d'argent ronde et façonnée, qu'on appelle *Sitoki*. Leurs vêtemens sont de la même coupe que ceux des hommes, mais sans broderies et sans fleurs. Hommes et femmes ne portent point de bonnets, et vont les pieds nus par les frimas, la neige et les rochers escarpés, sans que cela les incommode. Les deux sexes se couvrent les parties génitales d'un morceau d'étoffe carré, plié en triangle. Les femmes n'ont aucune honte de laisser voir leurs charmes les plus secrets, mais elles cachent soigneusement leur sein avec un morceau de toile, derrière lequel elles donnent à téter à leurs enfans.

Chez les Yeso, un frère épouse sa sœur, et les proches parens se marient ensemble, pour empêcher les unions avec d'autres familles. Un homme a de quatre à huit femmes, selon sa fortune. Chaque femme habite une maison à part ; le mari a une femme dans chaque lieu où il va faire le commerce, et même s'il a deux femmes dans le même endroit, chacune a une habitation séparée. Quand un homme est pris en adultère, on lui arrache les cheveux. Si c'est la femme qui lui fait des propositions, il lui demande ses boucles-d'oreille, pour que dans le cas où la chose serait découverte, il puisse les remettre au mari, et démontrer par là qu'il n'a pas été un séducteur : alors elle seule est punie.

Les Yeso n'ont aucune teinture de musique, et on ne voit chez eux aucun instrument. Dans leurs festins, ils chantent, mais leur chant ressemble plutôt au mugissement des bœufs qu'à une cadence harmonieuse. Ils chantent d'ailleurs toujours la même chanson, tant après avoir mangé que lorsque le flux de la mer arrive. A la vérité, il existe, dans la partie septentrionale de leur pays, un instrument de musique à plusieurs cordes, mais il n'est pas de leur invention; il leur est venu de la Tatarie.

Quand les hommes dansent, ils se meuvent en avant, et prennent toutes sortes de postures. Les femmes chantent et battent la mesure avec les mains. Si l'une d'elles commence la chanson avant que son tour soit venu, elle doit payer une amende. Leurs danses solennelles sont exécutées par vingt-six personnes : vingt-et-un hommes et cinq femmes. (1)

Lorsque les Yeso vont chez des Japonais à Matsmaye, pour boire du *sake*, ils ne se servent pas des tasses dont on fait usage ordinairement, et qui leur paraissent trop petites, ils prennent des jattes à riz. Lorsqu'ils les ont remplies, ils passent par-dessus un de leurs pe-

---

(1) L'auteur japonais donne les noms des vingt-et-un danseurs et des cinq danseuses, à qui il a vu exécuter cette danse. Je fais suivre ici ces noms, qui peuvent donner une idée des noms propre des Yeso.

Hommes : *Foutouro, Farouma, Iwo, Yarigaye, Moyoï, Litaain, Nozua, Ofou-ziri, Ziro, Zitets, Rokto, Faszé, Kouremama, Ousisiro, Ziamo, Doboukoura, Tsousi-faye, Mokero, Akinko, Doran* et *Fantsio*.

Femmes : *Omou, Omas, Oftaki, Ziko* et *Rari*.

tits bâtons à manger, joignent les mains sur la poitrine et récitent une prière. Puis ils trempent le bâton dans le sake, en épanchent quelques gouttes par terre, et s'en arrosent l'épaule gauche et le dos; ensuite ils passent encore légèrement le bâton sur les bords de la jatte, relèvent leurs moustaches avec l'autre, et vident le vase. Ils en boivent toujours trois. Ils offrent à ceux qui les régalent de représenter le *Zousou outsi*, ou le combat de la ceinture, ils disent en même temps que la quantité de boisson les a complètement enivrés, et cherchent à excuser leur maladresse. Le *Zousou* est une courroie qui sert à cette danse. Le premier personnage qui y figure a sur la tête un morceau de toile, qu'il étend de chaque côté avec les mains; il s'avance en sautillant de la distance de 20 *iki* ou pas japonais, en criant fortement; il est suivi par un autre qui sautille également, crie comme lui et le frappe finalement avec son *Zousou*, qui est enveloppé d'une toile pour qu'il ne fasse pas de mal. Alors le premier croise les pieds; l'autre se place à côté de lui, et les croise également, se tient ferme et lui donne une bonne volée.

Comme les Yeso ne connaissent pas l'usage de la monnaie, tous les achats se font chez eux par échange. Ils se nourrissent de poissons, d'oiseaux et de feuilles d'arbre. S'ils ont du riz, ils le laissent tremper dans l'eau et le mangent sans être cuit. Ils ont diverses espèces d'habits, mais tous sans manches, et faits de peaux, de vieilles étoffes, etc. Ils n'ont pas de médecins; s'ils sont malades, ils se servent de quelques herbes qu'ils préparent eux-mêmes. Hommes et femmes aiment beaucoup le *sake* (ou vin japonais), contre lequel il donnent leurs marchandises en échange; les pauvres qui ne sont pas en état de s'en procurer font une espèce de sake, avec laquelle ils regalent quelquefois les Japonais, et qu'ils nomment *Ama sake*.

Ils recherchent beaucoup les vieux meubles dont on ne peut plus se servir, et les prennent en échange d'une grande quantité de pelleteries. Lorsqu'une chose leur plaît, ils la paient au-delà de sa valeur. Ils font grand cas des vieilles gardes de sabre et autres antiquailles qu'ils ont héritées de leurs ancêtres. Ils cachent toujours ces objets, pour que personne ne les voie, au pied des montagnes; et souvent même les dérobent aux regards de leurs propres fils, de crainte que les Japonais n'en soient instruits, et ne leur cherchent querelle, pour les leur prendre en guise d'amende. C'est pour cette raison qu'ils les recèlent avec tant de soin.

Ils n'ont pas de lettres et ne savent ni lire ni écrire. On ne voit pas chez eux de temples, le nom de leur dieu est *Kamoï*. Ils allument en son honneur des feux sur des montagnes et sur les bords de la mer : c'est en cela que consiste tout leur culte. Ils déposent les morts dans un grand coffre, où ils placent à côté du défunt les vases dont il s'est servi pour boire et pour manger, et d'autres ustensiles dont il a fait usage. S'ils veulent l'honorer, ils érigent sur sa tombe un poteau de cinq pieds de hauteur, auquel on suspend son sabre. Mais les corps de ceux qui sont morts de la rougeole ou de la petite-vérole restent exposés en plein air. On ne porte le deuil pour personne.

Il y a au Yeso une très grande quantité d'ours. Si un Yeso prend un jeune ours, il le porte à son habitation, et la femme lui donne son propre sein à téter; quand il grandit, on le nourrit avec des poissons et des oiseaux, et on le tue en hiver, pour en avoir le fiel, qui est regardé comme un médicament très efficace contre l'empoisonnement, les vers, la colique, et les maux de ventre. Il est très amer; il a beaucoup moins de vertu si l'ours a été tué en été. On commence à abattre les ours dans le premier mois d'hiver, et cela se fait de la manière suivante. On place la tête de l'animal entre deux longs bâtons, que cinquante ou soixante hommes ou femmes serrent fortement. Quand l'ours est mort, on mange sa chair; le fiel est employé comme remède, et on vend sa peau qui est noire, et qui a ordinairement six pieds de longueur; mais celle de la grande espèce a bien douze pieds. Quand l'ours est écorché et que tout est fini, ceux qui l'ont tué commencent à le pleurer; puis ils font des petits gâteaux pour régaler ceux qui ont aidé à le mettre à mort. Les ours du Japon sont aussi noirs, mais ils ont sur l'épaule un signe blanc en forme de demi-lune. On y mange aussi leur chair, qu'on croit très propre à réchauffer en hiver les personnes faibles; elle ressemble à celle du mouton, mais elle est plus coriace.]

Les habitans du Yeso ont des maisons ou huttes très simples, qui n'ont qu'un seul appartement. Elles consistent en un toit posé sur des pieux et sont couvertes en chaume. Le tout est construit sans scie et sans hache, outils inconnus dans ce pays. Le sol est couvert de nattes de roseaux. Les maisons des riches sont faites de la même manière. Toute la famille vit ensemble, dort et mange pêle-mêle, puisqu'il n'y a pas de distinction entre les maîtres et les domestiques. A côté de plusieurs maisons, on voit des cages qui renferment une espèce de hibou, nommé en japonais *Sima foukro* (Styx flammea), et que les Yeso élèvent pour garnir les flèches de ses plumes.

Les armes des Yeso sont le *Fagou*, sorte d'arc court fait du bois appelé *Tsouko* (en japonais *Kiya ra mou*); c'est une espèce de Thuya. Ces arcs ont 3 pieds 7 à 8 pouces de longueur, et le bois est entièrement couvert de cuir. Les flèches s'appellent *Aï;* elles sont plus courtes que celles des Japonais, et n'ont que deux plumes à la partie inférieure; la pointe est d'un bois dur et empoisonnée. Le carquois appelé *Ikaïf* est long d'un pied 7 à 8 pouces, recouvert de cuir et garni de petits boutons en métail.

L'arc court, ou *fankiu*, est fait avec le bois de l'arbre qu'ils appellent *Onko*.

Les cordes de leurs arcs sont faites de l'écorce fine et intérieure du *Fousi* (Aconit) et de l'*Ayi;* cette dernière est une plante rampante, qui n'est pas connue au Japon.

Le *Yekousi* est un sabre recourbé et attaché à une courroie appelée *Zousou*, et qui se porte sur le dos. Les Yeso reçoivent leurs sabres des Japonais, car il n'y a pas dans le pays, d'armuriers qui sachent les fabriquer.

Le *Yeri tanne* est une arme qui se compose d'une boule à nœuds ronds, placée sur un bâton; on s'en sert pour attaquer l'ennemi.

Le *Youmasa* est un poignard courbé, garni de cuivre.

Le *Yemotsitsouf* est un petit couteau de cinq pouces de longueur, renfermé dans un fourreau.

Le *Sasougamakiri* est plus petit et a également un fourreau.

Le *Kouwasaki* ou *Kwasaki* est un instrument de fer qui se compose d'un anneau ayant deux branches, en forme de queue d'hirondelle. Le tout a douze pouces de longueur. Au bout de chaque branche un petit grelot pend à une courte chaîne. Les Yeso regardent cet instrument comme une chose sacrée, et l'emploient quand ils font des prières et des sacrifices pour la guérison d'un malade. Ils le tiennent ordinairement caché en terre.

[Lorsque deux Yeso se livrent un combat singulier, celui qui est vaincu présente son Zousou à son adversaire, le prend et en rosse à outrance son adversaire. Si le vaincu a une femme, elle accourt, pousse des hauts cris et lui jette de temps en temps de l'eau à la figure, pour qu'il ne tombe pas en défaillance. Souvent il est si maltraité, que son dos offre des ouvertures, ce qu'on regarde comme très déshonorant. C'est pour cette raison que les Yeso apprennent dès leur jeunesse à donner des coups et à les parer.]

Dans le commencement des années *An yeï* (1772), j'ai eu l'occasion de m'entretenir pendant une nuit entière des affaires de Yeso avec *Rok feï yi* de Matsmaye, et je lui dois des renseignemens très utiles et très intéressans sur la différence entre les mœurs et les usages des Yeso et ceux des Japonais, sur les mines d'or et d'argent de ce pays, sur le sable d'or, sur la Russie (*Orosiya*) et sur le pays de *Karafouto*. Plus tard, à la fin des mêmes années (1780), ayant été envoyé avec une commission dans le Fizen, j'ai trouvé à Nangasaki, un Hollandais nommé *Aarend Werle Veit*. Ce *Veit* m'a dit, que le Yeso était séparé du Japon par un bras de mer, et que d'autres pays se trouvaient dans une position semblable entre eux. Il croyait que les mœurs et les usages du Japon pouvaient contribuer à changer ceux des Yeso; que, dans tous les pays de l'Europe, les mœurs étaient à-peu-près les mêmes, mais quelles différaient de celles du Japon qui en était éloigné de 10,000 *ri*. Il ajouta aussi que puisque les Moscowites pouvaient venir par la mer du nord au Yeso, ils s'empareraient peut-être bientôt de cette contrée, et qu'alors les mœurs et les usages y changeraient, etc.

Nous avons vu que dans les années *Ka kits* (1443), Matsmaye fut conquis et érigé en principauté tributaire du Japon. Tout ce qui s'est passé jusqu'à cette époque dans le Yeso nous est inconnu. Dans les temps postérieurs, *Minamoto Kimi bi zi* (Kuan kiun mei tsu) a composé une description de Yeso, sous le titre de 志夷蝦 *Yeso si* (Hia i tchi), elle contient un tableau exact de ce pays. Cependant on n'avait pas encore dans ce temps-là de matériaux aussi complets pour le décrire, que l'on en possède de nos jours. Depuis, ont paru les ouvrages des auteurs qui ont écrit sur la *Mer du Nord* et sur le *Pays des Yeso;* ils contiennent des notices très détaillées, quoique parfois peu correctes, sur cette île. C'étaient les seuls livres qui traitassent de ces contrées, avant que le mien parût; ils peuvent néanmoins encore servir aux personnes qui vont par mer au

Yeso. Le but de mon ouvrage a été de rectifier le contenu de ceux de mes trois prédécesseurs.

Les Coréens, les habitans de Riou kiou et les productions de leur pays sont connus de tout le monde au Japon; c'est pour cette raison que je n'ai pas cru devoir les représenter sur des planches. Mais comme les Yeso ne sont ordinairement vus que par les habitans des provinces de Mouts et de Dewa, j'ai joint à mon ouvrage des planches qui représentent leurs habillemens, leurs ustensiles, etc. (1)

Les Yeso n'ont ni roi, ni princes ni grands seigneurs. Dans chaque hameau, le vieillard le plus respectable est le chef, et a soin des affaires de la commune. Quoique les habitans de ce pays soient très stupides, ils sont pourtant d'un excellent caractère. Ceux qui ont des relations avec les Japonais, aiment à s'instruire de leurs usages et de leurs lois, et on entend les petits enfans, le père et la mère les questionner sur ces points. On peut donc présumer que peu-à-peu ce peuple deviendra plus civilisé par le commerce et par la navigation avec les Japonais; alors son esprit se trouvera plus cultivé et le fond excellent de son caractère se développera de plus en plus.

---

(1) On n'a pas jugé a propos de reproduire ces planches dans la traduction de cet ouvrage. KL.

# VOCABULAIRE

DE

# LA LANGUE DES AINO,

## DE KAMTCHATKA, DE TARAIKAÏ ET DE YESO.

(Les mots en romain de la troisième colonne appartiennent à la langue des Aïno de Yeso.)

|  | KAMTCHATKA. | TARAIKAÏ ET YESO. |
|---|---|---|
| Jour | dōh | too, tokaf, totatsf. |
| De bonne heure |  | tsouinas. |
| Aurore | nȳsát. |  |
| Midi | dohnonōskȳ | tonochki. |
| Tard |  | moyire. |
| Soir | ōhnoŭmá | ounoumani. |
| Nuit | oŭkoŭrän | antskari, aszirou, ou koura. |
| Mois | tchoŭpoŭh | tchoukf. |
| An | pāh | pa. |
| D'un an | sȳnǣhpāh. |  |
| De deux ans | doupāh. |  |
| De deux mois | doutchoŭpoŭh. |  |
| De trois mois | rǣphtchoŭpoŭh. |  |
| Printemps | bāïkăr | paigara, faygar. |
| Été | sākăn | chiaispa, ziatte. |
| Automne | tchoŭkăn | tchoukounba, zoute. |
| Hiver | mūtăăn | madapa, matta. |

| | | |
|---|---|---|
| Ciel | kăndŏ | nichiouro, rikita. |
| Dieu | Iesouh (Ils ont pris ce nom chez les Russes.) | kamoï (du japonais kami). |
| Terre | koŭdăn | toi, kotan, siri-kata. |
| Étoile | kȳttă | nodzy, noro, zirari. |
| Soleil | tchoŭpoŭh | tchoukf, kamoï, tombi. tofskaf, touki. |
| Lune | tchoŭpoŭh | tchoukf, kouketsou, tsouki. |
| Éclat | sȳr bekyr | nebighi. |
| Obscurité | sȳrœ̆ koŭrŏk | chiri kounni, ziri-koune. |
| Feu | ăpĕh | oundji, abe, ambe. |
| Eau | pĕh | waka, wakka, be. |
| Fumée | soŭpoŭyăh | pa, chibouya. |
| Chaleur | ȳhsēhsĭkkă | chechikf. |
| Incendie | sȳrgoŭyoŭwă | chiri ofoui. |
| Vent | rœ̆hră | rera, rera, mainanao. |
| Humidité | itchăhghĭr | petyni. |
| Brouillard | ourăr | ourariats. |
| Nuage | oŭrătăk | ourari, nichikourou. |
| Arc-en-Ciel | răyoŭntchĭ | chouwaz. |
| Tonnerre | kămoui goŭmph | kaina-kamoï. |
| Ouragan | roŭyămpĕh | rouyambirirou. |
| Goutte | sȳrăpaŭbă. | |
| Rosée | kȳnăpĕh | minouwaka. |
| Pluie | sȳroŭȳhn | apftou, abtayas. |
| Bulle d'eau | pŏhpŏr | poï (vessie). |
| Neige | oŭpăs | obas, ouwas, oubas. |
| Froid | sȳrrĭăm | robouchi, mian. |
| Rivière | pēth | bets, betsou. |
| Mer | ădoŭikă | atoui, adoui, adzouï. |
| Port | tchĭpŏiănȳh | tomari (japonais). |
| Rivage | kŏkōyĭmăk | chama, siri. |
| Vague | kŏjămă | koui. |
| Tremblement de terre | sȳrsȳmmoŭyĕh | chysimoï. |

244   APERÇU GÉNÉRAL DES TROIS ROYAUMES.

| | | |
|---|---|---|
| Boue, place boueuse | *ĭioŭnoŭpĭthărărĕh* | *rououwen.* |
| Marais | | *nay.* |
| Ile | - | *mouchiri*, modjiri. |
| Argile | *doï* | *toï.* |
| Colline | *măsărkă.* | |
| Mont | *tăpkoup* | *nobouri, bouri,* kimta (*you kiri,* mont élevé). |
| Caverne | *pŏroŭh.* | |
| Pierre | *pŏinăh* | *chiouma.* |
| Pierre à aiguiser | *roŭih* | *roui.* |
| Perle | *sȳrărīmăk* | |
| Cuivre | *hoŭræh gāhnæh* | *fouri-kane* (fer rouge). |
| Fer | *gānœh* | *kani.* |
| Soufre | *ĭgouăkh* | *yuwai.* |
| Herbe | *moŭhn* | *moun'.* |
| Ellébore | *soŭkoŭp.* | |
| Fleur | | *ibouiki,* tsipoike. |
| Fenouil marin | *ĭtchkoŭmoŭmă* | *wattes.* |
| Paille | *sădĭk moŭhd* (C'est-à-dire herbe sèche.) | *sazki mun'* (herbe sèche). |
| Bois | | *tsikouni,* tsitsini. |
| Arbre | *nȳh* | *nïi,* ni. |
| Suc | *kȳnnăyăm* | *peï.* |
| Mousse | *ŏdŏp* | *chinrouch'.* |
| Poix | *oŭhnkoŭtoŭp* | *rogou.* |
| Noyau | *rāhmŏrŏp.* | |
| Noisette | *păksĭppȳh* | *ninomi.* |
| Bouleau | *dah'-nȳh* | *karimba-ni.* |
| Peuplier blanc | *sȳh-nȳh* | |
| Bouleau | *sŭsŭh.* | |
| Ver | *kȳhgir* | *kkhighiri.* |
| Ver de terre | *mŏhszȳh.* | |
| Poux | *dŏkdŏk* | *ouriki.* |
| Cousin | *mŏhs* | *ounipf ramouyopki.* |
| Puce | *mohs* | *taïghi.* |
| Poisson | *tchep* | *tsepf,* tsitsf. |
| Nageoire | *pŏhnĕ.* | |

## YESO. 245

| | | |
|---|---|---|
| OEufs de poisson | hūmă | khouma. |
| Laitance | nǣhkătăh. | |
| Queue de poisson | tchēpŏtchŏntsĕho | ottchara. |
| Phoque | tkoar, āmoŭspĕh | toukari. |
| Accipenser huso | ăndoŭtăs. | |
| Lion de mer | ǣhdăspĕh | idaspi. |
| Loutre de mer | riakko, kotōhnœp | rakkou, rakko. |
| Écrevisse | khāuĭng, atkouip adouinĭm | (grande) ambai, (moyenne) tagaka, (petite) tagabai. |
| Lotte franche | ōsoŭrkoŭmă. | |
| Saumon | | |
| Salmo kounja (Espèce de truite saumonée.) | ōkōhglhă. | |
| Filet | yā | ya, ya. |
| Oiseau | tchĭrpoŭ | tskapſ, tsiyaf, tsikaf. |
| OEuf | nŏhk | nouku. |
| Coque | nŏhk-pў̆h. | |
| Aîle | dĭkkoŭp | tekoubi. |
| Plume | aïrăp | rapſ, tskapſ, chpet. |
| Bec | ātoŭmŏ. | |
| Oie | koŭĭtŭp | gouiti, basikouro. |
| Perdrix | nў̆hăehpoŭyīh. | |
| Corbeau | păskour. | |
| Corneille | paskour | paskourou. |
| Aigle | sourkour | chirap. |
| Chien | stāhpoŭ | cheda, seta, fek. |
| Ours | kămoŭĭ | khougouyoukſ. |
| Renne | dōnŏtăh. | |
| Souris | ǣrmoŭh | irimo. |
| Renard | kў̄mŏthpĕh | chioumari. |
| Loup | stōrkў̆gh | ouchi kamoï. |
| Poil des animaux | roŭtoŭh. | |
| Griffe | ăhm | ami. |
| Hermine | dāhn ǣrmŭh. (C'est-à-dire longue souris.) | |
| Homme (homo) | aïnoŭh, koŭr | aïnou, gourou, okkay. |
| Homme (vir) | okăiyoŭh | khogou, oïkyo. |

| | | |
|---|---|---|
| Femme | *măth* | *matsy*, mennokosi. |
| Enfant | *pompou* | *khigats*, bofoo. |
| Vierge | *măth* | *matnoubi*, *kanats*. |
| Japonais | | *siyamo*. |
| Mari | *mămăth kŏgoŭr* | *matskour'*, fofoo. |
| Épouse | *gmătchĭ* | *matsy*, marro. |
| Vieille femme | *kŏătgŏă*, *roupni tchimath* (C'est-à-dire vieille femme.) | *foutsi*. |
| Age | *pŏroŭgoŭr* | *fouch'kou*. |
| Vie | *sȳknoŭ* (vivant) | *chikfnou*. |
| Sage | *tchăuidŏk* | *wayachinou*. |
| Volonté | *īpăkăr*. | |
| De mauvaise humeur | *īmĭsmōkă* | *nichomapf*. |
| En colère | *īroŭs kăoŭă*. | |
| Crainte | *yiakhōmfoŭh* | *nichimoan*. |
| Pudeur | *īyaikărăp*. | |
| Envie | *īkōrbŏ*. | |
| Justice | *sȳrămănoŭ*. | |
| Nourriture | *hănīh* | *ebi ambi*. |
| Affamé | *tchēpŏpŏrŏmă* | *chandagheri*, *mawaau*, *eberosi*. |
| Altéré | *īpĕk krăīkȳ* | *igourouch'*. |
| Boisson | *ǣhmpĕkoŭrĕh*. | |
| Sake ou vin japonais | *săkȳ* (Ils en font, dit-on, sur les îles éloignées.) | *kamoï-saghi*, (C.-à-d. vin des dieux), akoum. |
| Rassasié | *gtoŭŭskĕrŏs* | *ramoui youma*. |
| Muet | *hǣhwǣhnoŭ* | *achpa*. |
| Flairer | *koŭrămoŭkoŭ* | *fourano*. |
| Dormir | *moŭkŏr* | *mogourou*. |
| Blanc | *rǣtăgăunĕp* | *tedari*, tetar. |
| Noir | *ǣhkoŭrōpĕh* | *kounni*. |
| Rouge | *hoŭrĕp* | *fouri*, foukourou. |
| Vert | | *chiounin*, ziou. |
| Tumulte | *oŭrăīkȳ*. | |
| Rire | *mȳhnǣh* (il rit) | *minawa*. |

YESO.

| | | |
|---|---|---|
| Pleurer | tchĭsgŏă (je pleure) | tsysiwa. |
| | tchĭsănă (L'action de pleurer.) | |
| Odeur agréable | hoŭrăh | foura. |
| Puanteur | ōў̆ăktăh | foura ouwen. |
| Doux | yimoŭkў̆rў̆h | toobin, tofeki. |
| Salé | sīpoŭnoŭă | chipoo. |
| Aigre | hoŭrăthpĕh | chioukkoï. |
| Amer | ītchărsĭoŭkœh | parakara, sjnif. |
| Corps | kămkă. | |
| Os | pŏŏnēh | poné, bone. |
| Bouche | tchār | parou. |
| Peau | roŭs | kapou. |
| Front | kў̆poŭtoŭr | ksiboutourou. |
| Tête | gpā | chaba, bake. |
| Ma tête | gpăkў̆. | |
| Cheveu | rouh | nouma. |
| Cheveux | roŭhtoŭh. | |
| Tête chauve | ōndŏndŏnĕh. | |
| Oreille | gsāhr | kichara. |
| Visage | œhroup | nanou. |
| OEil | sik | chighi, siki. |
| Paupière | rahr. | |
| Nez | œhdoŭm | idou. |
| Narines | œhdoŭpoŭĭ | itoboui. |
| Salive | nōhn | noun. |
| Langue | oŭkh' | aï, baroumbi, au. |
| Dent | īmăk | nimaki, mimak. |
| Palais | tchărău. | |
| Gorge | psīkoŭt. | |
| Cou | rēkoŭt | regoutsy, siaba. |
| Épaule | tăpsoŭt | tapfka. |
| Main | dĕk | teghi, teke. |
| Coude | dĕhoŭmsĕh. | |
| Main gauche | hărkў̆-dĕk | khari kouito. |
| Main droite | sў̆h-dĕk. | |
| Poing | dēksto. | |
| Doigt | ăskў̆pid | askibits, askippi, yiubi |

247

## 248 APERÇU GÉNÉRAL DES TROIS ROYAUMES.

| | | |
|---|---|---|
| Doigt du milieu | sỹăhgkỹ | chinnosky askibits. |
| Doigt auriculaire | kōnkỹp. | |
| Pouce | dēkmoŭh | poro askibits. |
| Ongle | ăhm | ami. |
| Poitrine | rērăr | chambe. |
| Sein | do | to. |
| Dos | sēdoŭr | sedourou. |
| Côte | outh | khichoubouni. |
| Cœur | sămpĕh | chambi. |
| Veine | rith | ritsi. |
| Poumon | băgăk | kochni. |
| Estomac | psēh | pchi. |
| Foie | oūrăhkă. | |
| Sang | kēhm | kim, kem, kemi. |
| Rate | kămoŭyĕph. | |
| Rognon | kīnŏp. | |
| Vessie | pseh, hōgoŭrăh | pei. |
| Entrailles | kăngkăh. | |
| Anus, culus | sỹhpŭi | ochiouro. |
| Genou | kōhkăh | koka-chaba. |
| Jarret | ỹdăhsīnỹh. | |
| Pied | kēhmmă | kima, kema, tsikiri. |
| Plante du pied | oŭrēhpŏk | ochtaghi. |
| Force | ōkīrăsnŏ | tomou. |
| Gras | pījep | kŭbi. |
| Maigreur | ūjĕpŏkŏmāh | chattigougourou. |
| Penis | tchỹh. | |
| Cunnus | tchỹht. | |
| Testiculi | nōk. | |
| Maladie | hoŭĕnhēroŭyĕwoa | ogamikots |
| Toux | ōhmkỹh | onghi. |
| Diarrhée | pītchŭr | pitchira, zagada. |
| Gale | sỹroulōoh. | |
| Colique | ītchioug. | |
| Abcès | ietŭh | iyachin. |
| Pus | yēhoŭwăh | riaachyn. |
| Blessure | pỹrh | piri. |
| Asthme | hēhsĕh | kheechin ouwen. |

## YESO.    249

| | | |
|---|---|---|
| Bains chauds | *tchēdŏ noŭkărpĕh.* | |
| Sueur | *pōh pēnŭwŏk* | *pofouraïghi.* |
| Ami | *oŭŏmăh* | *togoui.* |
| Amitié | *oŭŏmăkkoŭr.* | |
| Véracité | *sȳrămănoŭ.* | |
| Péché | *āhnoŭnoŭkăp.* | |
| Ivrogne | *sākȳ-gărwā.* | |
| Avarice | *ĭkăĭpoŭĕh* | *raüghichtí* (avare). |
| Vol | *ĭskăroŭĭkoŭr.* | |
| Paresse | *doŭnnĕh.* | |
| Mensonge | *soŭmkĕh.* | |
| Servante | *oŭssĭŭg* | Ousi-ooi. |
| Naissance | *āhnoŭă.* (Elle est accouchée). | |
| Enfans | *bōgötschi.* | |
| Fils | *ōkăiyĕnŏ-bōmpŏ* | *poo*, yarbe. |
| Fille | *mătnĕ-bōmpŏ* | *matspou.* |
| Famille | *bōkȳdigȳhr.* | |
| Père | *groŭpnaïnoŭ* | *khambi, ouna, atchapou,* fambe, khanpe. |
| Mère | *groŭpnĭtchĭmăt* | *khabou,* khafoo, *fapo.* |
| Grand-père | *kăŏŭsoŭth* | *ikorotchatcha.* |
| Grand'mère | *mătkœh* | foutsoutchi. |
| Frère | *gāhkȳ* | (*aîné*) *yobou*, youbi; (*cadet*) *aki,* sikabou. |
| Sœur | *mădīrpĕh* | (*aînée*) *chiaa*, chia; (*cadette*) *touriich*, teresi. |
| Gendre | *yăĭĭkōknĕrĕgour.* | |
| Oncle | *ātchă* | *atcha,* atcha. |
| Tante maternelle | *oŭnărpĕh.* | |
| Anneau | *āhkăm* | *mombits, tigongari.* |
| Tasse | *săa'răh* | *idanghi,* itanki. |
| Charbon | *oŭssăth* | *pas,* (ardent) *ousats.* |
| Cendre | *āhkoŭoŭnăh* | *ouna.* |
| Fourreau | *kĕmoŭspĕh* | *saga.* |
| Couteau | *ēhpȳhră* | *maghiri, magiddi,* tatsi. |

| | | |
|---|---|---|
| Hache | *moŭkăr* | *moukar.* |
| Lacet, courroie | *dōrăr.* | |
| Filet | *yă, tchămăyă* | ya. |
| Torche | *ousath.* | |
| Cuillière | *păssouig* | *parabas.* |
| Balai | *sŏhdoŭĭ doŭĭp.* | |
| Flambeau | *kŏkўhrā* | *yowa, ououstats.* |
| Chaudron | *soŭh* | *schyouou.* |
| Hôte qu'on reçoit | *sўnnǣkoŭĕh.* | |
| Sauce | *bĕkўræh.* | |
| Viande | *kăm* | *kam.* |
| Fil | *ōgŏkă* | *ka.* |
| Aiguille | *kĕhm* | *kim.* |
| Dé | *wōoŭwŏ.* | |
| Bonnet | *kŏntchĕ* | *kondzy.* |
| Gants | *ēmmoŭk* | *matoumeri.* |
| Ceinture | *koŭth* | *anekouts, foutsoune.* |
| Culotte | *ōmōmpĕh* | *oumoumbi.* |
| Coin (*cuneus*) | *kǣhoŭngăi* | *chembi* (à l'île d'Itouroupou: *pauts.*) |
| Planche | *ita* | *soida.* |
| Maison | | *tsise.* |
| Porte | *ăppā* | *abachta.* |
| Échelle | *nўkăhr* | *nigari.* |
| Toit | *tchĕgāh* | *pouda, pfta.* |
| Chemin | *roŭh* | *rouou.* |
| Rame | *hōnĭoŭĕ* | *zipo.* |
| Ancre | *ăpăppў* | *kaida.* |
| Navire (japonais ou russe) | *rōkoŭndāh.* | |
| Baidare (Bateau de cuir.) | *tchĭp* | *tsibi*, pensi. |
| Proue | *tchĭp ǣdoŭ* | *nanda.* |
| Poupe | *ĭkkoŭp* | *ounda.* |
| Voile | *kaïya* | *kaia.* |
| Patron du navire | *ўhoŭm koŭi.* | |
| Riche | *ĭkŏr* | *nichpa.* |
| Pauvre | *hǣĭninepkor* | *chiroun* |

YESO.                                   251

| | | |
|---|---|---|
| Empereur du Japon | *tchoŭp dŏhnoŭ.* | |
| | (Maître du Soleil.) | |
| Juge | *toyon, dōhnoŭ* | otona. |
| Présent, don | *yănĭggœhr* | kondiambi. |
| Je t'aime | *ètchĕm ĭsmoouwoh.* | |
| Disputer | *oŭkŏĭkĭoŭyŏ.* | |
| Femme publique | *ŏtchĭpĭroŭĭ koŭr* | pommats. |
| Arc | *koŭh* | gouou, kfou, kou. |
| Flèche | *aïgh* | aï. |
| Corde de l'arc | *koŭăk* | kfouka. |
| Pique | *ōsoŭnoŭŏp* | opſ, kouou fara-ot-soub. |
| Sabre court | *æmoŭs* | imuch |
| Carquois | *poŭhs* | igayoupſ, ikaïf. |
| Mort (la) | *hăĭoŭlwă* | raï. |
| Court | | takiné, takine. |
| Long | *rŭkăr* | tanniouch, tanne. |
| Haut | *rĭhœroŭyĕwoŭ* | riiwa. |
| Profond | *ōchŏŏlōo* | ogo. |
| Large | *săphoŭŏ* | ouchip, zep. |
| Étroit | *oŭhnnoŭĕĭwŏ* | foutsyni, foutsou-tsoune. |
| Rapace | *tchĭoŭătoŭăh.* | |
| Apprivoisé | *sўdōndēkoŭŏ.* | |
| Clair | *sўrbĕkўr.* | |
| Bon | *bўrkă.* | |
| Méchant | *hŭĕng* | ouyen. |
| Téméraire | *nēpĕŏrўpă kēr.* | |
| Obstiné | *ōskĕh.* | |
| Grand | *bōroŭ.* | poro. |
| Petit | *mŏўōp* | ougakſ, maugakpſ. |
| Sain, bien portant | *bўrkă* | pirouka. |
| Heureux | *ўsönoŭŏ, ўchămăh.* | |
| Tranchant | *nōdăkŏrwō.* | |
| Stupide | *ēnăkŏnwō* | bayachakſ. |
| Pesant | | pachi, mefase. |
| Léger | | kochai, koone. |
| Doux | | chiauri, toseki. |

## 252    APERÇU GÉNÉRAL DES TROIS ROYAUMES.

| | | |
|---|---|---|
| Amer | | ziouw. |
| Acre | | annaka. |
| Louer | bўrkăwŏ | outsnagari. |
| Injurier | gtēhngoŭwŏ | irouchka itaki. |
| Rire | mīnăuăh | minayakka. |
| Pleurer | tchīsgŏă | tsisiwa. |
| Manger | īppăh | imbi. |
| Boire | pēhkoŭh | igou, horopsi. |
| Dormir | mōhkŏr | mogourou. |
| Parler | ĭtăkgoŭvă | idakouwa. |
| Être debout | āsgŏă. | |
| Se promener | āpgăhs. | |
| Être assis | rōhggănni | rokou. |
| Crier | hăŭkў | khaoi ichanghiwa. |
| Se taire | hēmhaoŭnvŭ. | |
| Voir | noŭgărwŏă | nogaro. |
| Marcher | ōmmăh. | |
| Battre | kyk | chtaighiyakka, kou-oouyakka. |
| Se coucher | ămmăh | ama. |
| Ramasser | poŭhnў. | |
| Voler | īskă | ikka. |
| Courir | tchăsgŏă | khoyoubou. |
| Prendre | ouhk | okou. |
| Donner | kŏmăndĕhrŏ | joroucha (donne). |
| Monter | oŭchoŭĭkă. | |
| Éteindre | oŭskă. | |
| Mourir | răŭrŏzīwŏ | raï. |
| Moi | gănnў | toogaï, kouani, kani. |
| Tu | ĕănnў | outchogaii, yæni, atsia. |
| Il | tăăngoŭr | tana angourou. |
| Nous | tchōgăĭch | toogaioudari. |
| Vous | ētchōgăĭkch | itchogaioudari. |
| Eux | taayroukour | tada ogaï, minogo udari. |
| Moi-même | ĕănnўwŏ. | |
| Oui? | hoŭnăd | nen', yize, yeze. |
| Lequel? | hoŭnăddĭk kўæh | niwa ambi. |

## YESO.

| | | |
|---|---|---|
| Chacun | ănnăkoŭr | kechi. |
| Aucun | hĕĭnnĭnĕh | neni niyakka ichama. |
| Mon | tchōkăĭwŏ | tchoogai korobi. |
| Où (allez-vous)? | hoūyĕndăh | nida oman. |
| Où | hoūyă | nida. |
| Ici | dāhtă | khangino. |
| Là | dāāntăh | igouchita. |
| Nulle part | hoūidădă. | |
| Éloigné | toūoŭmăh | toima. |
| Près | hāngkўtăh | khanghiʀoarik, irouino. |
| Quand | hēmpăkў | khembara. |
| Vitre | kōngkă | tounachi. |
| A présent | dānnĕh | tanewa. |
| Demain | nўsătăh | nouchsyatta. |
| Toujours | āhnoŭp. | |
| Hier | noūoŭhmăn | nououmani. |
| Beaucoup | doŭmānwŏă | ouwatty. |
| Peu | mŏŏĕboŏ | machkino, pon. |
| Combien | hēmpăkўoŭ | khoumbahgounou. |
| Seulement autant | dăŭpăknō | padyghi. |
| Peu-à-peu | tōrăŭnĕh. | |
| Nullement | hēmā thăŏou | nipponiyakka. |
| Pourquoi? | hēnggă. | |
| Qu'est-ce que c'est que cela? | hæ̆măh tўhgўă. | |
| Avant-hier | ўsăuădoŭkoŭră | khchki sakini. |
| Un | sўhnæp | chnepf, zenetzsoub. |
| Deux | doŭpk | toup, tsoutsoub. |
| Trois | ræ̆ph | repf, retzsoub. |
| Quatre | ўhnæp | inipf, inetsoub. |
| Cinq | āhsĭk | achiki, achikinipf, assaranceof. |
| Six | ўhgoŭæhn | youwambi, youiwambe. |
| Sept | āroŭæhn | arouwambi, arouambe. |
| Huit | doŭhpўhs | toubichambi, tsouyemambe. |
| Neuf | syhnæhpyhs | |

| | | |
|---|---|---|
| Dix | oūpỹhs (1) | chnebichambi, zine-wambi, fambe. |
| Onze | sỹhnæpīkās măouă | chnepou igachima wambi. |
| Douze | doūyohakas măouă | toupou igachim wambi. |
| Vingt | doŭămpūthchŭ ou hōth | chnekhots, khots. |
| Vingt-et-un | doŭămpūthchŭ sỹhnæp ikas măouă | chenepou igachima khots. |
| Trente | rouampitch | wambi idokhots. |
| Trente-et-un | rouampitch sỹhnæp ikas măouă | chnepou igachima wambi idokhots. |
| Quarante | doūgōth | tokhots. |
| Quarante-et-un | doūgōth sỹnăp ikas măouă | chnep'u igachima tokhots. |
| Cinquante | oŭăm pœhræhōth (C'est-à-dire dix moins que trois fois dix.) | wambi irikhots. |
| Cinquante-et-un | oŭăm pœhræhōth sỹhnæp ikas măouă | chnepou igachima wambi irikhots. |
| Soixante | ræhōth | rerhots. |
| Soixante-dix | oŭăm pœhyhn hōth (Dix et trois fois vingt.) | wambi inikhots. |
| Quatre-vingt | ỹīhn hoth (Quatre fois vingt.) | inikhots. |
| Quatre-vingt-dix | oŭămpyhæh syknæh hoth (Deux fois dix moins cinq fois vingt.) | wambi achikinikhots. |

---

(1) Les Aïno de la pointe méridionale du Kamtchatka, comptent sur les doigts des mains ou des pieds. Si cela ne suffit pas, ils prennent à leur aide la personne qui est à côté d'eux. Ils n'ont pas de noms pour les nombres au-delà de deux cents, et ils les indiquent en disant : « *autant que j'ai de cheveux sur la tête.* » Ils n'ont aucune idée de l'art d'écrire, et se servent comme plusieurs peuples asiatiques, d'entailles pour marquer quelque chose. Ils emploient pour la même fin, ainsi qu'autrefois les Chinois et les habitans de l'Amérique méridionale, des nœuds noués dans des courroies. *Steller.*

| | | |
|---|---|---|
| Cent | *ăhsĭknœhŏth* | *achikhinikhots.* |
| | (Cinq fois vingt.) | |
| Deux cents | *ouhhauoth* | *chnewanokhots.* |
| Une fois | *sỹnnăĭnoū.* | |
| Deux fois | *doūsoŭĭtchēh.* | |
| Trois fois | *răsoŭĭtchēh.* | |
| Quatre fois | *ỹhnĕsoŭg.* | |

*Voici les noms des mois en langue des Yeso du territoire de Matsmaye.*

| | | | | |
|---|---|---|---|---|
| Premier mois | Totane. | Septième mois | Nifoke. |
| Second — | Favarf. | Huitième — | Yanaï. |
| Troisième — | Tsikita. | Neuvième — | Kore fokita. |
| Quatrième — | Kiouta. | Dixième — | Siyane ozitib. |
| Cinquième — | Sikiouta. | Onzième — | Kourokaye. |
| Sixième — | Atsibtsio. | Douzième — | Soubourieb. |

# DESCRIPTION

DES

# ILES INHABITÉES.

(Une carte de ces îles accompagne cet ouvrage.)

Le nom primitif de ces îles est 島原笠小 *O gasa wara sima*, mais on les appelle ordinairement 島人無 *Mou nin sima* (Wou jin tao), ou *Iles sans hommes*, et c'est ce nom que j'ai adopté dans mon ouvrage. Celui de *Ogasa wara sima*, ou îles d'Ogasa wara, leur a été donné d'après le navigateur qui les a visitées le premier, et qui en a dressé la carte. C'est de la même manière qu'on a appelé la partie méridionale du Nouveau monde, *Megalania*, d'après le nom de l'italien *Megalanius*, qui l'a découverte il y a deux cents ans.

Les îles *Mou nin sima* se trouvent à 270 *ri* au sud-ouest de la province *Idzou*. De *Simota* dans la même province, il y a 13 *ri* à l'île de *Miyake*; de là à *Sin sima*, ou l'île nouvelle, 7 *ri;* de Sin sima à l'île de *Mi koura* 5 *ri;* de là à l'île de *Fa tsió*, ou *Fa tchó*, 41 *ri;* enfin de cette dernière, à la plus septentrionale des îles inhabitées, on compte 180 *ri*, et jusqu'à la plus méridionale 200 *ri*.

Dans la mer entre *Fa tsió* et *Mou nin sima* sont cinq autres îles, dont une est un rocher nu. Entre l'île de *Mikoura* et celle de *Fa tsió*, il y a dans la mer un courant très fort, qu'on appelle *Kouro sĕ gawa*, ou le Courant du gouffre noir. Il court avec tant de rapidité, qu'il est regardé par les navigateurs comme le parage de ces mers le plus difficile à passer. On peut le voir sur la carte.

Les grandes et les petites îles et les rochers qui composent ce groupe sont au nombre de quatre-vingt-neuf; les plus considérables des îles sont deux grandes, quatre de moyenne grandeur, et quatre plus petites. Ces dix îles sont spacieuses et couvertes d'herbes et d'arbres; les plaines offrent un séjour agréable aux hommes. Quant aux autres, ce ne sont que soixante-dix rochers escarpés, et qu'on n'a pas assez explorés pour savoir s'ils peuvent être habitables.

Cet archipel se trouve par le 27° de latitude boréale; le climat y est chaud, et rend très fertiles les vallées situées entre les hautes montagnes, et arrosées par des ruisseaux, de sorte qu'elles pourraient produire des légumes, du blé, du sorgho, des grains de toute espèce, et des cannes à sucre. L'arbre appelé *Nan kin faze*, ou l'arbre de suif (*croton sebiferum*), y croît, de même que l'*arbre de cire*. La pêche y est bonne et pourrait être d'un grand rapport.

Beaucoup de plantes et d'arbres croissent dans ces îles, mais on y voit très peu de quadrupèdes. Il y a de grands arbres qui sont si gros, qu'un homme ne peut les embrasser, et qui ont souvent trente brasses chinoises (de huit pieds) de hauteur. Leur bois est dur et beau. On y voit encore des arbres très hauts qui ressemblent au *Siou ro* (Tsoung liu, ou *Chamœrops excelsa*); des cocotiers, l'arbre qui porte l'areca, celui dont les noix s'appellent en chinois *Pe louan tsu*, le *Katsiran*, le bois de sandal rouge, le le *Foŭ moŭ*, le camphrier, les figues caques des montagnes, des arbres hauts dont les feuilles ressemblent à celles du lierre, des cannelliers, des mûriers et autres.

Parmi les plantes on compte le *Smilax china*, appelé *San ki reï*, le *Tó ki*, une herbe médicinale nommée *Assa ghiou kwa* et d'autres.

Quant aux oiseaux, on y voit différentes espèces de perroquets, des cormorans, des perdrix, des oiseaux qui ressemblent à des mouettes blanches, mais qui ont trois pieds de longueur. Tous ces oiseaux sont si peu farouches, qu'on peut les prendre avec la main.

Les principales productions du règne minéral qu'on trouve dans cet archipel, sont l'alun, le vitriol vert, des pierres de différentes couleurs, des pétrifications et d'autres.

Dans la mer il y a des baleines, de grands homards (1), d'énormes coquillages et des oursins, qu'on appelle *fiel de mer*. L'Océan y est généralement riche en production variées.

Dans la troisième des années *Ghen fó* (1675), *Simaye Saghemon*, *Biso Saghemon* et *Simaye dairó Saghemon*, tous les trois habitans de *Nanga-saki*, firent un voyage par mer jusqu'à la province d'*Ydzou* ; ils étaient montés sur une grande jonque construite par un maître charpentier chinois. Ces trois hommes, très instruits en astronomie et en géographie, étaient accompagnés de *Fatobe*, premier charpentier de la marine du port de Yedo, qui avait sa demeure dans la *petite rue des Filets*. Leur bâtiment était conduit par trente matelots. Après avoir pris un passe-port de la marine impériale, ils quittèrent le port de *Simota* le cinquième

---

(1) En chinois, *Ta haï lo* 老海大, c'est-à-dire *vieillard de mer*. En japonais, *Oo yebi*. *Yebi* signifie *Homard* ; il est synonyme du chinois *Haï hia* 蝦海 qui est le nom qu'on donne aux grandes écrevisses de mer, appelées ordinairement *Loung hia* 蝦龍. Kæmpfer rapporte aussi qu'on trouvait dans iles *Boune sima*, de grandes écrevisses dont quelques-unes avaient de 4 à 5 pieds de long. Kl.

jour de la quatrième lune, et se dirigèrent sur l'île de *Fa tsiŏ*. De là ils naviguèrent vers le sud-est, et trouvèrent un groupe de quatre-vingts îles. Ils en dressèrent la carte et une description exacte, dans laquelle se trouvent des détails curieux sur la situation, le climat et les productions de cet archipel. Ils revinrent, le vingtième jour de la sixième lune de la même année, à *Simota*, où *Simaye* publia la relation de son voyage.

Il est remarquable que cet auteur ne fait aucune mention du courant rapide *Kouro se gawa*, qui se fait sentir entre les îles *Mikoura* et *Fa tsiŏ*. Sa largeur surpasse vingt *matsi*; il court avec une grande vitesse environ cent *ri* de l'est à l'ouest. Cette omission serait inconcevable, si ce courant n'était pas beaucoup moins fort en été et en automne, qu'il ne l'est en hiver et au printemps. *Simaye*, allant à *Mou nin sima*, l'avait passé dans les premiers jours de la lune intercalaire qui suivit le quatrième mois; en retournant, dans les derniers jours de la sixième lune, il doit avoir trouvé la rapidité du courant moins forte; de sorte qu'il n'a pas fait attention à ce passage dangereux.

La plus considérable des quatre-vingts îles a 15 *ri* de circuit; elle est donc à-peu-près de la grandeur de celle d'*Yki*. Une autre à 10 *ri* de circonférence, et égale en grandeur l'île d'*Amakousa* (Tian thsao). Outre ces deux, il y en a encore huit qui ont de 2 à 6 et 7 *ri* de circuit. Ces dix îles ont des terrains plats qui pourraient devenir habitables, et sur lesquels les céréales réussiraient très bien. Le climat y est chaud et favorable à la culture, comme on peut le conclure par leur position géographique. Il y a différentes productions précieuses. Les autres soixante-dix îlots ne sont que des masses de rochers escarpés qui ne produisent rien.

On a envoyé dans ces îles une colonie de voleurs condamnés aux travaux forcés; ils y cultivent la terre et ont fait des plantations. Ils se sont réunis en villages : et on y recueille les mêmes choses que dans les autres provinces de l'empire. On pourrait aller à ces îles, et en rapporter les productions dans la même année. Les relations commerciales s'établiraient facilement de cette manière, et le bénéfice qu'on en retirerait serait considérable. Cela saute aux yeux.

Dans les années *An yeï* (de 1771 à 178), je fus envoyé avec une commission dans la province de *Fisen*. J'y fis la connaissance d'un Hollandais nommé *Aarend Werle Veit*, qui me communiqua une *Géographie* (Ze o gâ ra fi), dans laquelle il est fait mention des îles situées à 200 *ri* au sud-est du Japon, et que l'auteur appelle *Woest Eiland*. Le mot *Woest* signifie désert, et *eiland* (ou *yeirand*, comme on le lit dans l'original), île. Il dit que ces îles ne sont pas habitées, mais qu'on y trouve plusieurs espèces d'herbes et d'arbres. Les Japonais pourraient établir une colonie sur une de ces îles, sur laquelle les céréales et d'autres productions prospèreraient. Malgré la longueur de la navigation, cet établissement serait utile pour eux. Quant à la compagnie hollandaise (*Oran konfania*), elle ne retirerait que très peu de profit de la possession de ces îles, qui sont trop éloignées et trop petites pour elle.

J'ai cru devoir rapporter ces paroles qui méritent qu'on y réfléchisse, et je termine par elles, ce que j'ai voulu dire sur les îles Mou nin sima.

# EXPLICATION

# DES LETTRES DE RENVOI

PLACÉES

## SUR LES CARTES

QUI ACCOMPAGNENT CET OUVRAGE.

# EXPLICATION

# DES LETTRES DE RENVOI

PLACÉES

## SUR LES CARTES

QUI ACCOMPAGNENT CET OUVRAGE.

### I.

CARTE DES TROIS ROYAUMES.

A. De ces montagnes au sud-ouest jusqu'à la frontière de la province de *Chan si* s'étend le *Tattan chinois*, ou la Tatarie chinoise, qui est soumise aux *Thsing* (ou Mandchoux).

B. Sous les règnes de Khang hi et de Young tching, de la dynastie des *Thsing*, on a élevé ici une nouvelle Grande Muraille.

C. Les Yeso, les Santan et les Mantsiou donnent ordinairement à ce pays le nom du *Koraï* (Kao li) *septentrional*.

D. Cette contrée porte les noms de *Kamsaska*, *d'Orosiya* et de *Kouroumouse*.

E. Cette carte contient en petit les pays de *Tchao sian* (Corée), de *Riou kiou* (Lieou khieou), de *Yeso*, de *Karafouto*, de *Rakko sima*, et autres.

F. Les contrées situées au nord de ce fleuve n'ont pas été visitées. La presqu'île de *Kamsikastka* a été soumise par les Moscowites dans les années du *Nengo* japonais *Ziŏ tok* (de 1711 à 1715).

*a.* Ce trajet est très difficile pour les navires.

*b.* Ce pays, a du sud au nord, plus de 300 *ri* japonais, et de l'est à l'ouest 100 *ri*.

*c.* L'inscription *Feï no boumi* (Voy. p. 219), mentionne le royaume des *Makkats* (Mŏ khŏ) qui a existé autrefois dans ce pays.

*d.* Le *Tchao sian* (ou la Corée) a plus de 300 *ri* japonais du sud au nord, et 80 à 90 de l'est à l'ouest.

## II.

CARTE DES HUIT PROVINCES DU TCHAO SIAN OU DE LA CORÉE.

*a.* Ce fleuve fait la limite entre le *Liao toung* et le *Tchao sian*. Il est large de 300 pas, et son cours a plus de 100 *ri* japonais de longueur.

*b.* Cette montagne fait la frontière entre les trois pays de *Liao toung*, de *Tchao sian* et des *Orankaï*. Pour arriver à sa cime on monte 20 *ri* japonais.

*c.* Ce fleuve, appelé *Teou man kiang*, porte aussi le nom de *Kuen thoung kiang*. Il sépare le *Tchao sian* du pays des *Orankaï*.

*d.* Cette place a une garnison japonaise. Elle est à onze journées de la ville royale.

---

On lit encore sur cette carte la note suivante, placée dans le coin inférieur à droite : « De « *Tŏ raï* (Toung laï) à la ville royale il y a 96 *ri* « japonais, et 2 *matsi;* ou, d'après la mesure de « Corée, 962 *li*. Trois chemins y conduisent : « celui de droite, celui du milieu et celui de « gauche. Sur chacun sont établis des relais de « postes. Chaque station est de 30 *li* coréens, « ou de 140 *matsi* japonais. Sur le chemin de « droite, on compte vingt-six stations, sur celui « du milieu vingt-neuf, et sur celui de gauche « trente-et-une. »

---

*Explication des signes.*

Les signes suivans sont employés dans la carte de la Corée :

Un *rond avec une petite croix au milieu* indique les *Fou*, ou ville du premier ordre.

Un *carré oblong* indique les *Tcheou*, ou villes du second ordre.

Un *rond avec un autre petit rond au milieu*, les *Kiun*, ou principautés.

Un *rond avec un autre rond à doubles traits au milieu*, les *Kian*, ou administration des mines ou salines.

Un *rond partagé en quatre par une croix*, les *Ling*, ou juridictions particulières.

Un *rond avec un carré au milieu*, les *Mou*, ou préfectures.

Un *carré simple* indique les camps, tant de l'armée de terre que de la marine.

Les *ronds simples* sont employés pour désigner les *Hian* et autres places de moindre importance.

---

En traduisant la carte de la Corée, j'ai transcrit les noms qui, dans l'original, sont en caractères chinois, d'après la prononciation mandarine, quoique celle-ci ne soit pas la plus usitée dans le pays. Après que la gravure de la carte était déjà entièrement achevée, j'ai obtenu par un heureux hasard un cahier contenant tous les noms qui s'y trouvent, transcrits d'après la prononciation vulgaire de la Corée. Je les donne ici placés en regard des mêmes noms, tels qu'ils sont écrits dans notre carte.

EXPLICATION DES CARTES.   269

*Prononciation chinoise.*   *Prononciation coréenne.*

| I. PROVINCE KING KI TAO. | I. PROVINCE KEN KI TAI. | |
|---|---|---|
| King szu. | Keï sï. | CAPITALE. |
| *Yang tcheou.* | *Yô siou.* | Ville du 2$^{me}$ ordre. |
| Pao tchhouan. | Foo sen. | Ville. |
| Young phing. | Yeï fou. | Ville. |
| Tsў tchhing. | Sek ziô. | Ville. |
| San kiô chan | San kak san. | Montagne. |
| *Phi tcheou.* | *Fi ziu.* | Préfecture. |
| *Kiao tcheou.* | *Koo siou.* | Ville du 2$^{me}$ ordre. |
| Kao yang. | Koo yô. | Principauté. |
| Kia phing. | Ka feï. | Ville. |
| Ti tchhouan. | Tie sen. | Administration. |
| *Thsiuan tcheou.* | *Sen siou.* | Ville du 2$^{me}$ ordre. |
| Tchi phing. | Tee feï. | Administration. |
| Yang ken. | Yô kon. | Ville. |
| *Li tcheou.* | *Ri siou.* | Ville du 2$^{me}$ ordre. |
| *Li tchhouan.* | *Ri sen.* | Ville du 1$^{er}$ ordre. |
| Yang tchi. | Yô tee. | Administration. |
| Yn tchŭ. | Yn tik. | Administration. |
| *Tchŭ chan.* | *Tik san.* | Ville du 1$^{er}$ ordre. |
| Ngan tchhing. | An ziô. | Administration. |
| Loung jin. | Riô nin. | Juridict. particulière. |
| *Khang tcheou.* | *Koô siou.* | Ville du 2$^{me}$ ordre. |
| Kiă tchhouan. | Kwak sen. | Ville. |
| Ko tchhouan. | Koo sen. | Administration. |
| Tchin tchhing. | Sin ziô. | Ville. |
| Yang tchhing. | Yô ziô. | Ville. |
| Choui yuan. | Souï ghen. | Ville. |
| Ngan chan. | An san. | Principauté. |
| Yang tchhouan. | Yô sen. | Ville. |
| *Nan yang.* | *Nan yô.* | Ville du 1$^{er}$ ordre. |
| *Foŭ phing.* | *Fouk feï.* | Ville du 1$^{er}$ ordre. |
| *Jin tchhouan.* | *Nin sen.* | Ville du 1$^{er}$ ordre. |
| Kin phou. | Kin po. | Juridict. particulière. |
| Thoung tsin. | Tsou sin. | Ville. |

270 APERÇU GÉNÉRAL DES TROIS ROYAUMES.

| | | |
|---|---|---|
| *Kiang houa.* | *Koô kwa.* | Ville du 1ᵉʳ ordre. |
| Mo ni chan. | Ma ni san. | Montagne. |
| Khiao thoung. | Kio tô. | Ville. |
| Fung tĕ. | Fô tok. | Principauté. |
| *Khaï tchhing fou.* | *Kaï ziô fou.* | Ville du 1ᵉʳ ordre. |
| Nieou fung. | Ghiou fô. | Ville. |
| *Tchhang thouon.* | *Tiô tan.* | Ville du 1ᵉʳ ordre. |
| Ma yeou. | Ma yu. | Principauté. |
| Mian chan. | Men san. | Administration. |
| Lian tchhouan. | Ren sen. | Administration. |
| Sŏ ning. | Zak neï. | Principauté. |
| Kin tchhouan. | Kin sen. | Ville. |
| Kiang yang. | Koô yô. | Administration. |

II. PROVINCE KIANG YUAN TAO.    II. PROVINCE KA YAN TAI.

| | | |
|---|---|---|
| KIANG LING. | KOO RIÔ. | CAPITALE. |
| I chan. | Yi san. | Montagne. |
| Phing khang. | Feï kô. | Administration. |
| I tchhouan. | Yi sen. | Administration. |
| Ngan hia. | An kio. | Administration. |
| *Thiĕ yuan.* | *Tets ghen.* | Ville du 1ᵉʳ ordre. |
| Kin houa. | Kin kwa. | Administration. |
| Ken tchhouan. | Kon sen. | Administration. |
| Kin tchhing. | Kin ziô. | Juridict. particulière. |
| Houang loung chan. | Oô riô san. | Montagne. |
| Hў kŭ. | Kif kok. | Juridict. particulière. |
| Kin kang chan. | Kon gô san. | Montagne. |
| Thoung tchhouan. | Tsou sen. | Principauté. |
| Ma khi lo chan. | Ma ghi ra san. | Montagne. |
| Koung soung. | Kô siô (*Yso dake*). | Montagne. |
| Wo loung chan. | Kwo riô san. | Montagne. |
| *Hoaï yang.* | *Waï yô.* | Ville du 1ᵉʳ ordre. |
| Kao tchhing. | Koo ziô. | Principauté. |
| Kin tchhing. | Kan ziô. | Administration. |
| *Siang yang.* | *Ziô yô.* | Ville du 1ᵉʳ ordre. |
| Ou thaï chan. | Go taï san. | Montagne. |
| Lin thi. | Rin tee. | Administration. |

# EXPLICATION DES CARTES. 271

| | | |
|---|---|---|
| Yang kheou. | Yô koo. | Ville. |
| Cheou thsiu chan. | Su su san. | Montagne. |
| Sou tchhing. | So ziô. | Administration. |
| *Tchhun tchhouan.* | *Sun sen.* | Ville du 1er ordre. |
| Houng tchhouan. | Koô sen. | Administration. |
| Phing tchhang. | Feï siô. | Administration. |
| Kia sĕ kia chan. | Kio sits ka san. | Montagne. |
| Choui thsing chan. | Souï siô san. | Montagne. |
| Tchhang phing. | Siô feï. | Principauté. |
| Ning yuĕ. | Neï yets. | Principauté. |
| Khi chen. | Ki zen. | Principauté. |
| Feï fung chan. | Fi fô san. | Montagne. |
| Hian ling. | Ken reï. | Ville. |
| Loui yŏ. | Reï gakf. | Montagne. |
| *San pou.* | *San fou.* | Ville du 1er ordre. |
| Wei tchin. | Wou tsin. | Juridict. particulière. |
| Phing haï. | Feï kaï | Principauté. |
| Yŭ ling tao. | Wots riô too. | Ile. |
| Thsian chan koue. | Sen san kokf, appelé par les Japonais. Take sima, ou l'*Ile de Bambou.* | |

### III. PROVINCE HOUANG HAI TAO.  III. PROVINCE BA FAI TAI.

| | | |
|---|---|---|
| Houang tcheou. | Koô siou. | Capitale. |
| Sin ki. | Sin kee. | Ville. |
| Kŭ chan. | Kok san. | Principauté. |
| *Soui hing.* | *Soui kô.* | Ville du 1er ordre. |
| Ping yng. | Feï yeï. | Camp militaire. |
| Fung chan. | Fô san. | Administration. |
| Phing chan. | Feï san. | Ville. |
| Tsaï ning. | Saï neï. | Principauté. |
| Pĕ tchhouan. | Fak sen. | Administration. |
| *Yan ngan.* | *Yen an.* | Ville du 1er ordre. |
| Sin tchhouan. | Sin sen. | Principauté. |
| *Haï tcheou.* | *Kaï siou.* | Ville du 2me ordre. |
| Khang ling. | Kô reï. | Administration. |

272    APERÇU GÉNÉRAL DES TROIS ROYAUMES.

| | | |
|---|---|---|
| Soung moŭ. | Siô bak. | Ville. |
| Toui sin. | Do sin. | Juridict. particulière. |
| Tchhang yuan. | Ziô ghen. | Administration. |
| *Fung tchhouan.* | *Fô sen.* | Ville du 1$^{er}$ ordre. |
| Yn lў. | Yn rits. | Administration. |
| Wen houa. | Boun kwa. | Ville. |
| Ngan yo. | An yak. | Principauté. |
| Tchhang lian. | Ziô ren. | Administration. |
| Soui ngan. | Souy an. | Principauté. |

## IV. PROVINCE   IV. PROVINCE.
## TCHOUNG THSING   TSIG SIAG TAI.
## TAO.

| | | |
|---|---|---|
| TCHOUNG TCHEOU. | TSIOU SIOU. | CAPITALE. |
| Houang kian. | Oô kan. | Ville. |
| Young thoung. | Yeï dô. | Administration. |
| Thsing chan. | Seï san. | Administration. |
| Houaï jin. | Kwai nin. | Administration. |
| Weï chan. | Ghi san. | Principauté. |
| Yn tchhing. | Yn ziô. | Administration. |
| Thsing ngan. | Seï an. | Administration. |
| Yan fung. | Ghen pô. | Administration. |
| *Thsing fung.* | *Seï fô.* | Ville du 1$^{er}$ ordre. |
| Tan yang. | Tan yô. | Administration. |
| Young tchhun. | Yeï sun. | Administration. |
| Ping yng. | Feï yeï. | Camp militaire. |
| Tchin tchhouan. | Sin sen. | Administration. |
| *Thsing tcheou.* | *Seï siou.* | Préfecture. |
| Wen i. | Boun ghie. | Administration. |
| Moŭ tchhouan. | Mok sen. | Administration. |
| Thsiuan i. | Sen ghie. | Administration. |
| Thian ngau. | Ten an. | Principauté. |
| Tsў chan. | Siok san. | Administration. |
| Yan tching. | Yen seï. | Administration. |
| Ting chan. | Ziô san. | Administration. |
| Phing tchhў. | Feï tak. | Administration. |
| Wen yang. | Woun yô. | Principauté. |
| Sin tchhang. | Sin siô. | Administration. |

EXPLICATION DES CARTES. 273

| | | |
|---|---|---|
| Ya chan. | Ya san. | Administration. |
| Li chan. | Ri san. | Administration. |
| Lin tchhouan. | Rin sen. | Principauté. |
| Houng chan. | Koó san. | Administration. |
| Han chan. | Kan san. | Principauté. |
| Chu tchhouan. | Sio sen. | Principauté. |
| Lan phou. | Ram po. | Administration. |
| Pi jin. | Fi nin. | Administration. |
| Choui yng. | Souï yeï. | Port militaire. |
| Kў tchhing. | Kits ziô. | Administration. |
| Pao ning. | Foo neï. | Administration. |
| Thsing yang. | Seï yô. | Ville. |
| Ta hing. | Taï kiô. | Administration. |
| Tĕ chan. | Tok san. | Administration. |
| Mian tchhouan. | Men sen. | Ville. |
| Thang tsin. | Tô sin. | Ville. |
| Hai meï. | Kaï bie. | Ville. |
| Soui chan. | Zui san. | Ville. |
| Thaï ngan. | Taï an. | Principauté. |
| Oŭ tchhouan. | Yok sen. | Principauté. |
| Houaï tĕ. | Kwaï tok. | Ville. |
| Tchin khin. | Tin kin. | Administration. |
| Ngen tsin. | On sin. | Administration. |
| *Koung tcheou.* | *Kô siou.* | Ville du 2ᵐᵉ ordre. |
| Lian chan. | Ren san. | Ville. |
| Ni chan. | Ni san. | Ville. |
| Fou yu. | Fou yo. | Ville. |
| Chў tchhing. | Sek ziô. | Administration. |

V. PROVINCE THSUIAN LO TAO.   V. PROVINCE TELLOU LA TAI.

| | | |
|---|---|---|
| THSIUAN TCHEOU. | SIN SIOU. | CAPITALE. |
| Kouang yang. | Kô yô. | Administration. |
| Choui yng. | Souï yeï. | Port militaire. |
| *Chun thian.* | *Zun ten.* | Ville du 1ᵉʳ ordre. |
| Lŏ ngan. | Rak an. | Principauté. |
| Pao tchhing. | Foo ziô. | Principauté. |
| Tchhang hing. | Tsiô kiô. | Ville. |

18

| | | |
|---|---|---|
| *Tchhang hing.* | *Tsiô kiô.* | Ville du 1er ordre. |
| Hing yang. | Kiô yô. | Principauté. |
| Thian kouan chan. | Ten kouan san. | Montagne. |
| Ping yng. | Feï yeï. | Camp militaire. |
| *Ling tcheou.* | *Riô swou.* | Ville du 2me ordre. |
| *Kouang tcheou.* | *Kô siou.* | Ville du 2me ordre. |
| Nan ping. | Nam peï. | Administration. |
| Khang tsin. | Koô sin. | Administration. |
| Ling yen. | Reï ghen. | Principauté. |
| Haï nan. | Kaï nan. | Ville. |
| Choui yng. | Souï yeï. | Port militaire. |
| Kŭ tchhing. | Kok ziô. | Ville. |
| Nan yuan. | Nan ghen. | Administration. |
| Thoung foŭ. | Tô fouk. | Administration. |
| Yŭ ho. | Ghiok wa. | Administration. |
| Chun tchhang. | Zun ziô. | Principauté. |
| Ho chun. | Wa zun. | Ville. |
| Tchhang phing. | Ziô feï. | Juridict. particulière. |
| *Tan yang.* | *Tan yô.* | Ville du 1er ordre. |
| Jin thang. | Nin tô. | Administration. |
| Tchin ngan. | Tin nan. | Ville. |
| Tchhang choui. | Ziô soui. | Ville. |
| Fung jin. | Fô nin. | Administration. |
| Tchhang tchhing. | Tsiô ziô. | Administration. |
| Ling kouang. | Reï kwô. | Principauté. |
| Kao pi. | Ko fee. | Ville. |
| Fou ngan. | Fou an. | Administration. |
| Hing houa. | Kiô kwa. | Ville. |
| Hou feou. | Koo fee. | Principauté. |
| Tsing y̌. | Sio yek. | Administration. |
| Tchin yuan. | Tin ghen. | Administration. |
| Meou tchhing. | Mo tziô. | Administration. |
| Hian phing. | Kam feï. | Administration. |
| Wou ngan. | Mou an. | Ville. |
| *Lo tcheou.* | *Ra siou.* | Ville du 2me ordre. |
| Wan ju. | Man siu. | Juridict. particulière. |
| Kin ti. | Kin dee. | Principauté. |
| Kin keou. | Kin koô. | Ville. |

EXPLICATION DES CARTES.   275

| | | |
|---|---|---|
| Y chan. | Yek san. | Principauté. |
| Kao chan. | Kao san. | Administration. |
| Tchin chan. | Tin san. | Principauté. |
| Kin chan. | Kin san. | Principauté. |
| Yun fung. | Woun pô. | Administration. |
| Khieou li. | Kiuw ri. | Administration. |
| Loung ngan. | Riô an. | Administration. |
| Hian yuĕ. | Kan yets. | Administration. |
| Lin pho. | Rim pa. | Juridict. particulière. |
| Ou keou. | Yo koo. | Administration. |
| Loŭ tao. | Rok too. | Ile. |
| Kou kin tao. | Ko kon too. | Ile. |
| Nieou tao. | Ghiou too. | Ile. |
| Houang tao. | Koŏ too. | Ile. |
| Khi i. | Ki ghie. | Ville. |
| *Tsi tchcou.* | *Seï siou.* | Ville du 2$^{me}$ ordre. |
| Lo han chan. | Ra kan san. | Montagne. |
| Ta tsing. | Daï siô. | Ville. |
| *Tchin tao.* | *Tin too.* | Ile et ville. |
| Tchi lỷ chan. | Tie riok san. | Montagne. |
| Ngan ma tao. | An ba tao. | Ile. |
| Kiun chan tao. | Goun san tao. | Ile. |

| VI. PROVINCE KHING CHANG TAO. | VI. PROVINCE KEG SIAG TAI. | |
|---|---|---|
| KHING TCHEOU. | KEÏ SIOU. | CAPITALE. |
| Fou chan phou. | Fou san pou. | Port. |
| Choui yng. | Souy yeï. | Port militaire. |
| Toung laï. | Tok rek, ou Too ray. | Ville. |
| Liang chan. | Rio san. | Administration. |
| Ki tchang. | Ki sio. | Administration. |
| *Wei chan.* | *Wouts san.* | Ville du 2$^{me}$ ordre. |
| Ping yng. | Feï yeï | Camp militaire. |
| Yen yang. | Ghen yô. | Administration. |
| Tchhang lao. | Tsiô roo. | Ville. |
| Ing jỷ. | Gheï sits. | Ville. |
| *Ta khieou.* | *Ta khiuw.* | Ville du 2$^{me}$ ordre. |

18.

276    APERÇU GÉNÉRAL DES TROIS ROYAUMES.

| | | |
|---|---|---|
| Tchhang ning. | Tsiô neï. | Administration. |
| Loung tsieou chan. | Reï siou san. | Montagne. |
| Thsing tao. | Seï doo. | Principauté. |
| Ling chan. | Reï san. | Administration. |
| *Mў yang.* | *Mits yô.* | Ville du 1er ordre. |
| *Kin haï.* | *Kin haï.* | Ville du 1er ordre. |
| Hioung tchhouan. | Youw sen, ou Kouma gawa. | Administration. |
| Tsў yuan. | Sits ghen. | Administration. |
| *Tchhang yuan.* | *Tsiô ghen.* | Ville du 1er ordre. |
| Tsiou yng. | Tio yeï. | Camp. |
| Tchhing ngan. | Seï an. | Principauté. |
| Tchin hai. | Tin kay. | Principauté. |
| Kou tchhing. | Kou siô. | Juridict. particulière. |
| Kuen yang. | Koun yô. | Ville. |
| Ho toung. | Ka tô. | Administration. |
| Tan tchhing. | Tan ziô. | Administration. |
| Thsao khi. | Soo kieï. | Administration. |
| Siuan ning. | Sen neï. | Administration. |
| Ping yng. | Feï yeï. | Camp militaire. |
| TSIN TCHEOU. | SIN SIOU. | SECONDE CAPITALE DE LA CORÉE. |
| San kia. | San ka. | Ville. |
| Tchen tchhouan. | Sen sen. | Ville. |
| Chan yn. | San in. | Administration. |
| Hian yang. | Kan yô. | Administration. |
| Kao ling. | Koo reï. | Ville. |
| *Sing tcheou.* | *Seï siou.* | Ville du 2me ordre. |
| Ngan yang. | An yô. | Administration. |
| Kiu tchhang. | Kio siô. | Administration. |
| *Chen chan.* | *Sen san.* | Ville du 1er ordre. |
| Tchi li. | Ti ri. | Administration. |
| Kin chan. | Kin san. | Ville. |
| Khaï ning. | Kaï neï. | Administration. |
| *Chang cheou.* | *Siô siou.* | Ville du 2me ordre. |
| Loung koung. | Riô kiouw. | Administration. |
| Hian tchhang. | Kan siô. | Ville. |
| Wen khing. | Boun keï. | Ville. |

## EXPLICATION DES CARTES.

| | | |
|---|---|---|
| Li thsiuan. | Reï sen. | Administration. |
| Thaï pĕ chan. | Taï fak san. | Montagne. |
| Pĕ hou chan. | Fak ko san. | Montagne. |
| Fung jin. | Foŏ nin. | Ville. |
| Fung khi. | Fŏ kie. | Principauté. |
| *Ngan toung.* | *An tŏ.* | Ville du 2$^{me}$ ordre. |
| Li ngan. | Ri an. | Principauté. |
| Tchin pao. | Sin foo. | Administration. |
| Thsing soung. | Seï siŏ. | Administration. |
| Sin ning. | Sin neï. | Principauté. |
| I tchhing. | Ghi ziŏ. | Juridict. particulière. |
| Pi ngan. | Fi an. | Administration. |
| *Jin thoung.* | *Sin dŏ.* | Ville du 1$^{er}$ ordre. |
| *Thsў koŭ.* | *Sits kok.* | Ville du 1$^{er}$ ordre. |
| Kiun tchhing. | Gaïn ziŏ. | Administration. |
| I hing. | Ghi kiŏ. | Administration. |
| Ho yang. | Ka yŏ. | Principauté. |
| Young tchhouan. | Yeï sen. | Principauté. |
| *Ning haï.* | *Neï kaï.* | Ville du 1$^{er}$ ordre. |
| Yng tĕ. | Yeï tok. | Juridict. particulière. |
| Thsing ho. | Seï ga. | Administration. |
| Hing haï. | Kiŏ kaï. | Principauté. |
| Tsiue yng tao. | Sits yeï too. | Ile. |
| Thian tchhing. | Ten ziŏ. | Ile. |
| Kiu tsi. | Ko saï. | Ville. |
| Ki loung chan. | Kï riŏ san. | Montagne. |
| Hian chan tao. | Kan san too. | Ile. |
| Nan haï. | Nan kaï. | Ville du 2$^{me}$ ordre. |

### VII. PROVINCE PHING NGAN TAO.
### VII. PROVINCE BEYAN TAI.

| | | |
|---|---|---|
| PHING JANG. | FEÏ-SIOU. | CAPITALE. |
| Siang yuan. | Siŏ ghen. | Ville. |
| *Tchoung ho.* | *Tsiou wa.* | Ville du 1$^{er}$ ordre. |
| Kiang toung. | Koŏ tŏ. | Administration. |
| San teng. | San too. | Juridict. particulière. |
| *Tchhing tchhouan.* | *Siŏ sen.* | Ville du 1$^{er}$ ordre. |
| Thang tĕ. | Tŏ tok. | Administration. |

278 APERÇU GÉNÉRAL DES TROIS ROYAUMES.

| | | |
|---|---|---|
| Meng chan. | Mô san. | Ville. |
| Tĕ tchhouan. | Tok sen. | Principauté. |
| Kiaï tchhouan. | Kaï sen. | Administration. |
| Chun tchhouan. | Siun sen. | Principauté. |
| Thsu chan. | Si san. | Ville |
| *Sü tchhouan.* | *Sik sen.* | Ville du 1ᵉʳ ordre. |
| Chun ngan. | Siun nan. | Juridict. particulière. |
| Kiang si. | Koô saï. | Juridict. particulière. |
| Loung kang. | Riô kô. | Juridict. particulière. |
| San ho. | San wa. | Ville. |
| Choui yng. | Souï yeï. | Port militaire. |
| Tchhing thou. | Seï to. | Juridict. particulière. |
| Tseng chan. | Soô san. | Ville. |
| Choui yng. | Soui yeï. | Port militaire. |
| Young lö. | Yeï rak. | Juridict. particulière. |
| Ping yng. | Feï yeï. | Camp militaire. |
| *Ngan tcheou.* | *An siou.* | Ville du 2ᵐᵉ ordre. |
| *Ning pian.* | *Neï fen.* | Ville du 1ᵉʳ ordre. |
| Yun chan. | Woun san. | Principauté. |
| Pĕ pў chan. | Fak fek san. | Montagne. |
| Wŏ loung chan. | Kwa riô san. | Montagne. |
| Pŏ tchhouan. | Fak sen. | Principauté. |
| Ma yu chan. | Ba yu san. | Montagne. |
| Kieou fung chan. | Kiuw fô san. | Montagne. |
| Ning yuan. | Neï ghen. | Ville. |
| Miao hiang chan. | Mio kô san. | Montagne. |
| Fung thian chan. | Fô ten san. | Montagne. |
| Tsў chan. | Sek san. | Montagne. |
| Hi tchhouan. | Ki sen. | Principauté. |
| *Kiang kiaï.* | *Koô kaï.* | Ville du 1ᵉʳ ordre. |
| Weï yuan. | Y ghen. | Principauté. |
| Li chan. | Ri san. | Principauté. |
| Tchun chan. | Soo san. | Montagne. |
| Pў thoung. | Fek tô. | Principauté. |
| Tă hian chan. | Tak ken san. | Montagne. |
| *Tchhang tchhing.* | *Siô ziô.* | Ville du 1ᵉʳ ordre. |
| Soung chan. | Siô san. | Montagne. |
| Ta hia chan. | Daï ka san. | Montagne. |

## EXPLICATION DES CARTES.

| | | |
|---|---|---|
| Yan phing chan. | Yen feï san. | Montagne. |
| *Soŭ tcheou.* | *Sak siou.* | Ville du 2ᵐᵉ ordre. |
| *Koueï tchhing.* | *Keï ziô.* | Ville du 1ᵉʳ ordre. |
| Kaï mou chan. | Gaï bo san. | Montagne. |
| Thaï tchhouan. | Taï sen. | Ville. |
| Si yang chan. | Saï yô san. | Montagne. |
| Kia chan. | Ka san. | Principauté. |
| *Ting tcheou.* | *Ziô siou.* | Ville du 2ᵐᵉ ordre. |
| Kouŏ chan. | Kwak san. | Ville. |
| Siuan tchhouan. | Sen sen. | Principauté. |
| Ling han chan. | Riô kan san. | Montagne. |
| Thiĕ chan. | Tets san. | Principauté. |
| Loung tchhouan. | Riô sen. | Ville. |
| *I tcheou.* | *Ghie siou.* | Ville du 2ᵐᵉ ordre. |
| Chin weï tao. | Sim bi too. | Ile et préfecture. |

### VIII. PROVINCE HIAN KANG TAO. VIII. PROVINCE FAMI KIAN TAI.

| | | |
|---|---|---|
| Hian hing. | Kan kiô. | Capitale. |
| Ngan pian. | An ben. | Ville. |
| *Tĕ yuan.* | *Tok ghen.* | Ville du 1ʳᵉ ordre. |
| Wen tchhouan. | Boun sen. | Administration. |
| Kao yuan. | Kô ghen. | Principauté. |
| *Young hing.* | *Yeï kiô.* | Ville du 1ᵉʳ ordre. |
| *Ting phing.* | *Tseï feï.* | Ville du 1ᵉʳ ordre. |
| Pi pĕ chan. | Bi fak san. | Montagne. |
| Houng yuan. | Koô ghen. | Administration. |
| *Pĕ thsing.* | *Tak seï.* | Ville du 1ᵉʳ ordre. |
| Li tchhing. | Ri ziô. | Administration. |
| Koueï chan. | Kouaï san. | Montagne. |
| Ching thaï chan. | Seï daï san. | Montagne. |
| Ou fung chan. | Go fô san. | Montagne. |
| San chouï | San souï. | Principauté. |
| Kia chan. | Ka san. | Ville. |
| Han kian chan. | Kan ken san. | Montagne. |
| *Tchhang pĕ chan.* | *Ziô fak san.* | Montagne de neige. |
| Teou li chan. | Too ri san. | Montagne. |
| *Ou kouĕ tchhing.* | *Go kokf ziô.* | Ville fortifiée. |

| | | |
|---|---|---|
| Pĕ theou chan | Fak to san. | Montagne. |
| Tsou pĕ chan. | So fak san. | Montagne. |
| Pĕ chan. | Fak san. | Montagne. |
| Hoei ning. | Kwaï neï. | Ville. |
| Thiĕ tchhing. | Tik ziô. | Ville. |
| Fou ning. | Fou neï. | Ville. |
| Hang yng. | Kô yeï. | Camp marchand. |
| Siao pĕ chan. | Sioo fak san. | Montagne. |
| Tchoung tchhing. | Tsiou ziô. | Ville. |
| *Wen tchhing.* | On ziô. | Ville du 1er ordre. |
| *Khing yuan.* | Keï ghen. | Ville du 1er ordre. |
| *Khing hing.* | Keï kiô. | Ville du 1er ordre. |
| Kiang loung chan. | Koô riô san. | Montagne. |
| Thou lo chan. | To ra san. | Montagne. |
| Touan tcheou. | Tan siôu. | Principauté. |
| *Kў tcheou.* | Kits siu. | Ville du 2me ordre. |
| *Ming tchhouan.* | Meï sen. | Ville du 1er ordre. |
| Loŭ tao. | Rok too. | Ile. |
| Ma lang. | Ba roô. | Ile. |

## III.

### CARTE DES ÎLES RIOU KIOU.

A. L'île *Oo sima* a 59 *ri* et 10 *matsi* de circuit. On y compte quarante-et-un villages. De *Ki kaï* jusqu'à la baie de *To na ki* on rencontre onze îles soumises à celle d'*Oo sima*. Le nombre de villages de ces îles monte à deux cent soixante. Les habitans s'appellent eux-mêmes *Petits Riou kiou* (Sioo Riou kiou). Il ne faut cependant pas confondre cette île avec une autre appelée également *Petit Riou kiou* et située au sud de *Thaï wan* (ou Formose).

*a. Togura* est à 30 *ri* d'*Oo sima*, et à 70 du port de *Yama gawa*.

*b. Ki kaï* a 6 *ri* 20 *matsi* et 5 *ken* de circonférence. *Kikaï* est la première île du royaume de Riou kiou.

*c.* Cette île a 11 *ri* de circuit; elle appartient à Riou kiou.

*d.* De *Ziou li* (capitale de l'île) jusqu'à *Daïsimmi*, il y a trois journées et demie, ou 40 *ri* japonais.

*g.* De *Ziou li* jusqu'au mont *Yousa gakf*, on compte une journée et demie, ou 16 *ri* japonais.

*h.* Ces sept îles dépendent de *Miyako*, et sont alliées du royaume de Riou kiou.

*i.* Les huit îles de *Ya ya ma* (Pă tchhoung) et sont alliées du royaume de Riou kiou. L'île *Ya ya ma* compte vingt-huit villages.

*k.* Le tropique du cancer est la ligne de l'équinoxe d'été.

*l.* Ce trajet par mer est de 40 *kŏ* (keng), ou 40 *ri* japonais.

*m.* Ce trajet par mer est de 50 *kŏ* (keng), ou 300 *ri* japonais.

## IV.

### CARTE DE L'ÎLE DE YESO.

A. Les îles à côté desquelles se trouve un petit zéro (o) sont habitées; celles qui n'ont pas ce signe, ne le sont pas.

B. Ce trajet est de 120 à 130 *ri;* on y rencontre beaucoup de courans et des rochers, qui rendent la navigation difficile et dangereuse.

C. Depuis quelques années (1785), il s'est établi ici un commerce entre les Yeso et les *Orosiya* (ou Russes).

D. Ici on recueillit beaucoup de *Koumbou* (Fucus saccharinus), sur une distance de 50 à 60 *ri* le long de la côte.

E. *Kouma isi* est éloigné de 749 *ri* par terre du port de *Yama gawa no tsou* dans la province de Satsouma; et par mer, en passant par *Gara sima* 811 *ri*.

F. L'embouchure du fleuve *Isi kari gawa* a environ dix *matsi* de largeur; son courant est très fort et rapide. A un *ri* au-dessous, il est large de 20 *matsi,* et coule plus paisiblement.

G. Ici la mer est peu profonde près de la côte, et remplie, pendant la haute marée, d'une espèce de boue épaisse, que les navires doivent éviter.

H. Le nom du pays appelé ウチンマ *Man tsiou,* s'écrit en caractère chinois 州満 *Man tcheou;* on se sert indistinctement de ces deux manières de l'écrire.

I. Pendant le *nengo* japonais *Kwan boun*

(de 1661 à 1672), les *Tattan* (ou Tatares) ont soumis tout le 山唐 *Kara* (Tang chan), c'est-à-dire la Chine. Les Tattan se subdivisent en *Tattan de Moskôbiya*, *Tattan orientaux*, *Tattan du Nord*, *Tattan indépendans*, *Tattan chinois*, *Mantsiou* et autres. Les *Tattan chinois* sont soumis aux Mantsiou ou *Thsing*. Ils occupent le pays situé au nord-ouest de celui des Mantsiou et des provinces de Peking et de Chan si. Sous le règne de l'empereur *Khang hi* des Thsing, on a construit une nouvelle grande muraille dans le pays des Mantsiou, qui protège la limite septentrionale de la province de *Ching king* (ou *Moukden*).

K. *Mongorou* paraît être le même nom que *Moung kou* (Mongol).

L. Ce fleuve sépare l'Europe (*Yéroppa*) de l'Asie (*Aziya*). Le grand fleuve appelé *Obü* a son origine au centre même du Tattan, et coule à l'orient, sur une distance de plus de 1000 *ri*. L'extrémité orientale du pays situé au nord du fleuve *Sagarin ïn*, est le *Kamsikattka*. Pendant le nengo japonais *Zió tou* (de 1711 à 1715) il fut soumis par les Moskowites.

M. Le pays de *Yakoutskoï* est à l'est du Tattan. C'est l'ancien pays des *Sits ghi* (Chў weï). Sous le 62° ou 63° de latitude septentrionale, est le *Ya kokf* (Ye kouĕ) ou *Pays de la Nuit*. Les bords de la mer y sont gelés; les cinq espèces de grains n'y prospèrent pas, et la neige n'y fond pas même en été. La mer au nord de ce pays borne le *Ya kokf* au midi.

N. Ce pays est à l'extrémité orientale du Tattan. Il n'y a pas long-temps que les *Orosiya* (Russes) l'ont annexé à leur empire; de sorte qu'il est à présent compris dans la dénomination de *Orosiya*. On l'appelle aussi *Kamsaska* et *Kamsikattka*, d'après une prononciation différente. Tous les gens d'Orosiya portent des habits rouges, c'est pourquoi ils sont appelés *Yeso rouges*. Dans le pays habité par les Yeso, pendant le nengo japonais *Ghen boun* (1736 à 1740), on apprit qu'il y avait plus de 3000 *ri* japonais à l'est de la ville de *Moskobiya* à ce pays.

O. De la pointe du *Kamsikattka* jusqu'à cette place, il y a plus de 300 *ri* par la haute mer.

P. L'endroit de ce pays le plus avancé vers le Yeso est appelé *Karafouto*, et c'est pour cette raison qu'on a donné le nom de *Karafouto sima* à l'île entière, mais son véritable nom est *Taraïkaï*. Les habitans envoient leurs jeunes gens chez les Mantsiou et les Yeso, apprendre les langues de ces peuples, pour pouvoir faire plus tard le commerce avec eux.

*a*. Ici on trouve du sable d'or.

*b*. Ici on trouve des *Oni bisi* ou macles du diable.

*c*. Dans la baie *Outchioura*, ou l'intérieure, on prend beaucoup de *Ottoseï* ou castors.

*cc.* Ici on prend beaucoup d'*Iriko* (Holothuries) et d'*Awabi* (Oreilles de mer, voyez page 204.)

*d.* Toute cette côte appartient à *Atskesi*.

*e.* On trouve du sable d'or le long de cette côte, sur une distance de 40 *ri*.

*f.* Cette côte est sablonneuse; sur une distance de 40 *ri*, il n'y a qu'une maison habitée.

*g.* C'est la plus haute montagne du Yeso.

*h. Kouma isi* est à 35 *ri* de Matsmaye. C'est la place frontière de son territoire.

*i.* Le mont *Kami no kouni yama* à 30 *ri* de circuit; il est couvert d'arbres appelés en japonais, *Finoki* (Thuya japonica).

*ii.* L'île d'*Okoziri*, longue de 25 *ri*, est éloignée du continent de Yeso de plus de 20 *ri*. Il y a beaucoup d'*Iriko* et d'*Awabi*.

*k. Kameda* est à 27 *ri* de Matsmaye.

*kk. Fakodate* (*Khakodade* de Golownin), grand port de commerce.

*l. Yesari*, grand port de commerce du territoire de Matsmaye.

*m. Rü siri*, montagne éloignée à 10 *ri* du continent, et couverte de neige, même en été.

*n.* On trouve ici des *Iriko* et des *Awabi*.

*o.* C'est ici un endroit très dangereux, où les navires ne passent pas.

*p.* Grand pays dans la mer du nord.

*q.* Les navires japonais ne vont pas plus au nord que *Soúya*.

*r.* Ceci est le point le plus septentrional auquel arrivent des navires japonais.

*s.* Montagne visible d'*Atskesi* et de *Soüya*.

*t.* Dans les dernières années, les gens d'*Orosiya* (Russes) se sont établis en grand nombre sur cette île.

*u.* Les habitans du Santan ont une écriture.

---

## V.

### CARTE DES ÎLES INHABITÉES.

A. Le *Kourou se gawa*, courant du gouffre noir, a 20 *matsi* de large, et court très vite.

B. Quand le temps est serein, on voit d'ici le mont *Fousi-no yama* du Japon. Les îles situées dans la mer, entre *Oosima* et *Fatsió*, sont décrites dans le livre *Kaï do fö to ki* (Haï tao fou thou ki).

C. Cette île est appelée dans les livres hollandais *Woest eïland*, c'est-à-dire l'Ile déserte. Elle a 15 *ri* de circonférence. C'est la plus considérable de toutes.

*a.* L'entrée de cette baie n'a que 3 *ken* de largeur. La baie même est de 50 *ken* en carré.

# CONTENU.

|  | Pages. |
|---|---|
| Préface du Traducteur. | i |
| Introduction. | 1 |
| Préface de l'Auteur. | 5 |
| Description de la Corée. | 11 |
| Description de la Corée, traduite du Chinois. | 24 |
|     Situation astronomique. | ibid. |
|     Notice historique. | 25 |
|     Division administrative. | 42 |
|     Villes de la Corée. | 49 |
|     Mœurs et usages. | 89 |
|     Montagnes. | 94 |
|     Eaux. | 109 |
|     Vocabulaire coréen. | 124 |
|     Antiquités de la Corée. | 144 |
|     Production de la Corée. | 167 |
| Notice des îles Lieou khieou, ou Riou kiou. | 169 |
| Description du pays des Yeso. | 181 |
|     Situation géographique. | ibid. |
|     Division en cinq provinces. | 183 |
|     Nature du pays. | 186 |
|     Taraïkaï ou Karafouto. | 187 |
|     Tsi sima ou Archipel kourilien. | 193 |
|     Siyas kotan ou Pays de la Nuit. | 198 |
|     Production du pays des Yeso. | 199 |
|     Navigation des Japonais au nord du Yeso. | 208 |

## CONTENU.

Notice historique sur les Yeso et leur pays. . . 211
Généalogie des princes de Matsmaye. . . . . 222
Habitans, leurs mœurs et usages. . . . . . . 225
Vocabulaire de la langue des Aino. . . . . . 242
DESCRIPTION DES ILES INHABITÉES. . . . . . . . 256
EXPLICATION DES CARTES. . . . . . . . . . . 263

FIN.

PARIS.
IMPRIMÉ CHEZ PAUL RENOUARD,
RUE GARENCIÈRE, N° 5.

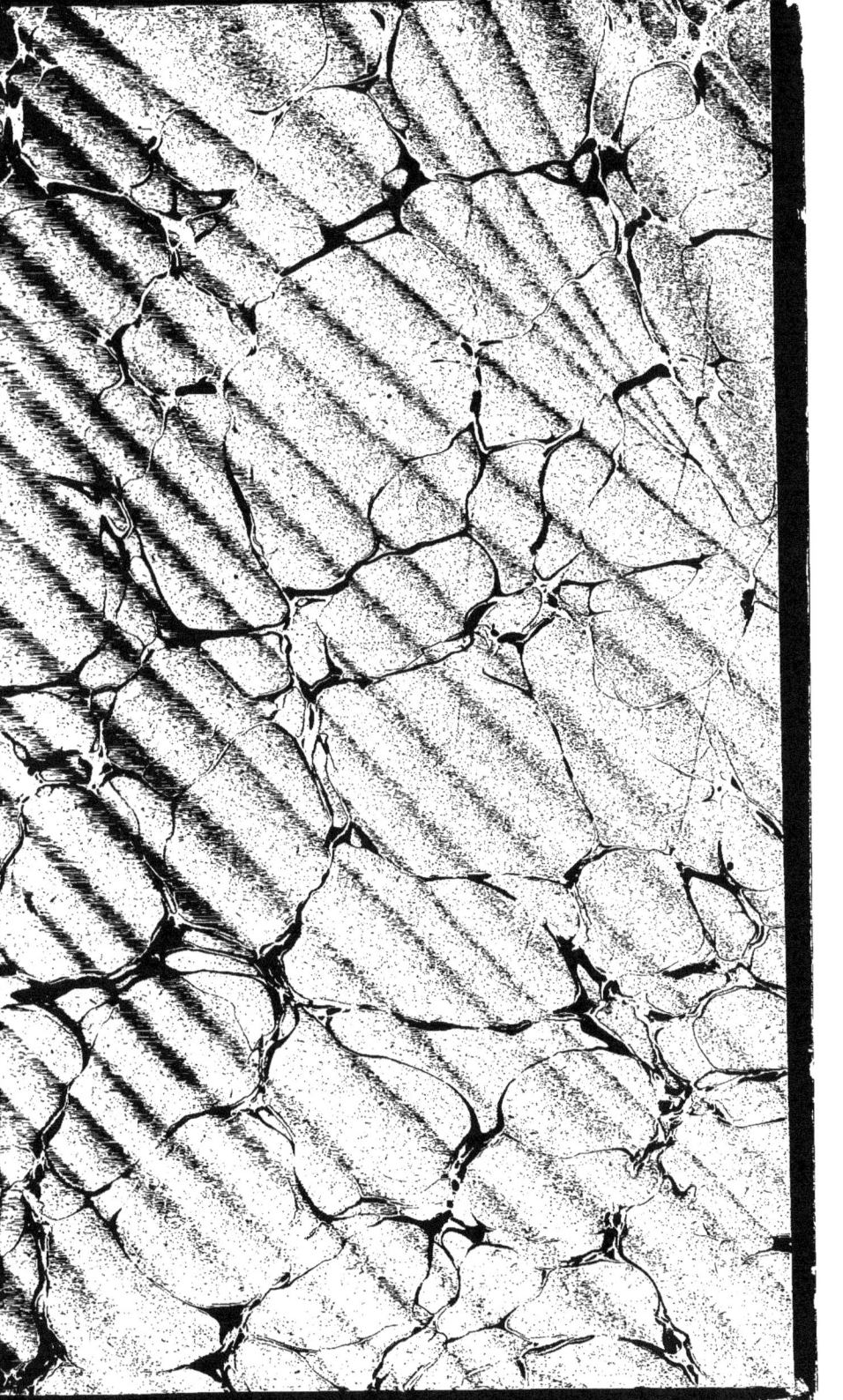

www.ingramcontent.com/pod-product-compliance
Lightning Source LLC
Chambersburg PA
CBHW071346150426
43191CB00007B/861